Journal of the Study of Premodern Multilingual Textbooks

譯學과 譯學書

第 9 號

2018. 12

國際譯學書學會

譯學과 譯學書 ·第 9 號·

目 次

司譯院 譯學書의 諸 文字 *
-伊路波, 偉兀眞, 滿文, 帖兒月眞을 중심으로-

鄭 光

(韓國, 高麗大)

<Abstract>

On the scripts written in foreign language textbooks at Sayeokwon
-Focused on Iroha, Mongol-Uighric, Manchu and hPags-pa script-

This paper discusses the various characters used in foreign language textbooks used at Sayeokwon, Bureau of Translation, during the Joseon period. First of all, Thongmunkwan, Bureau of Translation of the late Goryeo period, which is the predecessor of Sayeokwon, began as a language education institution for communication with Yuan Dynasty of Mongolia. Therefore, the education of the official languages of Yuan Empire, Han language spoken in Mongolian Empire which newly emerged at that time and the Mongolian language, was first conducted, and the education of Japanese and the Jurchen language was subsequently added. Of course, the textbooks of the Chinese language used at Sayeokwon were written in Chinese characters, but textbooks of the Mongolian and Jurchen languages were written in the Mongolian-Uighuric Script, the most widely used letters during the period. In other words, it is claimed that the textbooks of the Jurchen language as well as the textbook of the Mongolian language were written in the Mongolian-Uighuric Script.

Naturally, Japanese textbooks for learning Japanese language in Sayeokwon were written in Kana script, which had been used in Japan since earlier days, and since Iroha(伊路波), the table of Japanese alphabet used to teach Kana script, remains as an early Japanese textbook material, it is possible to know how Japanese education

---

* 이 논문은 國際譯學書學會 第10次 國際學術大會(主題: 譯學과 文字, 日時: 2018年 7月 28~29 日, 場所: 울란바타르 蒙古國立師範大 本館 會議室)에서 구두로 발표한 것이다.

was performed during the period. However, there are no textbooks of Mongolian-Uighuric Script left, presumably because the Mongolian-Uighuric Script was a very common writing system like Chinese characters among translating officials at that time, and all translating officials were well aware of it. In the late Late Goryeo and the early Chosun dynasty periods, there were also education and tests of the hPags-pa script, which was called dörbeljn(四角), quadrilateral script(帖兒月眞), and this writing system is also discussed in this study.

Key Words: scripts written in foreign language textbooks, Iroha, Mongolian-Uighuric script, hPags-pa script, *dörbeljn*

1. 緒論

1.0 司譯院의 譯學은 漢語 교육의 漢學과 몽고어의 蒙學, 일본어의 倭學, 그리고 여진어의 女眞學으로 이루어졌고 이를 모두 사역원의 四學이라 한다. 丙子胡亂 이후에 여진학은 滿洲語의 淸學으로 바뀌었지만 四學은 그대로 유지된다. 四學이라고 하지만 실제로는 영향과 수요가 월등하게 많은 漢學이 사역원의 중심이었고 다른 三學, 즉 몽학, 왜학, 여진학, 또는 청학은 한학과 많은 차별이 있었다. 우선 이들은 譯官 채용 시험인 取才와 가장 중요한 시험인 譯科에서 확연하게 구분된다. 즉, 漢學은 講書의 방법으로 시험을 보지만 다른 三學은 필기시험이 寫字의 방법으로 시험하였다.

漢字로 작성된 漢語 교재, 즉 漢學書는 이를 당시 漢語 發音으로 읽는 것이 중요하고 다른 三學은 표음문자인 蒙學의 몽고-위구르 문자, 일본의 假名문자, 여진자 또는 만주자로 쓰여서 이를 읽으면 바로 그 언어를 학습하는 것이 됨으로 시험도 寫字의 방법을 택한 것이다. 몽고어, 일본어, 여진어, 또는 만주어가 모두 그들의 표음문자로 쓰였기 때문이다. 따라서 사역원의 三學에 대한 연구는 이들 문자에 대한 고찰로 시작된다.

사역원 三學에서 사용한 문자는 倭學의 假名문자, 蒙學의 몽고-위구르 문자, 女眞學의 女眞字, 淸學의 滿洲字 등이 있다. 그러나 이러한 사역원 三學의 교재

에 사용된 문자에 대하여 심도 있게 논의된 일이 별로 없다. 특히 女眞學의
여진어 교재는 現傳하는 것이 없어서 과연 어떤 문자로 女眞學書가 작성되었는
지 가늠하기 어렵고 지금까지 막연하게 金의 여진문자로 작성되었을 것으로
추정하여 왔다.

　본고에서는 이러한 司譯院 譯學書의 여러 문자에 대하여 고찰하고 女眞學書
에 쓰인 문자에 대하여 논의를 계속하고자 한다.[1]

　1.1 중국 주변의 여러 민족들은 역사시대에 들어와서 한자문화의 영향을
받아 漢字로 자신들의 언어를 표기하였다. 이 민족들의 언어는 고립적인 문법
구조의 중국어와 달리 교착어로서 흔히 알타이어족이라고 불렀다. 이 언어들
은 대부분 문장 속의 어휘들이 고립어인 중국어와 같이 語順에 의하여 정렬하
는 것이 아니라 助詞와 語尾라고 불리는 문법 형태들로서 어휘들을 서로 결합
시켜 문장을 형성하였다. 그런데 표의문자인 한자는 이들 언어에서 문법적 의
미만을 갖는 조사와 어미를 표기하기가 어려웠다. 따라서 이 민족들은 자신들
의 언어를 표기하는데 적절한 문자를 따로 제정하여 사용하였다.

　졸고(2017a)에서는 이들이 사용한 문자들은 크게 세 부류로 나누었다. 첫
번째는 가장 널리 알려진 한자를 이용하여 자민족의 언어를 기록하는 방법이
다. 즉, 한자를 音讀하거나 釋讀하여 자신들의 언어를 표음적으로 적는 것이다.
졸고(2017a)에 의하면 이러한 표기 방법은 고구려에서 시작하여 백제, 신라,
그리고 일본으로 퍼져나갔고 渤海와 그 故土에 세운 遼의 契丹문자, 그리고 그
뒤를 이은 金의 女眞문자에서 구현되었다고 한다. 따라서 고려와 조선의 口訣
略字도 그러한 전통을 이은 것으로 보아야 할 것이다.

　두 번째 부류는 위구르 문자 계통의 蒙文과 滿文이다. 12세기에 동아시아에
서 갑자기 彗星처럼 나타난 칭기즈 칸(成吉思汗)은 유라시아대륙의 대부분을
정복하고 大帝國을 건설했는데 서양의 위구르 문자를 빌려다가 몽고어와 그가
세운 몽골 帝國의 여러 언어를 표기하였다. 발표자가 몽고-위구르 문자로 부르
는 이 표음문자는 셈 계통의 아람(Aramaic) 문자에서 발달한 소그드 문자에서

---

1) 여진학서의 사용 문자에 대하여는 졸고(2015c)에서 蒙古女眞字라는 몽고-위구르 문자로
　 쓰였을 것으로 보았다.

온 위구르 문자를 일부 변형시킨 문자다. 후대에 淸 태조의 누르하치(奴兒哈赤)
가 받아들여 만주문자로도 사용하였으며 만주-위구르 문자로 불러야 할 滿文
과 偉兀眞이라고 불리는 몽고-위구르 문자는 모두 첫 글자와 둘째가 aleph,
beth로 시작하는 위구르 문자에서 온 것으로 위구르 문자는 첫 글자가 alpha,
beta로 시작하는 로마자와 같은 계통의 문자다.

   세 번째 부류는 산스크리트 문자에서 영향을 받은 표음문자들이다. 고대인
도에서는 베다(Vedic) 경전의 언어로 오래 전부터 산스크리트, 즉 梵字가 사용
되었고 이 문자는 불교의 전파와 佛經의 보급으로 동아시아 여러 민족에게
전달되었다. 범자는 산스크리트의 모음과 자음을 문자화 시킨 음소 문자로서
음절단위로 표기된다. 이 글자는 베다 경전의 문자로서 모든 브라만교도들의
崇仰을 받는 문자였으며 초기 佛經도 이 문자로 작성되었기 때문에 불교인들
에게 산스크리트는 眞言이라 하여 성스럽게 여겼으며 梵字도 신령스러운 문자
였다.

   이 문자의 영향으로 자음과 모음을 문자로 만들어 음절 단위로 기록하는
문자가 생겨났으니 티베트의 西藏 문자와 元의 파스파 문자, 그리고 한글이
그것이다. 西藏문자는 모음 [a] 이외에는 따로 모음자를 만들지 않았으나 파스
파 문자에서는 7개의 모음자를 만들어 聲母, 또는 字母라 불리는 36개 자음들과
함께 사용하였다(졸저, 2009: 졸고, 2011a). 그리하여 파스파 문자는 36 字母와
7개 韻母를 글자로 만들어 모두 43字를 만든 것으로 알려졌다(盛熙明의『法書
考』와 陶宗儀의『書史會要』). 그러나 실제로는 41자를 제정한 것으로『元史』(권
202)에는 41자로 명기되었다.[2]

   따라서 동아시아 여러 민족들이 제정하여 사용한 문자들은 셋으로 나누어
볼 수 있는데 하나는 한자를 변형시켜 만든 음절 문자들과 또 하나는 서양의
알파벳과 같은 음소문자를 차용한 것이 있고 마지막으로 梵字의 영향을 받아
자음과 모음을 구별하여 만든 표음문자가 있다. 한글을 마지막의 표음 문자에

---

2) 『元史』(권202)「傳」(89) '釋老 八思巴'조의 "中統元年, 世祖卽位, 尊他爲國師, 授給玉印。令他
製作蒙古新文字, 文字造成後進上。這種文字祇有一千多個字, 韻母共四十一個, 和相關聲母造
成字的, 有韻關法; 用兩個、三個、四個韻母合成字的, 有語韻法; 要點是以諧音爲宗旨。至元
六年, 下詔頒行天下"란 기사 참조.

속할 것이다.

 1.2 중국 주변의 여러 민족들은 위와 같이 스스로 문자를 만들어 사용하기 이전에는 중국의 漢文으로 표기하였다. 漢文이란 중국어를 한자로 적은 것으로 우리가 말하는 한문, 즉 古文은 보통 東周의 洛陽의 말을 한자로 표기한 것을 말한다. 이 말을 중국어의 역사에서 雅言(上古語, Archaic Chinese)이라 하는데 詩經과 儒經의 四書五經은 雅言을 한자로 적은 것이다. 先秦시대의 이러한 漢文을 古文이라 불러 儒經의 한문으로 특별한 대우를 한다. 그러나 보통 한문은 漢唐의 長安語를 한자로 적은 것을 말한다. 중국어의 역사에서 通語, 또는 凡通語라고 하는 이 시대 長安의 말은 오래 동안 통용되었기 때문에 많은 문학작품의 한문이었고 특히 佛經이 이 한문으로 번역되어 동아시아에 널리 퍼졌다. 또 중국에서 古文의 儒經도 이 시대의 한문으로 다시 주석되었다.

 한반도에서도 삼국시대부터 학교 교육을 통하여 古文을 배우고 漢唐의 한문을 익혔다. 특히 東音, 우리 한자음은 唐의 長安 발음으로 정착되어 한문을 학습하면 唐, 宋과의 접촉에서 서로 통역이 없이 소통할 수 있었다. 崔致遠이 신라에서 자라서 唐에 가서 文名을 떨친 것은 그가 어려서부터 한문을 통하여 通語를 배웠기 때문이다. 그러나 쿠빌라이 칸(忽必烈汗)이 南宋을 정복하고 中原에 元을 세운 다음 首都를 당시 燕京(지금의 北京)으로 정하고 이를 大都라 하여 이곳이 帝國의 정치, 경제, 문화의 중심지가 되면서 이곳의 중국어, 즉 동북방언이 공용어로 등장하게 된다.

 중국의 역사에서 항상 변방이었던 이 東北지역은 거란의 遼와 여진의 金을 거치면서 조금씩 발전하였으며 이곳의 동북방언은 遼의 거란어와 金의 여진어와 섞여진 것이다. 정광 · 남권희 · 양오진(1999)에 의하여 세계의 중국어 학계에 漢兒言語(이하 漢語로 약칭)로 소개된 이 언어는 종래의 通語와 문법과 어휘도 조금씩 달랐지만 한자의 발음은 매우 달랐다. 漢語는 四書五經의 雅言은 물론이고 漢唐의 通語와는 전혀 다른 한자음이었다. 따라서 이 언어는 漢文의 通語와 매우 달랐으므로 이를 통하여 통어를 배운 고려 儒臣들은 몽골의 元과 소통할 수가 없었다.

 따라서 元과의 접촉을 위하여 漢語를 따로 학습하지 않을 수 없었다. 한어를 교육하기 위하여 고려 후기에는 漢文都監, 漢語都監, 譯語都監을 설치하였다.3) 그러나 四書五經과 후대의 주석서를 통하여 배운 雅言과 通語에 능통한 고려의 儒臣들은 漢語를 천박하다고 생각하여 배우지 않았다. 그러나 元과의 접촉에서 漢語의 학습은 필수적이었으므로 고려에서는 노비들로 하여금 이를 배워 통역하게 하였다. 고려시대에 역관을 譯舌로 낮추어 부른 까닭이 여기에 있다. 그러나 한어와 몽고어 학습의 중요성이 점차 인식되자 고려는 충렬왕 2년(1276)에 通文館을 설치하여 良家子弟들에게 漢語와 몽고어를 교육하게 하였다. 후일 통문관을 司譯院으로 개칭하였고 고려가 망하고 조선이 건국했어도 건국 초기, 즉 조선 태조 2년에 사역원은 다시 復置되었다(졸저, 1988).

1.3 고려시대 통문관에서는 漢語와 몽고어만을 교육하였다. 조선시대에 들어와서도 초기에는 두 언어만 교육하다가 조선 태종 때에 일본어 교육이 추가되었고 세조 때에 여진어의 교육도 사역원이 담당하면서『경국대전』에서 한어 교육의 漢學과 몽고어의 蒙學, 일본어의 倭學, 그리고 여진어의 女眞學이 사역원의 四學으로 完備된다. 조선 중기의 丙子胡亂 이후에 여진학이 만주어 교육의 淸學으로 바뀌었으나 사역원의 사학은 그대로 유지된다(졸저, 2014).

사역원에서는 외국어 교육을 위하여 교재를 계발하였다. 譯書, 또는 譯學書라고 불리는 사역원 교재들은 草創期에는 해당국의 訓蒙書를 수입하여 사용하기도 하였으나 漢學의 <老乞大>, <朴通事>처럼 사역원에서 자체적으로 편찬하여 사용하기도 하였다. 그러나 조선시대의 前期에 해당되는 草創期의 역학서들은 주로 해당국의 훈몽서를 들여다가 사용하였지만 조선 中期의 倭亂과 胡亂을 겪으면서 자체적으로 편찬한 외국어 교재로 바뀌었다.

졸저(1988)에서 定着期의 역학서라고 불렀던 倭亂・胡亂 이후부터『續大典』까지의 사역원 외국어 교재들은 외국과의 전쟁에서 필요성이 인정된 회화 중심의 교육으로 바뀐 것이다.『속대전』이후의 舊韓末까지는 정착기의 역학

---

3) 朴龍雲(2005)에서는 漢語都監, 譯語都監, 吏學都監, 漢文都監에 대하여 고찰하고 한문도감과 사역원과의 관계를 살펴보았다. 그러나 한어도감, 역어도감, 한문도감이 몽골의 元 이후에 새로 공용어로 등장한 漢兒言語, 즉 漢語의 교육기관임을 제대로 이해하지 못하였고 또 이 시대에 새로 등장한 吏學에 대한 이해도 부족하여 이 기관들의 설립과 변천에 대하여 올바른 설명이 이루어지지 못하였다.

서를 수정 보완하여 사용하였다. 이때의 역학서들이 '改修, 新釋, 新飜, 重刊, 增補'라는 이름으로 다시 간행되어 사역원의 외국어 교육로 사용되었다.

1.4 草創期의 역학서들은 『세종실록』(권47) 세종 12년(1430) 3월 戊午조의 기사에 詳定所에서 올린 啓文이 실려 있고 이 기사에 譯學의 取才에 사용할 역학서의 서명이 규정되었다. 이 기사에서 한어 교육의 漢訓에 "書, 詩, [중략] 老乞大, 朴通事" 등의 13개 한어 교재가 보이고 몽고어의 蒙訓에는 "待漏院記 [중략] 賀赤厚羅" 등 10개 몽학서와 書字의 시험으로 偉兀眞, 帖兒月眞이 보인다. 偉兀眞, 즉 몽고-위구르 문자와 帖兒月眞(파스파 문자)을 시험한 것이다. 일본어의 倭訓에는 "消息, 伊路波" 등 11개의 일본 훈몽서와 書字의 시험이 있다.

이들 왜학서는 모두 일본 무로마찌(室町) 시대의 테라고야(寺子屋) 등에서 사용하던 훈몽 교재들이고 書字는 <伊路波>에 보이는 가나(假名) 문자를 시험한 것으로 보인다. 그리고 『경국대전』(권3)「禮典」'譯科'조에 한학과 몽학, 왜학의 언어 교재들이 <세종실록>의 것보다 좀 더 늘어난 교재의 서명을 실었다. 이에 대하여는 졸저(1988)에서 자세하게 언급되었다.

여진어의 女眞訓은 <세종실록>에서는 보이지 않는다. 따라서 세종 때까지 여진어의 교육은 사역원에서 이루어지지 않은 것으로 추정할 수 있다. 그러나 『세종실록』(권47)의 세종 12년(1430)의 記事보다 40년 후에 간행된 『경국대전』(1470)에서 女眞學은 사역원 四學의 하나로 추가되었고 여진어 교재로 "千字, 天兵書, 小兒論 [중략] 太公, 尙書" 등 15종의 여진어 교재가 게재되었다(졸저, 2017:49). 이들은 모두 金나라에서 사용한 아동들의 훈몽서로 추정되나 오늘날 전하는 서책이 없어 확인할 길이 없다. 다만 "千字, 天兵書"는 '千字文, 兵書'의 오자로 보이지만 이것 역시 현재로는 확인할 길이 없다.

조선 중기의 定着期 역학서는 왜란과 호란 이후에 사역원에서 실용적인 역학서를 자체적으로 계발한 것이며 전란 이후에 간행된 『통문관지』(1708)와[4] 『續大典』(1746)에 수록된 역학서들을 말한다. 이렇게 사역원에서 스스로 교재

---

4) 『通文館志』의 간행에 대하여는 肅宗 戊子(1708) 간행설과 景宗 즉위년 庚子(1720) 설이 대립하였으나 졸고(1992)에서는 현전하는 <통문관지>의 책판을 통하여 康熙 戊子년 (1708)에 초간이 간행되고 康熙 庚子년(1720)에 수정판이 간행된 것임을 밝혔다.

를 편찬하는 데는 倭亂과 胡亂에서 납치되어 오랫동안 일본과 淸에 抑留됐다가 刷還된 被拉人들의 역할이 컸다. 倭亂 이후에 일본어 교재로 유일하게 등장한 <捷解新語>도 일본에 被拉되어 10년간 敵地에 억류되었던 康遇聖의 저술한 것이다. 몽학의 새 교재인 <몽어노걸대>와 <첩해몽어>, 그리고 淸學의 새 교재인 <청어노걸대>와 <삼역총해>도 역시 胡亂에서 납치되었다가 쇄환된 還鄕人들의 소작이다.

그 이후의 역학서는 이 시대의 것을 改修, 新釋, 重訂, 增補한 것으로 오늘날 전하는 <개수첩해신어>나 <중간첩해신어>, <몽어노걸대>와 <첩해몽어>의 新釋本, <청어노걸대>, <삼역총해>, <팔세아>, <소아론>의 新釋, 重刊本 등이 모두 이 시대의 역학서들이다. 이때의 사역원 역학서 冊版이 일부지만 남아 있어 역학서의 간행과 개정, 중간의 과정을 살펴 볼 수 있다(정광・윤세영, 1998). 후대의 『大典通編』((1785)이나 『大典會通』(1865)의 취재와 역과의 출제서로 수록된 역학서들이다.

1.5 이와 같은 사역원의 외국어 교재, 즉 역학서는 그 시대의 漢語, 몽고어, 일본어, 그리고 여진어와 만주어를 그 시대에 사용하던 문자로 표기하고 이를 훈민정음으로 발음을 달아서 해당 언어를 학습하게 하였다. 이때의 훈민정음은 동국정운식 한자음 표기와 같이 다양한 글자를 동원하여 당시의 한어와 몽고어, 일본어 그리고 만주어를 표음하였다. 그러면 이러한 역학서에 사용된 문자는 어떤 문자들일까?

최근에 간행된 『유라시아 문명과 알타이』(정광・劉鳳翥・張少珊・吉田 豊・Г. Эрэгзэн・Василий Соенов), 서울: 역락, 2017.9)에서 발표자는 "알타이 제 민족의 문자 제정과 사용"(졸고, 2017a)이란 제목으로 동북아시아 제 민족의 문자사용에 대하여 鳥瞰한 바가 있다. 이 논문에서 조선 사역원에서 偉兀眞으로 부르던 몽고-위구르 문자가 蒙學書에 사용되었고 伊路波로 부르던 일본 假名 문자가 倭學書의 일본어 표기 문자였으며 申繼黯이 수정한 滿文이 淸學書의 만주어 표기에 사용되었음을 밝혔다.

그렇다면 병자호란 이전까지 여진어를 교육하던 여진학의 교재는 어떤 문자로 썼을까? 그동안 우리 학계에서는 당연히 金의 여진문자로 표기되었을

것으로 여겨왔다. 그러나 졸고(2015c)에서 이에 대하여 의문을 제기하고 조선
의 건국과 더불어 사역원을 復置하는데 주역이던 위구르 귀화인 偰長壽으로
인하여 몽고-위구르 문자가 사역원의 중요한 표음 문자로 인정되었기 때문에
몽고-위구르 문자로 여진학서가 작성된 것이라고 주장하였다.

왜냐하면 여진문자는 金이 건국한 다음에 제정된 문자지만 제정 당시에도
契丹문자에 눌려 별로 사용되지 못하였고 金이 멸망한 다음에는 바로 폐절되
었기 때문에 金이 망한(1234) 후 200년 이상 지나서 조선 사역원에서 여진어
교육이 이루어졌을 때에 과연 이 여진문자로 여진학서를 표기하였을까 하는
의문이 들었기 때문이다. 즉, 『경국대전』(1479)에 처음으로 등장한 여진학서가
과연 金이 망하고 폐절된 여진문자를 200년이 지나서 사용했을까 하는 의문을
제기하였다.

또 하나 여진문자로 작성된 여진학서가 없었다고 본 것은 여진학서를 청학
서로 개편한 申繼黯의 여러 언급이 한자를 변형시켜 만든 여진문자와 몽고-위
구르 문자를 차용한 만주 문자와의 차이를 말한 것으로 보기 어렵다는 점이다.
즉, 여진학서의 것을 點畫을 더 하여 만주어의 청학서로 고쳤다고 하는 언급은
(졸고, 2015c:39-41) 몽고-위구르 문자를 만주 문자로 고칠 때의 상황과 매우
유사하다. 다만 현재 여진학서가 하나도 남아있지 않아 실제로 어떤 문자로
작성되었는지 확인할 길이 없다. 졸고(2015c)에서는 여진자 몇 개를 보이고
이를 해독한 예를 보였는데 한자를 변형시킨 여진 문자는 청학서의 滿文과는
點畫의 차이가 아니라 문자가 기본적으로 달랐다(졸고, 2015c:30-31).

1.6 본고에서는 먼저 일본어 표기의 가나 문자와 그 변천을 살펴보기 위하여
弘治 5년판의 『伊路波』와 『捷解新語』의 초간 및 1, 2차 개수본, 그리고 중간본의
가나 문자 표기를 고찰하고 한자로부터 假名 문자가 어떻게 발전하였는지를
살펴보기로 한다. 그리고 중국 서북 지방에서 위구르인 들에 의하여 사용되던
문자로부터 어떻게 몽고-위구르 문자가 발전하였으며 이로부터 어떻게 만주
문자로 바뀌었는지 살펴본 것이다. 그리고 파스파 문자인 帖兒月眞에 대하여
논의할 것이다.

파스파 문자는 元代 제정된 파스파 문자로서 몽고어로 dörbeljin, 즉, 四角
문자라는 의미를 한자로 帖兒月眞으로 표기한 것이다. 앞에서 언급한 『세종실

록』(권47) 세종 12년(1430) 庚戌 3월조의 기사에는 詳定所에서 譯學을 포함한 十學의 취재에 필요한 "諸學取才, 經書諸藝數目"를 제시하였다. 여기에서 譯學 蒙訓, 즉 몽고어 학습의 書字 취재로 偉兀眞과 더불어 帖兒月眞이 있어 이때에는 파스파 문자도 시험하였음을 알 수 있다. 다만 倭亂과 胡亂 이후에는 이 문자의 교육은 없어져 이 문자로 쓰인 역학서는 발견되지 않는다. 다만 본고에서는 한글의 창제와 관련이 있다고 보는 이 파스파 문자에 대하여 고찰할 것이다.

2. 伊路波의 假名文字

2.0 일본에서 한자가 유입되고 이를 교육한 것은 후대의 일이다. 일본 應神 16년(285)에 백제의 阿直岐와 王仁에 의하여 漢字의 초보교과서인 <千字文>과 儒學의 기본서인 <論語>가 전수되었다. 그 후 계속해서 한반도와 중국으로부터 많은 文人들이 渡日하여 한자의 사용을 촉진시켰고 유학을 興隆하게 하였다.5)

드디어 履中 4년(403)에는 諸國(日本의 各 藩國을 말함)에 書人(ふみひと)을 두고 言事를 글로 써서 사방에 전달하였다는 기록이 있어6) 이때에 한자가 널리 사용되었음을 알 수 있다. 또 欽明 13년(552)에 일본에 불교가 전래되고 그것이 토착 신앙인 神道와 통합되면서 급격하게 번성하였다.7) 일본의 학교교육은 본래의 신도와 외래의 유교·불교의 교육에서 시작된 것이다(文部省, 1910:37).8)

---

5) 文部省(1910)에 의하면 王仁의 後裔를 文氏라 하고 王仁보다 四年 後에 渡日한 阿知使主 (アチオミ)를 漢氏(アヤ氏)라고 불러 구별한다고 하였는데 漢氏는 大和에서, 文氏는 河內 에서 각각 대대로 文筆을 관상하니 왔으므로 이들을 東西(ヤマト·ムチ)이 史部(フトベ) 라고 불렀다고 한다(文部省, 1910:11-12).

6) 『日本書記』(권9) 第十二 '履中天皇'조에 "四年秋八月, 辛卯朔戊戌 始之於諸國置國史 記言達 四方志"라는 기록 참조.

7) 佛敎가 전래된 지 半世紀도 못된 推古代(593-627)에는 벌써 寺院이 46곳, 僧侶가 816人, 比丘尼가 569人을 헤아리게 되었다고 한다(졸저, 1988).

8) 日本의 史料에 보이는 最古의 학교는 '法隆學問所'로서 推古 15년(674)에 聖德太子가 創建 한 것이다. 그러나 이것은 佛家의 교육을 위한 것이므로 일반인의 교육기관으로 가장

4세기경까지 소급할 수 있는 일본의 망요가나(萬葉假名)는 한자를 간략하게 줄인 殊異字로 일본어를 표기한 것이며 『고지키(古史記)』(712), 『니혼쇼키(日本書紀)』(680-720) 등에서 일부 사용되다가 『고킨슈(古今集)』(905)에서는 모두 이 문자로 표기되었다. 후대에는 한자의 편방을 떼어 문자로 사용하였다. 이로부터 한자와는 완전히 다른 문자로 일본의 가나(假字, 假名) 문자가 태어난 것이다.

2.1 일본의 假名문자의 사용과 그 교육에 대하여는 졸고(2017a)에서 상세하게 논의하였다. 그에 의하면 일본에서의 한자 교육은 앞에서 언급한 바와 같이 백제의 王仁 박사가 『논어』와 『천자문』을 일본에 갖고 가서 왕자인 우지노와키이라쓰코(菟道稚郞子, うじのわきいらつこ)에게 한문을 가르치면서 시작되었다고 보는 것이 지금까지의 일반적인 통설이라고 한다(文部省, 1910; 졸고, 2017a:130-134). 우리의 경우와 같이 한자 교육은 문자의 讀法과 뜻을 알게 하는 것이 중심이 되어 音讀과 訓讀의 방법을 집중적으로 교육하였다. 우리의 한자교육이 『천자문』에서 '天'과 '地'를 "하늘 천, 따 지"식으로 訓과 音을 가르치는 것과 같이 일본에서도 같은 방법을 취했다.

일본에서의 문자교육은 한자보다는 이를 약화, 또는 변형 시켜 일본어 표기에 사용한 47자의 가나문자 교육으로 시작된다. 그 최초의 교재는 우리의 <천자문>에서 유래한 것으로 보이는 <아메쓰지노고도바(阿女都千ノ詞)>라고 할 수 있다.9) 大矢透(1918)에서는 이에 대해서 "상대(上代)에 상용(常用)하는 가나(假名)를 유동(幼童)에게 가르치기 위한 것"(필자 번역)으로 보았다. 이 手習詞假는 "アメ(天), ツチ(地), ホシ(星), ソラ(空), ヤマ(山), カハ(川), ミネ(峰), タ

오랜 것은 天智代(662-671)에 百濟에서 渡來한 鬼室集斯가 세운 학교로서 그가 처음으로 學職頭(ガクショクノカミ)가 되었던 官學이었다. 天武代(673-686)에는 大學寮라고 불렸다. 또 이 때에 지방에는 府學과 國學을 두어 크게 學問이 장려되었다(졸저, 1988:77-79).
9) 伊呂波(또는 以呂波, 伊路波는 이의 異稱)의 歌가 나오기 이전에 假名文字의 手習詞歌는 假名文字를 모두 한 번씩 넣어 하나의 줄거리를 갖게 한 歌詞로서 <阿女都千ノ詞> 이외에 <大爲爾伊天詞>가 있었다. 高橋愛次(1974)에 의하면 <阿女都千ノ詞>는 王仁의 作으로 알려졌고 그 외에 <難波津の歌>는 『源氏物語』의 <若紫>에 보인다고 한다. 또 <淺香山の歌>라는 手習詞歌도 있어서 전술한 <難波津の歌>와 더불어 假名文字의 手習이 시작된다는 기록이 『古今集』의 序文에 보인다(졸고, 1991).

二(谷), クモ(雲), キリ(霧), ムロ(室), コケ(苔), ヒト(人), イヌ(犬), ウ〜(上), スエ
(末), ユワ(硫黄), サル(猿), オフセヨ(生育セヨ), エノエヲ(榎ノ枝ヲ), ナレヰテ(慣
レ居テ)"의 48자를 학습하는 노래였다.

마나가나(眞字假名, 또는 萬葉假名)에서 가타가나(片假名)가 이용된 것도 훨
씬 후대의 일이다. 五十音圖의 창시자로 알려진 奈良 시대의 기비노마기비(吉
備眞備, 693/695-775)가 가타가나(片假名)도 만들었다는 가설도 있으나 天安年
間(857-858)까지는 가타가나의 일정한 자체가 정해지지 않았으므로 믿기 어렵
다.10) 橋本進吉(1949)에 부록된 片假名 조에는 이러한 자체가 平安 초기에 마련
된 것이라 하였다.

<阿女都千>의 뒤를 이어 마련된 가나문자 학습은 <いろは歌>에 의존하게
된다. 高田與淸의 『松屋筆記』(卷107)의 '手習'조에 "<なにはづ(難波津)>, <アサ
カヤマ(淺香山)>보다 먼저 <いろは歌>가 있었고, 47字의 가나문자로 노래를
부른 이 <いろは歌>에 '一, 十, 百, 千' 등의 수자를 붙여 어린이들에게 가르친
것은 嵯峨 시대(809-823)일 것"이라고 추측하였다. 'いろは'의 끝에 '京'자를 붙
이는 습관은 弘安 10년(1287) 了尊의 『悉曇輪略抄』에서 처음 발견된다고 한다
(大矢透, 1918:70).11)

이에 대해서 大矢透(1918)에서는 <いろは歌>가 이루어진 것은 870~984년
경으로 보았으나 오늘날은 일반적으로 平安시대 말(1108) 경으로 생각한다.
더욱이 'いろは 假名文字에 一, 十, 百, 千, 萬 등의 수자를 붙여 교육하는 습관은
<難波津>에 수자를 붙여 교육하던 것보다 훨씬 후대의 일로 室町시대의 초기
(14세기 말~15세기 초)에 일어난 것으로 보고 있다. 졸고(1991)에서는 사역원
의 草創期 왜학서 <伊路波>가 역시 室町시대의 訓蒙書였던 것을 수입하여 훈민
정음으로 注音하여 사용한 것으로 보았다.

---

10) 吉備眞備(きびのまきび)는 원래 본명은 下道(しもつみち) 眞吉備(まきび)로 下道가 성이다.
   奈良 시대 사람으로 養老 원년(717)에 遺唐 유학생으로 당나라에 들어가서 天平 7년(735)
   에 귀국하였다. 후에 遣唐副使로 다시 入唐한 일이 있다. 아마도 唐에 유학할 때에 毘伽羅
   論을 배운 것 같고 고대 인도의 半字論에 의거하여 五十音圖를 작성한 것으로 보인다.
11) 사역원의 초창기 왜학서인 <伊路波>에도 47자의 いろは 다음에 '京上'이 있고 "一, 二,
   三, 四, 五, 六, 七, 八, 九, 十, 百, 千, 萬, 億'의 수자를 들었다. 2.4의 [사진]을 참고.

2.2 졸고(2017a)에 의하면 일본 가나문자의 五十音圖는 佛家의 半字論에서 왔을 가능성이 있다고 한다. 이미 졸고(2016a)에서 불경의 『大般涅槃經』(권8) 「文字品」에 "[전략] 善男子, 有十四音, 名爲字義。所言字者, 名曰涅槃。常故不流, 若不流者則爲無盡, 夫無盡者, 卽是如來金剛之身. 是十四音名曰字本。"라는 기사를 들어 모음 문자의 摩多와 자음의 體文에 대하여 설명하고 이것이 동아시아의 여러 문자에 깊은 영향을 준 것으로 보았다. 그리고 14개의 摩多, 즉 모음이 梵字의 기본이라고 하였으며 이어서 36 體文, 즉 자음을 소개하여 모두 50음을 소개하였다.

아마도 後漢시대부터 唐宋에 이르기까지 발달한 중국 聲韻學의 36聲母는 여기서 나온 것이 아닌가 한다. 그러나 『大般涅槃經』에서 실제로 예를 들은 摩多는 중복되어 20음이 넘었으며 體文도 글자의 예와 의미를 소개하였으나 수효가 불분명하다. 즉, 『大般涅槃經』(권8) 「文字品」에서는 범자를 摩多(mata)와 體文(vyanjana)으로 나누고 후자는 子音, 전자는 母音이었으며 이들을 각기 半字로 보았고 摩多와 體文이 결합한 것이 滿字, 즉 悉曇이라 하여 범자가 된다고 하였다.[12)]

唐의 智廣이 편찬한 『悉曇字記』(권1)에서는 摩多와 體文을 12 기본 모음과 35 자음으로 나누어 47자를 다음과 같이 분류하였으나 다른 곳에서는 14 마다와 36 체문으로 모두 50음의 문자를 보인 것도 있다(졸고, 2014b). 이러한 「悉曇章」을 정리하여 보이면 다음과 같다.[13)]

摩多─阿[a], 阿[ā], 伊[i], 伊[ī], 歐[u], 歐[ū], 藹[e], 藹[ai], 奧[o], 奧[au], 暗[aṃ], 疴[aḥ]
體文─迦[ka], 佉[kha], 誐[ga], 伽[gha], 哦[nga],
　　　者[tsa], 車[tsha], 惹[za], 社[zha], 若[ṇa],
　　　吒[ṭa], 他[ṭha], 荼[ḍa], 茶[ḍha], 拏[ṇa],
　　　多[ta], 他[tha], 陀[da], 陀[dha], 那[na],
　　　波[pa], 頗[pha], 婆[ba], 婆[bha], 麼[ma],
　　　也[ja], 羅[ra], 囉[la], 縛[va], 奢[śa], 沙[ṣa], 紗[sa],

---

12) 摩多(mata)를 '母音'으로 번역한 것도 산스크리트의 'mata(어머니)'에서 온 것이다.
13) 「悉曇章」은 悉曇의 자모표를 말함.

訶[ha], - 遍口聲
濫[llam], 乞灑[kṣa] - 重字 - 졸고(2016b:9)

　일본 가나문자의 伊呂波 47자는『悉曇字記』의 摩多와 体文의 47자에 맞춘 것이고14) 五十音圖는 ア行音에 'ア[a],イ[i], ウ[u], エ[e], オ[o]' 5개의 모음을 기본으로 하고 이어서 カ[ka]行音、サ[sa]行音、タ[ta]行音、ナ[na]行音、ハ[ha]行音、マ[ma]行音、ヤ[ya]行音、ラ[ra]行音、ワ[wa]行音의 50음과 그리고 'ン'을 합하여 모두 51음을 문자로 하였지만 이를 五十音이라 한 것은『大般涅槃經』(권8)「文字品」에서 梵字의 14 摩多와 36 体文에 맞춰서 음운을 50으로 이해하였기 때문이다. 五十音圖를 창안한 奈良시대의 기비노마기비(吉備眞備, きびのまきび)가15) 遣唐 留學生으로 唐에 가서 오래도록 머물면서 당시 唐에서 유행하던 悉曇을 배우고 西域의 譯經僧들과 교유하면서 梵字에 대하여 공부였기 때문에 이러한 일본어의 음운 분석이 가능했던 것으로 보인다.

　2.3 고대 인도에서는 毘伽羅論(Vyākaraṇa)이라는 베다(Veda) 경전의 梵語에 대하여 음운과 문법을 공부하는 분야가 있었으며 오늘날 일부 남아 있는 파니니(Pāṇini)의『팔장(Aṣṭādhyāyī)』에서 그 이론의 精髓를 볼 수 있다.16) 원래 梵語를 기록하는 梵字는 悉曇으로 불렸는데 이 문자는 음절문자로서 자음과 모음이 결합된 형태다. 이 각각의 음운을 배워서 문자의 사용을 익히는 것을 半字敎라고 하고 전체 문자의 정서법을 배우는 것을 滿字敎라 한다.
　<삼장법사전>에17) 등장하는 半滿二敎라는 것은 半滿敎, 또는 半滿二字敎라고도 하며 반자론과 만자론의 교육을 말한다. 半字敎의 半字란 원래 범어의 산스크리트 문자, 즉 범자의 자음(体文)과 모음(摩多)을 각각 半字로 보고 이에

---

14) 司譯院 倭學의 초창기 교재『伊路波』는 47자의 四體 字母를 보였다. 2.3 참고.
15) 기비노마기비(吉備眞備)는 717년에 遣唐 유학생으로 唐에 갔다가 20여년 후인 735년에 귀국했고 후에 다시 遣唐 副使로 唐에 다녀왔으며 右大臣 등을 지냈다.
16) 毘伽羅論과 파니니의『팔장』에 대하여는 졸고(2016a)에서 자세하게 논의되었다. 특히 <삼장법사론>에 소개된 파니니와 <記論>, 즉 <팔장>에 대한 연구는 이제까지 아무도 시도한 바가 없다.
17) <삼장법사전>의 원명은『大唐大慈恩寺三藏法師傳』으로 西域을 다녀온 唐의 高僧 玄奘의 일대기다.

대한 교육을 半字敎라 하였으니 오늘날의 알파벳의 교육과 같은 것이다. 滿字
敎의 滿字는 摩多와 体文을 합성한 悉曇의 음절문자를 말하며 이 悉曇문자의
정서법 교육을 滿字敎라고 한다. 半滿二敎라 불리는 반자교와 만자교는 결국
悉曇 문자의 교육이다(졸고, 2016a:139).[18]

『悉曇字記』에서 「悉曇章」은 글자의 자모를 가르치는 반자교와 만자교를 의
미하며 음절 단위의 문자인 범자의 연구를 말한다. 반면에 毘伽羅論은 산스크
리트의 문법연구를 가리킨다. 즉, 음운과 문법으로 구별하는 것과 비슷하게
半字論과 滿字論은 음운을 연구하고 悉曇章은 범자의 자모표를 말하며 이에
의거하여 문자 교육이 이루어졌다. 그에 비하여 毘伽羅論은 음운의 결합으로
얻어지는 여러 문법 단위들의 연구, 즉 曲用(declension)과 活用(conjugation)
의 형태론과 통사론(syntax)을 말한다(졸고, 2016a:135-139).

일본 가나문자의 五十音圖에서 ア行音의 5자와 이어지는 ア、カ、サ、タ、
ナ、ハ、マ、ヤ、ラ、ワ의 10행음을 합쳐서 50음으로 한 것은 悉曇의 50자에
서 영향을 받은 것이다. 또 조선 司譯院의 倭學에서 일본어 가나문자 교재로
편찬한 『伊路波』에서 いろは(伊路波) 47자의 四體字를 보였다. 전술한 바와 같
이 여기서 말하는 47자는 悉曇의 摩多 12자에 体文 35자를 더한 47자를 말하는
것으로 47개의 음운으로 이해한 것이다(졸고, 2014b). 모두 고대인도의 半字論
에 의한 것이다.

2.4 사역원의 왜학 교재로 유일하게 조선 전기, 즉 草創期의 왜학서로서 弘治
5년에 사역원에서 간행된 『伊路波』가 오늘날 전해온다. 일본 香川県 高松市
香川대학 神原文庫에 소장된 <伊路波>는 조선 성종 23년(1492)에 간행된 것으
로 일본 가나문자의 학습서. 일본 가가와(香川) 대학 소장 <이로파>에 대하
여는 졸고(1991)와 졸저(2017:514-522)에서 자세한 서지학적 고찰이 있었다.
그에 의거하면 <이로파>에서는 假名문자 47자의 4體, 즉 히라가나(平假名)와
가타가나(片假名), 그리고 2종의 마나(眞字) 字体를 보였고 제2부에서는 히라가

---

18) 원래 산스크리트에서 悉曇(siddhaṃ)의 의미는 'sidh(완성하다)'의 과거수동분사인
'siddha'에 中性 명사의 주격단수어미 'ṃ'를 붙인 형태로 "완성된 것"이란 뜻이다. 즉,
半字에 대하여 滿字를 말한다.

나로 작성된 서간문 2개를 첨부하여 이 가나(假名)문자를 학습하게 하였다고
한다.

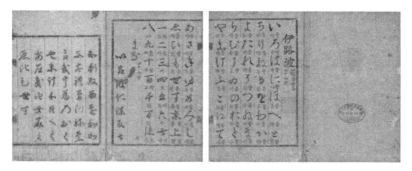

[사진 2-1] 일본 香川대학 소장 <이로파> 1엽과 2엽앞

현전하는 <伊路波>에 대하여는 神原甚造(1925)를 시작으로 河野六郎(1950)
과 賓田敦(1952)에서 일본어의 역사 자료로서 자세한 서지학적 고찰이 있었
다.[19] 특히 후자의 賓田敦(1952)에서는 <이로파>가 일본의 가나문자의 변천
에서 매우 중요한 자료를 제공하였음을 누누이 강조하였다. 奈良시대부터 본
격적으로 사용되기 시작한 일본의 萬葉假名는 한자의 변형에서 여러 異体字들
이 존재하여 통일되지 않았다. 이를 하나로 통일한 것은 일본의 전설적인 學僧
弘法大師 空海(くうかい, 774-835)라고 한다.
   平安 초기에 空海가 통일한 가나문자의 자체, 특히 히라가나의 자체와 사역
원 왜학서 <이로파>의 그것이 매우 유사하다(賓田敦, 1952). 따라서 헤이안(平
安) 초기에 정착된 가나문자의 자형이 무로마찌(室町) 시대(1336-1573)까지 계
속된 것이다. 왜냐하면 초창기의 왜학서들은 무로마찌 시대의 테라코야(寺子
屋) 등에서 사용한 훈몽서를 수입하여 사용하였고 아마도 <伊路波>도 이때의
훈몽서 가운데 하나를 수입하여 훈민정음으로 발음을 붙여 사역원에서 간행한
것으로 보이기 때문이다(졸저, 1988).

---

19) 香川대학 소장의 <이로파>가 이 대학의 도서관 神原문고에 수납된 경위 등과 이 자료의
   조선으로부터 반출에 대하여는 졸고(1991)와 졸저(2017:516-518)를 참고할 것.

2.5 <이로파>의 가나문자 자체는 임진왜란 이후에 간행된 {원본}『捷解新語』(1676)와 제1차 개수인 戊辰(1748) 改修本에서도 일치한다.[20] 따라서 이때까지 일본의 가나문자는 空海의 통일 자형이 유지되었다고 보아야 할 것이다. 그러나 제2차 개수, 즉 辛丑(1781) 重刊本에서는 가나문자의 자형이 개정되었다. 따라서 전술한 <이로파>도 개편되지 않을 수 없었는데 <첩해신어>의 중간본에서는 개정된 가나문자를 '伊呂波'란 이름으로 맨 마지막 第十의 上卷에 부재하였다. 그리고 『중간첩해신어』에는 '伊呂波半字竪相通'과 '伊呂波半字橫相通'이란 五十音圖까지 제시되었다.[21]

<첩해신어>의 2차 개수는 왜학역관 崔鶴齡에 의하여 주도되었다(졸저, 2017:562).[22] 그는 癸未통신사행(1763-4)의 首譯으로 일본에 갔을 때에 새 가나문자로의 교체가 수행되었다. 이 使行에 대하여는 『通航一覽』, 『韓使來聘略記』, 그리고 『海槎日記』에 자세하게 소개되었다. 특히 『해사일기』 권말의 '三使一行錄'에는 이 사행의 正使 趙曮, 副使 李仁培, 從事官 金相翊의 三使 이외로 수행원의 銜名이 기재되었는데 역관으로서는 최학령이 맨 앞에 보인다. 그가 이 사행에서 가나문자를 수정하였으며 이 사실은 후일 李湛의 '첩해신어 重刊序'에서 "又從通詞倭人, 博求大坂江戶間文字, 參互而考證。凡點劃偏傍之不合其字法者, 一皆正之, 斯編始爲完書。仍以私力, 活字刊行"라고 하여 이 사행의 일본 측 통사들로부터 오사카와 에도(江戶), 즉 東京에서 유행하는 字体로 수정하였음을 알 수 있다.

그리고 私力으로 활자 인행하였다고 하였으나 지금까지 이 활자본 제2차 <개수첩해신어>는 발견되지 않았다. 2차 개수본은 얼마 안 되어 중간되어 목

---

20) 제1차 개수, 즉 무진 개수본으로 보이는 <개수첩해신어>가 프랑스 파리의 동양어학교에 소장된 것이 安田章(1988b)에 의하여 일본에서 영인되었고 安田章・鄭光(1991)에 의하여 서울에서도 영인 출판되었다.

21) <첩해신어> 계통의 마지막 간본인 『捷解新語文釋』에는 五十音圖에 해당하는 伊呂波 橫相通과 竪相通이 삭제되었다. 다음의 2.4를 참고할 것. 원래 이것은 貝原篤信의 『和漢名數』의 것을 인용한 것이다(졸저, 2017:589). '半字'라는 술어를 보면 이것이 고대인도의 半字論에 의거한 것임을 알 수 있다.

22) 제1차 <첩해신어> 개수가 이루어진 丁卯通信使行에서 최학령은 수행 역관으로서 미관말직인 押物통사였다. 비록 그가 제1차 개수에 관여는 했지만 역시 하급 역관으로서의 한계가 있었으며 제2차 개수에서 그는 소신대로 개수를 마무리 할 수 있었다.

판으로 인쇄가 되었다. 이것이 辛丑 중간본으로 正祖 5년(1781) 辛丑에 간행된
다. 이 중간본으로 보아야 하는 <첩해신어>의 책판들은 현재 고려대학교 박물
관에 수장되었다(정광·윤세영, 1998). 이 중간본 <첩해신어>는 제1~4엽에
李湛의 '중간서'가 들어 있는 부분만 판심이 '重刊捷解新語'이고[23] '중간서' 다음
에 이어지는 '凡例'를 비롯한 나머지의 판심은 모두 '改修捷解新語'이다. 심지어
중간본의 맨 마지막에 첨부된 '辛丑重刊時校正官'의 銜名을 열거한 책판의 판심
조차 '개수첩해신어'라고 되었다.

따라서 <첩해신어>의 중간이 무엇을 말하는지 알려준다. 이에 의하면 <중
간본>은 제2차 개수본을 수정하여 목판본으로 간행한 것을 말한다. 대부분
사역원의 역학 교재들은 처음에 활자본으로 간행해서 수정하고 이를 목판으로
入梓하여 간행하는 것이 일반적이다. 왜냐하면 활자본의 수정은 목판본처럼
전체를 수정할 필요가 없이 해당부분의 활자를 바꿔서 교정할 수 있기 때문
이다.

2.6 중기 이후의 왜학서로서 유일한 <첩해신어>의 2차 개수에서 가나문자
의 자체가 修訂되매 따라 초창기에 사역원 왜학에서 자체적으로 편찬한 <伊路
波>는 쓸 수 없게 되고 다른 가나문자 교재가 필요하게 되었다. 그런 필요에
따라 새 가나문자 학습서가 『중간첩해신어』의 第十 上卷에 附載된 <伊呂波>라
고 볼 수밖에 없다. 이 '伊呂波'는 <첩해신어>의 중간본에 첨부되었지만 판심
이 없다. 오로지 欄上에 '伊呂波眞字半字竝錄'으로 시작하는 いろは手習歌가 수
록되었다. 이어서 '伊呂波吐字', '伊呂波合字', '伊呂波眞字草字竝錄', '簡格語錄', '伊
呂波半字竪相通', '伊呂波半字橫相通'이 첨가되었다. 이런 이름으로 수록한 새로
운 가나문자는 <첩해신어> 계통의 마지막 간본인 『捷解新語文釋』(1796) 권10
의 下에도 마지막 '竪相通'과 '橫相通'을 제외하고 실었다.

또 로마의 바티칸 도서관에는 단행본으로 간행된 <伊呂波> 1권이 소장되었
다. 졸고(2014b)로 세상에 알려진 이 자료는 모두 8엽에 16쪽으로 서명은 <伊

---

23) 고려대 박물관에 수장된 <첩해신어>의 책판으로 <중간첩해신어>의 '중간서'가 들어있
고 판심이 '중간첩해신어'로 된 것은 2판뿐이다. 모두 판심이 '重刊捷解新語'로 되었다(정
광·윤세영, 1998:475).

呂波>이고 <첩해신어>의 중간본에 附載된 것과 일치한다. 이것은 19세기 초
엽에 이태리에서 파견된 선교사가 중국의 북경에서 조선인에게서 받은 것으로
원래 단행본으로 간행되었으나 <첩해신어>의 중간본을 간행할 때에 이를 첨
부한 것으로 보인다. 이 자료를 검토하면 사역원의 왜학에서 어떻게 假名 문자
를 교육했는지 알 수가 있다(졸저, 2017:582-588).

즉, <이려파>는 다음과 같이 분류되어 가나문자의 여러 자체를 소개하였다.

```
伊呂波眞字半字竝錄    -    ① ㄱ
伊呂波吐字          -    ② ㅣ
伊呂波合字          -    ③ ├ 重刊本과 文釋本
伊呂波眞字草字竝錄    -    ④ ㅣ
簡格語錄            -    ⑤ ┙
伊呂波半字竪相通     -    ⑥ ┳ 重刊本
伊呂波半字橫相通     -    ⑦ ┙ 24)
```

초창기의 가나교재 <伊路波>가 '四體字母 各四十七字'의 "히라가나(ひらか
な), 마나(眞名, 1), 마나(眞名, 2), 카타카나(かたかな)"로 구성되었는데 새로 수
정한 <伊呂波>는 이에 대하여 '마나(眞字), 半字, 吐字, 草字, 簡格語錄'으로 나누
어 가나문자를 제시하였다. 초창기의 <伊路波>에 비하여 다양한 문자의 정서
법을 구비하였으며 특히 가나문자의 草書體를 중시하였다. 그리하여 초서체의
<첩해신어문석>까지 간행한 것이다.

2.7 『첩해신어문석』(이하 <문석본>으로 약칭)은 또 다른 가나문자를 보여
준다. 가나문자의 草書體라고 불리는 이 자체를 학습하는 이유에 대하여 <문
석본>의 卷頭에 실린 凡例에,

倭學講習, 以捷解新語爲津筏。而倭書亦如我國之有眞諺, 有眞無諺, 偶語不
通。有諺無眞, 書契莫解。故講習之艱視, 諸學倍之。今此所編以文字釋倭語, 以倭
書寫文字, 務便講習, 俾有先難後易之効。 - 일본어를 배우는 데는 <첩해신어>가

____
24) 졸저(2017:583)에서 인용했으며 '橫相通'과 '竪相通'은 重刊本에만 게재되었다.

주요한 교재다.25) 그러나 일본어의 표기에도 우리나라의 진서(眞書)와 언문(諺
文)과 같은 것이 있어서 [우리말에] 진서만 있고 언문이 없으면 말이 통하지 않는
것처럼 [일본어에서는] 가나문자만 있고 진서가 없으면 서계(書契), 즉 편지나 문
서를 읽지 못한다. 그러므로 [일본어를] 배우기가 다른 언어보다 배가 어렵다. 이
번에 편찬한 것은 문자로서 일본어를 해석한 것이며 일본 글자로 한자를 쓴 것이
니 배우기 편하고 처음에는 어렵지만 다음에는 쉬운 효과가 있을 것이다.

이라는 기사가 있어 문석본의 편찬이 일본 가나의 眞字草書를 배워 일본에
서 보내오는 書契를 해독하기 위한 것이었음을 알 수 있다. 이를 위하여 한자를
일본어로 해석하고 倭書, 즉 眞假名를 한자로 기록하되 강습에 편리하도록 하
였음을 알 수 있다.

2.7 끝으로 <첩해신어>의 중간본에만 첨부된 ⑥ 伊呂波半字竪相通과 ⑦ 伊
呂波半字橫相通은 현재 일본에서 사용하는 가나문자의 五十音圖를 소개한 것이
다. 졸저(1988)에서는 ⑥ 竪相通과 ⑦ 橫相通이 일본 江戸 초기인 元祿 5년
(1692)에 간행한 가이하라 아쯔노부(貝原篤信)의 『倭漢名數』의 것을 인용한 것
으로 보았다. 이 책은 후대에 증보하여 『和漢名數』로 서명을 고쳤는데 明和 2년
(1765)에 간행한 것이 李瀷의 『星湖先生全集』의 「答洪錫余 戊寅」에 그 이름이
보여 일찍부터 조선에도 소개가 된 것으로 보인다(졸저, 2017:588).

3. 偉兀眞의 몽고 - 위구르 문자

3.0 다음으로 몽고어 학습서인 몽학서의 문자로 몽고-위구르 문자에 대하여
살펴보기로 한다. 현전하는 몽고어 교재로는 『蒙語老乞大』, 『捷解蒙語』, 그리고
『蒙語類解』의 3종뿐이다. 蒙學三書로 불리는 이 교재들은 후기의 蒙學書들로
모두 重刊本들이며 <첩해몽어>의 중간본에 부재된 이익의 '蒙學三書 重刊序'에

---

25) 원래 '津筏'은 "건네어주는 뗏목"란 뜻으로 '안내'를 의미한다. 여기서는 교재를 뜻하는
   것으로 이해하였다.

서 현전하는 몽학서들의 간행에 대하여 언급하였다.

　그러나 조선 초기의 몽학서들은 다른 초창기의 교재들과 같이 元의 훈몽서를 수입하여 사용한 것으로 추정된다. 즉, 전술한 바와 같이 『세종실록』과 『경국대전』에 등재된 몽학서들은 "王可汗、守成事鑑、御史箴、高難加屯、皇都大訓、老乞大、孔夫子、帖月眞、吐高安、伯顔波豆、待漏院記、貞觀政要、速八實、章記、何赤厚羅、巨里羅" 등 16종이나 되며 이들은 오늘날 한 책도 전하는 것이 없어 어떤 내용이며 어떤 글자로 작성되었는지 알 수가 없다.

　왜란과 호란을 겪은 조선 중기의 몽학서는 초창기의 16종 몽학서 가운데 전쟁 후에 남은 '<守成事鑑, 伯顔波豆, 孔夫子, 待漏院記>'를 사용하다가 '新飜老乞大'란 이름의 새로 번역한 <몽어노걸대>를 추가하고 倭學의 <첩해신어>의 영향을 받아 서명을 <첩해몽어>로 한 것도 교재로 사용하였으며 『몽어유해』라는 어휘집도 몽고어 교육에 이용되었다. 후기의 역학서, 즉 『續大典』이후의 몽학서로는 蒙學三書라고 부르는 『蒙語老乞大』, 『捷解蒙語』, 『蒙語類解』의 중간본만이 사용되었고 이 몽학서들은 일부의 책판과 더불어 모두 현전한다.

　3.1 현전하는 몽학서들은 모두 偉兀眞, 즉 몽고-위구르 문자로 작성되었다. 이 문자는 칭기즈 칸이 위구르 문자를 빌려다가 몽고어와 몽골 울루스의 여러 민족어를 기록하게 한 것이다. 이 문자에 대하여는 이미 졸고(2018)에서 자세하게 논의하였다. 이하는 졸고(2018)의 것을 옮겨 본 것이다.

　원래 위구르 문자는 7~10세기에 우즈베키스탄의 사마르칸트를 중심으로 하여 활약한 소그드인들의 소그디아나(Sogdiana, 索格代)에서 소그드어를[26] 표기하던 소그드 문자(Sogdic script)로부터 발달하였다. 이 문자는 아람 문자(Aramaic script)에 소급되며 결국은 라틴어와 같은 계통의 북셈(Northern Semitic) 문자의 계통이다.

　고대 페르시아의 아케메네스 왕조에서 공문서의 작성에 사용되던 아람 문

---

26) 소그드어(Sogdian)는 인구어족의 이란어파에 속하는 중세시대의 언어로 현재는 사용되지 않는 死語다. 사마르칸트(Samarkand)를 중심으로 하는 소위 소그디아나(Sogdiana)에서 사용하던 언어였는데 소그드인들이 실크로드에서 활발한 상업 활동으로 인하여 중앙아시아가 이슬람 세력에 의하여 정복도기 이전에는 이 언어가 널리 사용되었다.

자는 기원 전 2세기경에 帝國이 멸망하여 더 이상 공용 문자로 사용되지 않았
으나 이 문자를 사용하던 書記들은 각 지방에 흩어져 아람어(Aramaic)가 아닌
여러 방언을 이 문자로 기록하게 되었다. 이 문자는 소그디아나의 소그드 방언
도 표기하게 되었는데 이렇게 소그드의 언어를 기록하던 아람 문자를 소그드
문자라고 한다.

따라서 아람 문자 이외에도 소그드 언어를 기록하던 아베스타 문자(Avestan
script), 코레즘 문자(Choresmian script)도 소그드 문자에 속한다. 이들 모두
북셈(Northern Semitic) 문자 계통이어서 첫 글자가 aleph, 그리고 이어서
beth, gimel, daleth 등의 순서다. 라틴어의 로마자 alpha, beta, 그리고 영어의
a, b와 같은 순서다. 소그드인들은 중앙아시아와 중국의 본토에까지 들어와서
장사를 하였다. 이들과 같은 지역에서 활약하던 위구르인들이 이 문자로 자신
들의 언어를 기록하였다.

위구르인(Uighur)들은 소그드인과 교류하면서 이 문자를 접하게 되었고 급
기야 자신들의 언어를 기록하는데 이 문자를 사용하기 시작한 것이다. 그리하
여 중국 新疆省 위구르 자치구와 甘肅省의 위구르인들의 거주지에는 위구르어
를 소그드 문자로 기록한 위구르 문헌이 남아 있으며 이를 기록한 문자를 위구
르 문자라고 한다. 현재 위구르인들은 아라비아 문자로 된 新 위구르 문자를
사용한다. 소그드 문자에는 楷書体와 草書体의 두 서체가 있었는데 위구르인들
은 주로 초서체의 소그드 문자를 빌려 자신들의 언어를 기록하였다. 그러나
현재 남아있는 위구르 문헌에는 매우 조금이지만 해서체의 소그드 문자로 기
록한 위구르어 자료들이 남아있다.[27]

---

27) 이에 대하여는 Poppe(1965:65)에 "By far the larger number of Ancient Turkic texts,
   namely those of later origin (IX~X centuries), are written in the so-called Uighur
   script. The latter developed from the Sogdian alphabet, to be exact, from what the
   German scholars called 'sogdishe Kursivschrift', i.e., Sogdian speed writing. the
   Uighur transmitted to the Mongols. - 매우 많은 고대 투르크어 자료, 다시 말하면 후기
   자료 (9세~10세기)가 소위 말하는 위구르 문자로 쓰였다. 후자 [위구르 문자는] 소그드
   문자의 자모에서, 정확하게 말하면 소그드 문자의 속기체(速記体, Kursivschrift)에서
   발달한 것이다. 위구르 문자는 후대에 아마도 12세기 후반을 지나서 몽고에 전달되었
   다."라는 언급을 참조할 것(졸저, 2009:112에서 재인용). 여기서 '속기체'는 草書体를 말
   한다.

위구르 문헌에는 위구르 문자의 리스트를 표시한 것이 남아있다. 거기에는
18종의 문자로 맨 처음에 aleph(로마자의 alpha에 해당함)에서 17번째의 tau에
이르기까지 소그드 문자의 배열순서와 대부분 일치하고 맨 마지막의 *resh만
이 위구르인들이 따로 만든 것이다. 그것을 졸고(2017a)에서 여기로 옮겨 보면
다음과 같다.28)

앞에서 언급한 대로 마지막의 18) *resh /l/는 위구르어의 표기에서 만들어
진 것으로 15) resh /r/을 가공한 것이다. 앞의 [사진 3-1]에서 15의 resh 글자
와 18의 *resh 글자를 비교하면 이 사실을 알 수 있다. 뿐만 아니라 소그드
문자에 있었던 수사나 표의 문자, 혹은 어말에만 사용되던 특수 문자 5개가
위구르 문자에서는 보이지 않는다. 위구르어 표기에는 필요가 없었기 때문이
다(河野六郎・千野榮一・西田龍雄, 2001:119).

위구르 문자를 사진으로 보이면 다음 [사진 3-1]과 같다.

[사진 3-1] 위구르 문자29)

---

28) 소그드 문자는 음절 초에 16개 문자, 음절 가운데에 18개 문자, 음절 말에 17개 문자를
사용하였다(졸저, 2009:113).
29) [사진 3-1]의 문자표는 河野六郎・千野榮一・西田龍雄(2001:119)에서 庄垣內 正弘씨가 집
필한 것을 인용하였다. 庄垣內씨와는 오랜 친구였으나 얼마 전에 유명을 달리하였다.
삼가 고인의 명복을 빈다. 왼쪽으로부터, 즉 [사진 3-1}의 아래쪽부터 名稱, 轉寫, 위구르
音, 語頭, 語中, 語末의 순서로 보인 것이다.

1) aleph /'/, 2) beth /β/, 3) gimel /ɣ/, 4) vau /w/,   5) zain /z/,   6) cheth /x/,
7) jod /y/, 8) caph /k/, 9) lamed /δ/, 10) mem /m/, 11) nun /n/, 12) samech /s/,
13) pe /p/, 14) tzaddi /c/, 15) resh /r/, 16) schin /š/, 17) tau /t/, 18) *resh /l/

[표 3-1] 위구르 문자표(졸고, 2017a:144)

3.2 위구르 문자가 소그드 문자에서 온 것이고 문자의 배열순서는 같지만 그 글자의 음가와 정서법은 서로 달랐다. 거기다가 소그드 문자는 오른쪽에서 왼쪽으로 橫書하였지만 위구르 문자는 한자의 영향을 받았는지 주로 縱書로 썼다. 초기의 위구르 문자는 횡서한 것도 있었다고 하지만 남아있는 위구르 문헌들은 거의 모두 종서된 것이다. 다만 한문과 다르게 왼 쪽에서 바른 쪽으로 행을 이어갔다.

위구르 문자는 처음에는 소그드 문자와 거의 같은 정서법을 가졌으나 시대의 변천에 따라 문자의 자형과 음가, 그리고 사용법이 달라졌다. [사진 3-1]에서 보이는 12) samech의 /s/와 16) schin의 /š/의 자형이 동화되어 본래의 /š/를 표음하기 위하여 오른 쪽 옆에 2점을 찍었다. 또 3) gimel /ɣ/과 6) cheth /x, q/의 자형이 語末의 위치에서만 구별되었는데 6) cheth의 아랫부분을 길게 하고 3) gimel의 윗부분을 짧게 하였으나 서서히 gimel의 형태로 바뀌어 갔다.

5) zain /z/는 소그드 언어에서는 11) nun /n/과 구별하기 위하여, 또는 /ž/를 표음하기 위하여 1점, 또는 2점을 붙였다. 위구르어에서도 초기 문헌에는 /z/에 점을 더 하기도 하고 /ž/를 분명하게 표음하기 위하여 2점을 붙이기도 했다. 1) aleph /a, ä/와 11) nun /n/의 자형은 초기 문헌에서 변별하기가 어려웠다. 더욱이 語中의 위치에서 6) cheth, 3) gimel과의 구별도 어려웠다. 그로부터 11) nun의 자형에 점차 1점을 붙이게 되었다.

위구르 문자는 원래 多音字性의 큰 문자였다. 문자간의 구별도 비교적 확실했었는데 후기에 들어와서 초서체의 문자가 발달함에 따라 문자간의 구별이 매우 애매해져서 사본에 의하면 aleph, nun, gimel의 突起 부분이 생략되어 1본의 棒線이 여러 개의 문자를 대신하기도 한다. 예를 들면 /s--l/, /bwr--n/ 이 /saqal/ '수염', /burxan/ '부처'와 같이 한 줄의 선이 /aqa/, /xa/을 표기한다

(河野六郎・千野榮一・西田龍雄, 2001:120). 후기의 위구르 문자는 한자의 영향을 받아 문자로서는 분석이 불가능하게 하나의 문자가 하나의 의미를 표하기도 한다.

이 시대에는 위구르 불경에서 한자를 섞어 쓴 위구르 문장이 발견된다. 한자는 音讀하는 것과 釋讀하는 것이 있지만 대체로는 석독하였다. 석독 한자에다가 위구르어의 接辭가 덧붙여서 마치 우리 한문과 한글이 섞여 쓰인 문장과 같다. 당시 위구르에는 위구르 한자음이라는 것이 있었는데 이것 역시 우리가 별도의 한자음을 가졌던 것처럼 그들도 자신들의 한자음을 가졌던 것과 같다.

위구르 문자는 소그드 문자를 차용하여 사용하여서 초기에는 소그드의 언어적 특색을 많이 보였으나 한문 불경을 대량으로 번역하면서 한자 표기의 영향을 받게 되었다. 일반인들의 民俗 문서에는 개인적인 특징이 들어난 치졸한 표기가 많이 남아있다.

3.3 전통적으로 위구르 족으로 불리는 종족이 8세기 중엽에 突厥을 쳐부수고 몽골 고원에 위구르 可汗國을 세웠다. 그러나 이 나라는 9세기 중엽에 이르러 키르기스(Kirgiz)족의 공격을 받아 궤멸하였고 위구르 족은 남쪽과 서쪽으로 나뉘어 敗走하였다. 남쪽으로 도망간 위구르족은 唐으로의 망명이 이루지지 않아서 뿔뿔이 흩어졌다. 서쪽으로 향한 위구르 족의 일부가 현재 중국의 甘肅省에 들어가 그곳에 왕국을 세웠다가 11세기 초엽에 李元昊의 西夏에 멸망하였다.

한편 현재의 新疆省 위구르 자치구에 들어간 별도의 일파는 9세기 후반 당시의 焉耆, 高昌, 北庭을 중심으로 한 지역에 '西 위구르 왕국'으로 일반에게 알려진 국가를 건설하였다. 이 나라도 13세기 전반 몽골족의 발흥에 의하여 멸망을 길을 걷게 되었고 결국은 사라지게 되었다. 이것이 다음에 언급할 나이만(乃蠻)으로 보인다. 우수한 문명을 가졌던 이 나라는 몽고 문화에 지대한 영향을 주었다(졸저, 2009:106-109).

몽고의 칭기즈 칸은 나이만(乃蠻, Naiman)을 정복하고 포로로 잡아온 위구르인 塔塔統阿(Tatatunga)로 하여금 위구르 문자로 몽고어를 기록하는 방법을 고안하여 太子 오고타이(窩闊臺)와 諸汗에게 가르쳤다는 기사가 『원사(元史)』에 전한다.

塔塔統阿畏兀人也, 性聰慧、善言論、深通本國文字. 乃蠻大敭可汗尊之爲傅, 掌其金印及錢穀. 太祖西征, 乃蠻國亡, 塔塔統阿懷印逃去, 俄就擒. 帝詰之曰: "大敭人民疆土悉歸於我矣, 汝負印何之?" 對曰: "臣職也. 將以死守、欲求故主授之耳. 安敢有他?" 帝曰: "忠孝人也. 問是印何用?" 對曰: "出納錢穀委任人才, 一切事皆用之, 以爲信驗耳". 帝善之, 命居左右. 是後凡有制旨, 始用印章, 仍命掌之. 帝曰: "汝深知本國文字乎?" 塔塔統阿悉以所蘊對, 稱旨遂命敎太子諸王, 以畏兀字書國言. ─타타통아는 위구르 사람이다. 천성이 총명하고 지혜로우며 언론(言論)을 잘 하였고 자기 나라 글자(위구르 문자를 말함─필자)를 깊이 알았다. 나이만(乃蠻)의 대양가한(大敭可汗─나이만의 황제를 말함)이 존경하여 스승을 삼고 금인(金印) 및 돈과 곡식을 관장하게 하였다. 태조(칭기즈 칸을 말함)가 서쪽으로 원정하여 나이만의 나라를 멸망시켰을 때에 타타통아가 금인(金印)을 안고 도망을 갔다가 곧 잡혔다. 황제(칭기즈칸을 말함─필자)가 따져 물었다. "대양(大敭)의 인민과 강토가 모두 나에게로 돌아왔거늘 네가 금인을 갖고 무엇을 하겠는가?" [타타통아가] 대답하여 말하기를 "신(臣)의 직분입니다. 마땅히 죽음으로써 지켜서 옛 주인이 주신 바를 구하려고 한 것일 뿐 어찌 다른 뜻이 감히 있겠습니까?" 황제가 말하기를 "충효(忠孝)한 인물이로다. 묻고자 하는 것은 이 인장(印章)을 무엇에 쓰는 것인가?" 대답하기를 "전곡(錢穀) 출납을 위임받은 사람이 일체의 일에 모두 이것을 사용하여 믿고 증명하려는 것일 뿐입니다." 황제가 좋다고 하고 [타타통아를 황제의] 곁에 두도록 명하였다. 이후로부터 모든 제도를 만드는 명령에 인장을 사용하기 시작하였고 [타타통아가] 명을 받들어 이를 관장하였다.[30] 황제가 말하기를 "네가 너의 나라의 문자를 깊이 아느냐?" 하였더니 타타통아가 모두 알고 있다고 대답하였다. [그는] 황제의 뜻으로 태자와 여러 왕들에게 위구르 문자로 나라의 말(몽고어를 말함─필자)을 쓰는 것을 가르치는 명령을 수행하였다(『元史』권124권, 「列傳」제11 '塔塔統阿'조). 졸저(2009:107-108)에서 재인용.

이에 의하면 나이만(乃蠻)의 타타통아에 의하여 그 나라의 문자인 위구르 문자로 몽고어를 기록하게 되었음을 알 수가 있다. 이것이 몽고-위구르 문자(畏兀字, Mongolian Uighur alphabet)라고 불리는 몽고인 최초의 문자로 초기에는 웨올(維吾爾─위구르) 문자라고 불리기도 하였다.[31] 몽고인들은 元의 쿠

---

30) 몽고의 제2대 황제 오고타이 칸(窩闊臺汗, Ögödäi, 후일 元 太宗) 시대에도 印璽를 만들어 耶律楚材와 田鎭海에게 나누어 관장 시켰는데 용처는 漢人과 色目人의 군사에 관한 일에 국한하였다.

빌라이 칸이 파스파 문자를 제정한 다음에도 西域으로 퍼져나간 몽고의 여러
칸국(汗國)에서 그대로 사용되었고 元 帝國에서도 한동안 사용되었다.
　다음의 [사진 3-2]의 좌측에 보이는 바와 같이 이 문자는 몽고어의 7개모음
을 5개 문자로 표음하였다. 즉, [a, e, i, o, u]의 5개 모음자를 만들고 [ö, ü]는
[o, u]와 모음조화에 의하여 상보적 분포를 보임으로 서로 같은 자를 썼다. 元代
파스파 문자에서는 이를 구별하여 7개 모음자를 만들었다.

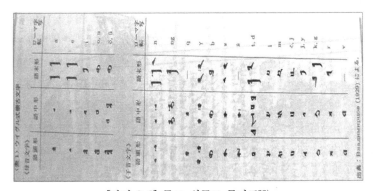

[사진 3-2] 몽고-위구르 문자표[32)]

　졸저(2009)와 졸고(2011a)에서 같은 중세몽고어를 표기하기 위하여 제정한
파스파 문자에서도 모음을 표기하는 喩母字가 모두 7개라고 주장하였다. 이것
은 전통적인 파스파 문자 연구에서 거의 바이블의 역할은 한 Poppe(1957)의
8모음자와 어긋나는 것이며 파스파 모음자에서 [e]와 [ė]를 구별해야 한다고
주장한 服部四郎(1984)에도 정면으로 반대되는 것이다. 그러나 파스파 문자의
喩母字, 즉 모음을 표기하는 글자가 7개라는 필자의 주장은 服部四郎氏가 수학
하고 교수로 근무한 東京大學의 『東京大學言語學論集』에 권두 논문으로 수록되
었다. 한국에서는 이 주장에 대하여 半信半疑하는 경우가 많은 것으로 안다.
그러나 많은 역사적 자료들이 이 사실을 뒷받침함을 깨달아야 할 것이다.

---

31) 몽고어의 문자 표기에 대하여는 Vladimirtsov(1929:19), Poppe(1933:76)를 참고할 것.
32) 河野六郎・千野榮一・西田龍雄(2001:1038)에서 재인용. 원래 도표는 Vladimirčov(1929)
　　에서 인용한 것이다.

3.4 사역원에서는 이 문자를 어떻게 교육하였는지 알려주는 자료가 없다. 초창기의 몽학서에도 문자 교재로 볼 수 있는 것이 없고 다만 전술한 바와 같이 『세종실록』(권47) 세종 12년(1430)의 기사에 蒙訓의 書字 시험으로 帖兒 月眞과 더불어 偉兀眞이 보일 뿐이다. '偉兀眞'은 바로 몽고-위구르 문자를 말하고 이의 書字 시험은 이 문자의 驅使에 대한 검증일 것인데 과연 어떻게 출제되었는지 알 길이 없다. 초창기의 몽학서나 그 후의 모든 몽고어 시험이 寫字 시험, 즉 필기시험이므로 문자를 익혀서 모두 외워 썼을 것이다.

또 별다른 교재가 없이 偉兀眞, 즉 몽고-위구르 문자는 사역원의 익숙한 표음문자로 자리매김했을 것으로 추정된다. 졸고(2015c)에서 주장한 바와 같이 조선왕조의 건국 초기에 사역원이 위구르 귀화인 偰長壽에 의하여 그 復置가 주도되었기 때문이며 여진어 교육의 여진학서도 몽고-위구르 문자로 쓰인 것처럼 당시 사역원에서는 이 문자가 기초적인 표음문자였던 것으로 보인다. 그리하여 후대에 만주족의 淸에서 이 문자를 차용하여 만주어를 기록하는 청학서가 이 몽고-위구르 문자를 변형시킨 만주문자로 작성되기도 한다.

4. 滿文의 만주-위구르 문자

4.0 조선 초기의 사역원에서는 만주어가 아닌 여진어를 교육하였다. 즉, 조선 초기의 역학서를 보여주는 『세종실록』과 『경국대전』에서 여진어를 교육하는 여진학은 후자인 『경국대전』에 처음으로 등장하고 胡亂 이후에는 여진학을 만주어 교육의 淸學으로 교체하였다. 만주 문자는 淸 태조 누르하치(駑爾哈赤)가 에르데니(額爾德尼) 등을 시켜 몽고-위구르 문자를 빌려 만주어를 기록하도록 만든 문자다. 萬曆 27년(1599)에 만들었다가 淸 태종이 崇禎 5년(1632)에 몇 개의 문자를 더 첨가하고 圈點을 붙여 수정하였으며 達海 박사 등에 명하여 많은 중국의 서적을 만주어로 번역하고 이 문자로 기록하게 하였다. 이 문자는 조선 사역원에서 병자호란 이후에 만주어 학습을 위하여 교육되었다. 이미 이때에는 여진족의 金나라에서 한자를 변개시켜 만든 여진자(大字, 小字)가 사용

되지 않고 몽고-위구르 문자를 수정한 만주문자가 널리 사용되었기 때문이다.

4.1 만주족은 여진족의 일부로서 建州女眞과 海西女眞을 기초로 하여 여진 각부를 통일한 것이며 淸朝 안에는 野人女直, 韓人, 漢人, 몽고인, 錫伯, 達斡爾 등의 여러 민족이 흡수되어 있다. 趙展씨[33])의 보고서에 의하면 만주족은 16세기 말부터 17세기 초에 걸쳐 누르하치에 의하여 여진 각부가 통일되고 1636년에 여진의 호칭을 滿洲라고 고치도록 명령하였다. 이어서 이들은 山海關을 넘어 중원에 들어가 明을 멸망시키고 淸朝를 건립하였으며 청조 일대를 통하여 만주족은 통치민족이 되었다. 이러한 정치적 지위를 이용하여 학교를 건립하고 만주어를 보급하면서 만주족은 문화적 발전을 거듭하였으며 만주문자도 보급되었다.

그리하여 順治·康熙·雍正의 3대에는 대부분의 군사·정치상의 중요사항이 만주 문자로 기록되었고 공문서도 滿文으로 작성되었다. 그러나 만주족이 세운 淸의 언어와 문화는 몽고족의 元과 마찬가지로 점차 漢化되어 乾隆·嘉慶·咸豊의 3대에는 공문서가 滿漢 合璧의 형식이 많았으며 咸豊·同治 이후에는 滿文의 사용이 현저하게 줄어들게 되었다. 淸의 멸망으로 만주문자의 사용도 종지부를 찍게 된다.

4.2 졸저(2014)에 의하면 조선 사역원에서 女眞學이 淸學으로 바뀐 것은 顯宗 8년, 즉 康熙 丁未(1667)의 일이라고 한다. 즉, 『통문관지』(권1) 「연혁」 '官制' 조에 "[前略] 其屬官有蒙, 倭, 女眞學通爲四學. 康熙丁未女眞學改稱淸學. [下略] ─ [사역원에] 속한 과청은 몽학, 왜학, 여진학이 있어 모두 사학이다. 강희(康熙) 정미(丁未)년에 여진학을 청학으로 바꿔 불렀다. [하략]"이란 기사와 같은 곳의 '續' 조에 "乾隆乙酉淸學序於蒙學之上. 出啓辭謄錄. ─ 건륭 을유에 청학의 서

---

33) 趙展씨는 1931년 중국 黑龍江省 寧安縣에서 출생한 滿洲族으로 伊爾根覺羅(이르겐교로)가 그 만주어 이름이다. 鑲紅旗人에 속하고 있으며 1957년 東北人民大學 歷史系를 졸업하고 그 해부터 北京의 中央民族學院에 근무하면서 滿洲族의 歷史 文化에 관한 연구를 담당하였다. 1985년 中央民族學院 民族硏究所 東北蒙古硏究所 副主任으로 있을 때에 일본에 와서 "中國에 있어서 滿洲學의 復興에 대하여"라는 제목의 보고서를 『天理大學學報』에 실었다. 趙展(1985) 참조

열이 몽학의 위에 놓이다"라는 기사에 따르면 康熙丁末(1667)에 여진학을 청학으로 개칭하고 乾隆乙酉(1765)에 청학의 서열이 몽학의 위에 있게 되었음을 알 수 있다. 그러나 실제 청학의 서열은 여전히 4학의 말석을 차지했는데 『大典通編』(1785)이나 『大典會通』(1865)에서도 왜학의 다음에 청학을 두었다. 그러나 실제로 淸語, 즉 만주어의 교육은 훨씬 전부터 이루어졌다(졸저, 2014: 432-434).

즉, 『譯官上言謄錄』의 崇禎 10년 丁丑 12월 초5일 조에 "[前略] 況臣不解文字, 多事之地不可無吏文學官。 亦令該曹, 從速下送事, 據曹粘目內, 淸譯在京者, 只若干人, 似難分送。 司譯院女眞學中, 稍解淸語者, 擇送爲白乎旀, 吏文學官定送事段, 前例有無, 自本曹詳知不得, 令本院處置何如? 啓依允。 ―[전략] '하물며 신들이 문자를 몰라서 일이 많은 곳에 이문학관이 없는 것은 불가하오니 해당 조에 명령하여 속히 내려 보낼 일입니다. 예조의 점목(粘目, 관원의 정원) 내에 청나라 말의 통사로서 서울에 있는 것은 단지 몇 명뿐이라 나누어 보내기가 어렵다고 합니다. 사역원의 여진학 중에서 청나라 말을 조금 아는 자를 가려서 보내오며 이문학관을 보내는 일은 전례가 없고 본 예조에서 잘 알 수 없으니 사역원으로 하여금 처치하도록 하면 어떻습니까?' 하니 '장계대로 허가하다'라고 하다"라는 기사를 보면 義州府尹 林慶業이 淸學譯官과 吏文學官의 필요성을 임금께 아뢴 상소문에서 이미 崇禎丁丑(1637)에 여진학에서 청학, 즉 만주어를 교육하고 있었음을 말하고 있다.

따라서 청 태조 누루하치(弩爾哈赤)가 만주족을 규합해 後金을 세우고(1616) 중원을 정복한 다음 淸 태종이 後金을 淸이라 고쳤으며(1636) 명나라를 완전히 멸망시키는(1662) 사이, 두 차례에 걸친 침략을 받은 조선에서는 만주어에 대한 필요가 급격하게 증대되었다. 비록 사역원에서는 明이 완전히 망한 후인 康熙丁末(1667)에 비로소 여진학을 청학으로 개칭했으나 위의 기록에 따르면 그 이전부터 여진어를 대신하여 만주어의 교육이 이루어지고 있었음을 알 수 있다.

4.3 滿文은 淸 태조 누르하치(弩爾哈赤)가 에르데니(額爾德尼) 등을 시켜 몽고-위구르 문자에 의거하여 만든 문자로 萬曆 27년(1599)에 제정하였다가 淸

태종이 崇禎 5년(1632)에 몇 개의 자형을 더 첨가하고 圈點을 붙여 수정한 것이다(Ligeti, 1952). 다하이(達海) 박시 등에 명하여 많은 중국의 고전을 만주어로 번역하여 이 문자로 기록하게 하였다. 이 문자는 몽고-위구르문자와는 서로 다른데 滿文 이전의 여진학서가 몽고-위구르 문자로 기록되지 않았는가 하는 가정은 여진자가 때로는 몽고문자와 함께 쓰인다는 기록이 있기 때문이다.

즉, 『성종실록』(권241) 성종 21년 6월 戊子조에 "兵曹奉旨下書于建州右衛酋長羅下, 王若曰 [中略] 用女眞字蒙古字飜譯書之. - 병조에서 교지를 받들었는데, 건주 우위 추장 나하(羅下)에게 하서하는 것이었다. 왕이 이르기를 [중략]. 여진자와 몽고자를 사용하여 번역한 것을 썼다"라는 기사가 있어 兵曹에서 建州右衛 酋長에게 여진자와 몽고자로 번역한 글을 보내려고 했음을 알 수 있게 한다. 여기서 '여진자'와 '몽고자'란 것은 여진어를 기록하는데 사용한 몽고-위구르자를 말하며 이 글자를 '女眞字蒙古字', 또는 '蒙古女眞字'로도 불렀던 것 같다.

『성종실록』(권261) 성종 23년 1월 庚寅조에 "右承旨權景禧啓曰: 諭都骨兀狄哈之書, 已用蒙古女眞字飜譯, 何以處之? 傳曰: 予亦思之久矣, 今不可輕易傳送 [下略]-- 우승지 권경희가 아뢰기를 '도골올적합(都骨兀狄哈)에게 효유(曉諭)할 글을 이미 몽고 여진자로 번역하였는데 어떻게 처리해야 하겠습니까?' 하자 전교하기를 '나도 또한 오랫동안 생각해 왔으나 지금 경솔히 전달할 수는 없겠다' [하략]"라 하여 여진어로 번역하고 몽고-여진자, 즉 몽고-위구르 문자로 쓴 諭書를 여진인들에게 보내려고 한 일이 있음을 알 수 있다. 당시 사역원에서는 元의 데르베르진(dörberjin, 帖(兒)月眞, 八思巴文字)뿐 아니라 몽고의 偉兀眞(위구르문자)에 대해서도 잘 알고 있었음을 추측하기가 어렵지 않다.

4.4 졸고(2015c)와 졸저(2017)에 의하면 여진학서가 몽고-위구르 문자로 쓰였다고 보았다. 그에 대한 증거는 여진학서를 청학서, 즉 만주어 학습서로 바꾸는 과정에서 발견된다고 하였다. 병자호란 이후 급격히 그 필요성이 강조된 만주어의 학습은 『경국대전』에 등재된 15종의 여진학서 중에서 壬辰·丙子의 兵火를 거치고 남아있는 5책의 여진학서, 즉 '<仇難>, <去化>, <尙書>, <八歲兒>, <小兒論>'으로 만주어 교육이 실시되었다.[34)

그러나 <구난>·<거화>·<상서>·<팔세아>·<소아론>의 5책은 원래 여진어를 학습하던 책이며 그 기록은 만주문자가 아니라 앞에서 추정한 바와 같이 몽고여진자, 즉 몽고-위구르문자로 표기되었을 것이다. 여진어와 만주 어가 서로 별개의 언어이며 문자 또한 달랐으므로(Grube,1896; Benzing, 1956) 이 5책의 여진학서를 만주어 교재로 사용하기에는 語音과 文字에서 중요 한 차이가 노정될 것이다.

실제로 이에 대해서 『통문관지』(권7) 「인물」 '申繼黯' 조에

　　申繼黯平山人, 女眞學舊有國典所載講書, 而與淸人行話大不同, 淸人聽之者莫解. 秋灘吳相國允謙, 以公善淸語, 啓送于春秋信使之行, 十年往來專意硏究, 盡得其語音字劃. 就本書中仇難·巨化·八歲兒·小兒論·尙書等五冊, 釐正訛誤, 至今行用於科試. 出啓辭膽錄官至僉樞 - 신계암은 평산 사람이다. 여진학은 옛날에 국전(『경국대전』을 말함)에 소재된 강서가 있었으나 청나라 사람들과 더불어 대 화하는 데 크게 같지 않았으며 청나라 사람이 들어도 이해하지 못하였다. 상국 오윤겸 추탄이 공(신계암을 말함)이 청어를 잘 하므로 춘추의 사행(使行)에 보내 도록 장계하여 10년을 왕래하면서 연구에 전념하여 그 어음과 자획을 모두 알게 되었다. 본 여진학서 가운데 <구난><거화><팔세아><소아론><상서> 등 5책 을 가져다가 잘못된 것을 바로 잡아 이제 과거시험에 사용하게 이른 것이다. 계사 등록에서 출전하였으며 [신계암은] 관직이 첨추(중추부 첨사)에 이르렀다.

라는 기사가 있다.

이것은 申繼黯이 10년을 淸에 왕래하면서 만주어의 語音과 만문의 字劃을 모두 배워서 여진학서 가운데 <仇難·巨化(去化)·八歲兒·小兒論·尙書>의 만주어와 만문에서 잘못된 것을 바로 잡아 과거 시험에 쓰게 하였음을 알 수 있게 한다. 이 기사를 통하여 우리는 여진어와 淸語, 즉 만주어가 서로 다른

---

34) 『통문관지』(권2) 「과거」 '淸學八冊' 조에 "初用千字文, [中略] 並十四冊, 兵燹之後, 只有仇 難、去化、尙書、八歲兒、小兒論五冊. 故抽七處寫字, 以准漢學冊數 - 처음에 <천자문> [중략] 등 모두 14책을 사용하였으나 병란 이후에는 다만 <구난>, <거화>, <상서>, <팔세아>, <소아론>의 5책이 있었다. 그러므로 7곳을 뽑아 베껴 쓰게 하였는데 한학의 책수에 준하였다"라는 기사는 청학은 병란 이후에 남은 5책, 즉 처음에 여진학서이었던 것으로 병란 이후에 남은 5책을 가지고 만주어를 교육하였으며 이 5책에서 7곳을 뽑아 역과 청학의 시험에 사용하였음을 알 수 있다.

언어임을 알 수 있을 뿐 아니라35) <仇難> 등의 여진학서에 기록된 문자와 만주문자가 서로 字劃이 다름을 알 수 있다. 만일 여진학서가 한자나 여진문자(女眞大字나 小字)라면 만주문자와 비교될 때 전혀 이질적인 이 두 문자를 단지 자획이 다르다고만 말할 수 있겠는가? 이것은 앞에서 말한 蒙古-女眞字로 불린 몽고-위구르 문자와 만문, 즉 만주-위구르 문자와의 관계로 이해할 때 비로소 합리적인 설명이 될 수 있다(졸저, 2017:682-690).

이에 대해서『譯官上言謄錄』의 崇禎 12년(1639) 5월 11일조의 기사는 매우 많은 암시를 던져주는데 그 기사를 옮겨보면

司譯院官員, 以都提調意啓曰: 女眞學傳習之事, 其在于今時, 他學尤重。自前流來番書未知出自何代, 而淸人見而怪之, 全未曉得。彼中方今行用之書, 卽前汗所著, 而音則淸音, 字則與蒙書大略相似, 而點劃實異, 曉解者絶無。彼此相接之時, 無以通情。都提調吳允謙時, 具由入啓, 多方勸奬, 本學中有才申繼黯, 春秋信使之行, 連續差送, 俾無與淸人來往問難, 語音精熟, 然後及學其書。繼黯專意硏究, 于今十載, 方始就緖, 傳來冊本中, 所謂巨化、仇難、八歲兒、小兒論、尙書等五冊, 以淸語寫出, 而淸旁註質之。上年勅使時, 從行淸人, 無不通曉 以此可知其不誤也 [下略] - 사역원 관원이 도제조의 뜻으로 계하여 말하기를 "여진학을 학습하는 일은 지금에 있어서 다른 어학보다 더욱 중요합니다. 전부터 유래한 여러 교재들은 어느 시대에 나온 것인지 알 수 없습니다. 청나라 사람들이 보고 이상하게 생각하고 전혀 깨닫지 못합니다. 그들이 현재 사용하고 있는 글을 먼저 임금이(前汗, 청 태조 누르하치를 말함) 지은 것으로 발음은 청나라의 발음이나 글자는 몽고의 글과 대체로 같으며 실제로 점과 획이 차이가 나서 읽어도 아는 사람이 하나도 없을 뿐만 아니라 피차에 접촉할 때에 뜻을 전혀 통하지 못합니다. 오윤겸이 (사역원의) 도제조일 때에 여러 이유를 들어 장계하였으며 다방면으로 (만주어 학습을) 권장하였습니다. 본학(청학을 말함) 가운데 재주 있는 신계암을 춘추사신의 사행에 연속으로 보내어 청나라 사람들과 내왕하며 어려운 것을 묻게 하였습니다. [청나라 말의] 어음에 매우 숙달되었고 그 다음에 글자를 배워 신계암이 오로

---

35) 滿洲語는 주로 淸代의 언어를 말하지만 현대에는 文語만이 남아있고 소수의 滿洲族과 솔롱, 다구르族에 의해서 이 滿洲文語는 사용되고 있다. 女眞語는 칭기즈 칸 이전부터 明代까지 滿洲地域에서 사용되었다. 많은 여진어를 전공한 학자들이 女眞語는 古代 滿洲語의 한 方言으로 간주하였다. Činčius(1949), Grube(1896), Benzing(1956), 渡部薰太郞(1935) 등 참조.

지 이에 대하여 연구에 전념한 것이 이제 10년이 되었습니다. 바야흐로 그 가닥을
잡기 시작하였으며 전래하는 교재 가운데 소위 <거화>, <구난>, <팔세아>, <소
아론>, <상서> 등 5책을 청어로 베끼고 옆에 주를 달아 고쳤습니다. 지난해에
칙사가 왔을 때에 청나라 사람을 따라 다니며 통하지 않는 곳이 없으니 그 고친
것이 잘못이 없음을 이로써 알 수 있습니다"라고 하였다. [하략]36)

와 같다. 이 기사에 의하면 전부터 내려오는 교재, 즉 사역원의 여진학서가
어느 시대에 만들어진 것인지 알 수 없고 淸人이 보아도 전혀 해독하지 못한다
는 내용이다. 그리고 그 중에서 당시에 사용하는 교재도 前汗이37) 지은 것이어
서 발음은 淸音(만주어 발음)이나 文字는 蒙書와 대체로 같지만 點劃이 달라서
해독하는 사람이 전혀 없었다는 내용이 있다. 이 기사는 신계암 이전에는 여진
학서였던 <구난>, <거화>, <상서>, <팔세아>, <소아론>에 쓰인 글자가 蒙
書, 즉 몽고-위구르 문자임을 말한다. 이 창학서의 문자는 淸 태조가 몽고-위
구르 문자를 빌려 만든 초기의 만주문자, 즉 無圈點 만주자로서 淸 태종이 이를
수정하고 圈點을 붙여 만들기 이전의 것이다(졸저, 2017:682-690).

실제로 현전하는 청학서, 『淸語老乞大』, 『三譯總解』, 『八歲兒』, 『小兒論』, 『同
文類解』 등이 모두 滿文이라 불리는 만주-위구르 문자로 작성되었고 졸저
(2017:688-692)에 소개된 道光 甲辰(1844)에 시행된 增廣別試의 역과 청학 시권
에는 모두 만문이라는 만주-위구르 문자로 시험 답안이 작성되었다.

5. 帖兒月眞의 파스파 문자

5.0 파스파 문자의 제정에 대하여는 졸저(2009)에서 자세히 언급하였다. 그
에 의하면 元에서 至元 6년(1269)에 쿠빌라이 칸(忽必烈汗)의 명을 받들어 吐蕃
의 팍스파 라마가 41개의 자모를 만들었으며 이를 元 世祖 쿠빌라이 칸이 帝國
의 國字로 삼았다는 기사가 『元史』(권202) 「傳」(89) '釋老 八思巴'조에 실렸다.

---

36) 졸저(2017:686-7)에서 재인용함.
37) 小倉進平은 이때의 前汗을 淸 太祖로 보았다. 小倉進平·河野六郎(1964:611) 참조.

그러나 元代에 간행된 盛熙明의 『法書考』나 陶宗儀의 『書史會要』에는 43개의
자모를 만들었다고 하였다(졸저, 2009:179). 이 43자모는 宋代의 『廣韻』에서 제
시한 중국 전통의 36자모에다가 喩母, 즉 모음의 7자를 더 하여 43자가 된 것임
을 말한다(졸고, 2011a).

元에서는 이 문자를 제정하고 바로 이 글자로 한자의 표준 한자음을 파스파
문자로 표음하여 『蒙古韻略』을 간행하였고 이어서 『蒙古字韻』과 朱宗文의 {增
訂}『몽고자운』을 간행하는데 이들을 모두 蒙韻이라고 부른다. 몽운은 훈민정
음을 창제하고 바로 『東國正韻』을 편찬한 것과 똑 같이 파스파 문자를 제정하
고 그 문자로 한자음의 전통 운서를 편찬하였다. 즉, 『蒙古韻略』은 『禮部韻
略』의 표준 한자음을 파스파 문자로 표음하여 만든 운서들이다(兪昌均, 1978).

元代에 파스파 문자를 제정하고 이 문자를 발음기호로 하여 한자음을 표기
한 운서로는 우리가 蒙韻이라고 부르는 『몽고운략』과 『몽고자운』이 있었고
朱宗文이 至大 戊申(1308)에 이를 증보하고 수정한 {증정}『몽고자운』도 간행되
었다(졸저, 2009:33-38). 이 三種의 蒙韻은 모두 失傳되었지만 마지막 <증정
본>이 淸代 乾隆연간, 즉 1737-1776 사이에 필사한 것이 전해오며 런던의 大英
도서관에 소장되었다. 이 세 종류의 蒙韻에는 모두 {증정}『몽고자운』의 런던
초본에 附載된 「字母」와 같이 권두에 三十六字母之圖를 添載한 것으로 추정
된다.

5.1 『몽고운략』은 오늘날 전하지 않으나 『사성통해』 등에 인용된 이 蒙韻의
한자음을 추적해 보면 『廣韻』 계통의 『禮部韻略』의 한자음이며 이 韻書의 권두
에 부재된 「禮部韻略七音三十六母通攷」를 파스파 문자로 표음하여 '字母'란 이
름으로 게재한 것으로 보인다. 실제로 『사성통해』의 권두에는 이 운서의 권두
에 附載되었을 것으로 추정되는 「字母」를 최세진의 『사성통해』에서 「廣韻三十
六字母之圖」라는 이름으로 제시하였다. 반면에 『몽고자운』은 『몽고운략』의 한
자음이 元 帝國의 수도인 北京의 현실음과 너무 차이가 있으므로 이를 『古今韻
會』, 또는 『고금운회擧要』의 발음에 따라 수정한 것인데 역시 권두에 실었을
「자모」를 『사성통해』에서는 「韻會三十五字母之圖」라는 제목의 도표로 제시하
였다.

{증정}『몽고자운』은 오늘날 전해지는 파스파 문자로 쓰인 유일한 문헌이다. 현전하는 것은 런던 대영도서관 소장의 {증정}『몽고자운』(이하 蒙韻의 <증정본>으로 약칭)이다. 이것은 元 至大 戊申(1308)에 朱宗文이 편찬하여 간행한 것이지만 오늘날 유일하게 남아있는 蒙韻의 <증정본>의 런던 초본은 淸代 乾隆연간에 필사한 것이다(졸저, 2009:101). 이 자료의 권두에 「字母」라는 제목으로 36字母圖를 실었으나 실제는 32개의 서로 다른 파스파 글자만이 제시되었다. 『사성통해』에는 이 「자모」를 「洪武韻三十一字母之圖」로 정리하여 역시 권두에 제시하였다(졸고, 2011b). 이 31자모는 훈민정음 <언해본>의 32 초성과 일치한다.

5.2 졸고(2011b)에서는 세 종류 蒙韻의 「字母」가 모두 申叔舟의 『四聲通攷』에 '廣韻', '韻會', 그리고 '洪武韻'으로 이름을 바꿔 게재된 字母圖를 崔世珍이 그의 『사성통해』에서 그대로 轉載한 것으로 보았다. 신숙주가 이렇게 자모도의 이름을 『몽고운략』, 『몽고자운』, {증정}『몽고자운』 등으로 하지 않고 위와 같이 제목을 바꾼 것은 당시 明의 눈치를 본 것으로 추정하였다. 신숙주가 활동할 당시는 明에서 胡元의 殘滓인 파스파 문자의 사용을 심하게 감시하였기 때문이다.[38]

현전하는 朱宗文의 {증정}『몽고자운』 런던 초본에서는 전통적인 『廣韻』의 36자모를 옮기고 그에 해당하는 파스파 글자를 실었다. 그러나 앞에서 언급한 대로 이를 전사한 4개의 파스파자가 동일해서 실제로는 32개의 聲母만을 인정한 셈이 된다. 그리고 이 32자모는 훈민정음 <언해본>의 漢音 표기를 위하여 제시한 32개 正音의 初聲字와 일치한다. 이 자모도는 『사성통해』에 게재된 「洪武韻三十一字母圖」와 같다.

현전하는 『古今韻會擧要』의 어디 異本에서 권두에 붙어 있는 "「禮部韻略七音三十六母通攷」 {蒙古字韻音同} - 「예부운략의 7음 36모 통고」 {몽고자운의 자음과 동일}"라는 제목에[39] 이어서 "韻書始於江左, 本是吳音。 今以七音韻母通攷, 韻

38) 이에 대하여는 졸고(2016)를 참고할 것. 이 논문에는 四庫全書의 『古今韻會擧要』에는 분명하게 "蒙古字韻音同"으로 되었지만 이를 조선 세종 때에 서울에서 복각한 판본에는 "據古字韻音同"으로 '蒙古'의 '蒙'를 지웠다. 얼마나 明의 감시가 두려웠던지 알 수 있다.

字之序, 惟以雅音求之, 無不諧叶。 - 운서는 양자강의 왼 쪽에서 시작하여 본래 오음(吳音)이었다. 이제 칠음(七音)의 운모통고(韻母通攷)로서 운자(韻字)의 순서를 매기니 아음(雅音)에서 구하여 배열한 것이라 어울리고 화합하지 않는 것이 없다"라는 添言을 덧붙여 이 36모 通攷가 宋代 雅音, 즉 표준음으로 36자모를 배열한 것임을 밝혀두었다. 이처럼『몽고자운』런던 초본에서 볼 수 있는 36 字母圖는 이 36모 通攷를 보여주는 유일한 자료라는 의미에서 매우 중요하다.

이 자모도를『사성통해』의「洪武韻三十一字母之圖」에 의거하여 정리하면 다음과 같다.

	牙音	舌音		脣音		齒音		喉音	半音	
		舌頭音	舌上音	脣重音	脣輕音	齒頭音	正齒音		半舌音	半齒音
全清	見	端	知	幫	非	精	照	曉		
次清	溪	透	徹	滂	敷	清	穿	匣		
全濁	群	定	澄	並	奉	從	床	影		
不清不濁	疑	泥	娘	明	微			喩	來	日
全清						心	審	(幺)		
全濁						邪	禪			

[표 5-1] {증정}『몽고자운』의 런던 초본에 소개된 「36자모도」

(졸저, 2009:187에서 재인용)

5.3『몽고자운』런던 초본의 「字母」에서 제시한 36字母圖의 끝에 喩母에 속한다는 7자의 모음자들을 제시하였다. 그리하여 元代 盛熙明이 편찬한『法書考』와 陶宗儀의『書史會要』에서 파스파 문자는 36자모와 7개 喩母에 속하는 글자를 합하여 모두 43자로 간주한 것이다(졸저, 2015:305).40) 그러나 蒙韻의 <36

---

39) { } 안의 것은 협주 형식으로 덧붙인 것을 표시한다. 필자의 논문에서 자주 이런 표시로 협주들을 표시하였다.

40) 43개의 문자를 만들었다고 하였지만 실제『法書考』와『書史會要』에 보인 파스파 문자는

자모도>에서는 32개의 파스파 글자만 제시되었다. 즉, 다음의 [표 5-1]에서 볼 수 있는 것처럼 36 字母 가운데 正齒音의 전청, 차청, 전탁의 /ᄐ, ᄒ, ᄅ/가 舌上音의 그것과 동일하고 순경음의 전청과 전탁이 동일하게 /ᅙ/이어서 1자가 줄어 모두 32개의 글자만이 보였다.

파스파 문자에서 된소리 계열의 음운을 표시하는 글자는 없다. 중세몽고어에서 된소리(glottal tension)을 변별 자질로 하는 음운이 존재하지 않기 때문이다. 15세기 한국어에 된소리는 분명히 존재하였음에도 불구하고 이를 표음하는 문자를 만들지 않고 신라시대 향찰의 차자표기에서 사용하던 叱로 표기되는 '된시옷'을 붙여 사용한 것은 아무래도 파스파 문자의 영향이라고 아니 할 수 없다.

파스파 문자의 字母와 훈민정음의 초성을 역시 『四聲通解』의 「洪武韻三十一字母之圖」에 의거하여 대비하면 다음과 같다.

	牙音	舌音	脣 音		齒 音		喉音41)	半舌音	半齒音
			脣重音	脣輕音	齒頭音	正齒音			
全淸	ㄱ(見)ヿ	ㄷ(端)ㄷ	ㅂ(幇)리	ᄫ(非)ᅙ	ᅎ(精)ㄱ	ᅐ(照)ㅌ	ㆆ(影)ㄹ		
次淸	ㅋ(溪)ᄒ	ㅌ(透)ㅌ	ㅍ(滂)리	ퟢ(敷)ᅙ	ᅔ(淸)ㄱ	ᅕ(穿)ㅌ	ㅎ(曉)ᄒ		
全濁	ㄲ(群)ㅠ	ㄸ(定)ㅠ	ㅃ(並)리	뼝(奉)ᅙ	ᅏ(從)ㄱ	ᅑ(床)ㄹ	ㆅ(匣)ㅌ		
不淸 不濁	ㆁ(疑)ㄹ	ㄴ(泥)ㄹ ㄴ(娘)ㄱ	ㅁ(明)ㄹ	ㅱ(微)ㅌ		ㅇ(喩)ㅅ ㅇ(么)ㅅ		ㄹ(來)ㄹ	△(日)ㄹ
全淸					ㅅ(心)ㅅ	ㅅ(審)ㄹ			
全濁					ㅆ(邪)ㅋ	ㅆ(禪)ㄹ			

[표 5-2]「세종어제훈민정음」31자모와 『몽고자운』32자모의 대비표
(졸저, 2015:356)

모두 41개만 제시하였다(졸저, 2009:179).

41) 『몽고자운』의 '자모(字母)' '후음(喉音)'에서는 전술한 바와 같이 이것의 위치가 바뀌어서 '曉ᄒ , 匣ㅌ, 影ㄹ, 喩ㅅ '의 순으로 되었다. 효(曉)모 'ㅎ'이 동국정운(東國正韻) 23자모에서는 비록 차청(次淸)이었지만 전탁자(全濁字)를 만들 때는 몽고운(蒙古韻)에 따라 효(曉) 모(母)의 'ㅎ'을 쌍서(雙書)하여 'ㆅ'으로 하였다. 다른 아음, 설음, 순음, 치음에서는 모두 전청자(全淸字)를 쌍서하여 전탁(全濁)으로 하였다.

5.4 파스파 문자도 훈민정음의 中聲과 같이 모음자를 따로 제정하였는데 <증정본>의 런던 鈔本 36자모도 말미에 喻母에 돌아갈 7자를 보였으니 이것이 바로 모음자들이다. 필자의 파스파 문자 연구는 {증정}『몽고자운』의 런던 초본에 것을 기본으로 하였다. 즉, 『몽고자운』의 런던 鈔本의 권두 「字母」의 右端에 첨기된 "ㄹ ㆆ ㅎㅈ ㅋㄴ 此七字歸喻母 - /i, u, ü, o, ö, e/의 7자는 유모에 속하다"의 7자는 다음 [사진 5-2]에서 보이는 것처럼 실제로는 6자뿐이다.

[사진 5-1] {증정}『몽고자운』 런던 초본 권두의 「자모」 右端

(졸저, 2015:308에서 재인용)

여기에는 36자모도에 이미 들어가 있는 喻母 /ᠤᠨ(ᠲᠠ)[ɑ]/가 빠져있어 이를 포함한 7자를 말한다. 앞의 [사진 5-1]에 보이는 파스파 문자의 喻母 7자는 중세몽고어의 모음체계에 의거하여 제자한 것으로 중세몽고어는 주지하는 바와 같이 전설모음과 후설모음이 서로 대립하는 모음체계를 가졌으며 같은 위치의 모음끼리만 결합하는 모음조화를 가졌다(Pozdněev, 1895-1908; Ramstedt, 1911; Poppe, 1957, 1965).[42]

---

42) 중세몽고어나 중세터키어에서 발견되는 모음조화(vowel harmony) 현상은 일체의 예외가 없다. 즉, 현태들의 결합에서 전설모음은 전설모음끼리, 그리고 원순모음은 원순모음끼리만 결합하는 현상에서 예외를 발견하지 못한다. 그러나 15세기 우리말의 諺文 자료는 적지 않은 예외가 있어 모음조화라기보다는 모음동화 현상이다. 그것도 매우 느슨한 모음동화 현상으로 보아야 할 것이다(졸고, 2011a).

파스파자는 전설의 '[ü], [ö], [e]'와 후설의 '[u], [o], [ɑ]'를 前舌 대 後舌의
대응으로 보고 모음조화에 관여하지 않는 [i]를 포함하여 모두 7개의 모음을
/ᠠ[i], ᠵ[ü], ᠍[ö], ᠌[e], ᠍[u], ᠍[o], ᠍(᠍)[ɑ]/와 같이 문자로 표시한
것이다. 이것은 모음조화에서 가장 일반적으로 많이 나타나는 구개적 조화
(palatal harmony)로서 알타이제어 가운데 중세몽고어는 이러한 모음조화의
전형으로 알려졌다.43)

따라서 파스파 문자의 유모자(喩母字)에 속하는 모음자 7개를 모음사각도에
그리면 다음과 같다.

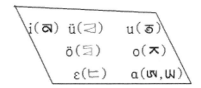

[표 5-2] 파스파 문자의 모음자(졸고, 2011a에서 재인용)

훈민정음에서는 모음을 표음하는 글자로 <해례본>의 '制字解'에서 中聲字
11개 글자를 만들고 그 제자 방법을 설명하였다. 즉, "中聲凡十一字, ·舌縮而聲
深, 天開於子也. 形之圓, 象乎天也. 一舌小縮而聲不深不淺, 地闢於丑也. 形之平, 象
乎地也. ㅣ舌不縮而聲淺, 人生於寅也. 形之立, 象乎人也. ― 중성은 모두 11자이니
'·'는 혀가 움츠리고 소리는 깊다. 하늘은 자시(子時)에 열렸으니 모습은 둥글
어 하늘을 본뜬 것이다. '一'는 혀를 조금만 움츠리고 소리는 깊지도 얕지도
않다. 땅은 축시(丑時)에 펼쳐졌으니 모습이 평평하고 땅을 본뜬 것이다. 'ㅣ'는
혀를 움츠리지 않고 소리가 얕다. 사람은 인시(寅時)에 태어났으니 모습은 서
있고 사람을 본뜬 것이다"라고44) 하여 天地人 三才를 象形한 기본자 3개 / ·

---

43) 몽고-위구르 문자에서는 [o:ö], [u:ü]는 모음조화가 있는 중세몽고어에서 상보적 분포로
  나타남으로 같은 문자로 표기하였다.
44) 훈민정음 <해례본>의 우리말 해석은 매우 여러 가지여서 오히려 혼란스럽다. 여기서는
  홍기문(1946:32)의 해석을 기본으로 하고 필자의 어투로 조금 고쳤다. 이하 모두 같다.

〈天〉, ㅡ(地), ㅣ(人)/를 만들었다고 하였다.

그리고 이 세 글자를 서로 합용(合用)하여 /ㅗ, ㅏ, ㅜ, ㅓ/와 /ㅛ, ㅑ, ㅠ, ㅕ/를 만들었다고 하였다. 후자는 再出字이고 전자는 初出字라고 설명하면서 天地人의 三才가 어떻게 서로 교합하여 합용하는가를 설명하였다. 즉, "此下八聲, 一闔一闢, ㅗ與ㆍ同而口蹙, 其形則ㆍ與一同合而成, 取天地初交之義也. ㅏ與ㆍ同而口張, 其形則ㅣ與ㆍ合而成, 取天地之用發於事物待人而成也. ― 다음의 8소리는 하나가 오므라들면 하나가 펼쳐지는데 /ㅗ/는 /ㆍ/와 같으나 입을 오므리며 글자 모습은 /ㆍ/와 /一/가 결합해서 이룬 것이다. 천지가 처음 교합하는 뜻을 취한 것이다. /ㅏ/는 /ㆍ/와 같으나 입이 펴지는 것이며 글자의 모습은 /ㅣ/와 /ㆍ/가 결합해서 이루어진 것이다. 천지의 쓰임이 사물에서 나오지만 사람을 기다려 완성되는 뜻을 취한 것이다"라고 하여 기본자 3개, 즉 天地人 3才를 象形한 /ㆍ, 一, ㅣ/를 결합시켜 나머지 글자들을 만들었음을 밝히고 있다. 따라서 基本 3자와 初出 4자의 7자가 단모음을 표음하는 글자로 제정되었음을 말한다. 여기서 再出字들은 모두 ㅣ계 이중모음이기 때문이다. 이 7개의 훈민정음 中聲字를 표로 그리면 다음의 [표 5-3]과 같다.

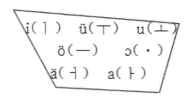

[표 5-3] 훈민정음의 중성자[45]

[표 5-2]와 [표 5-3]의 모음 사각도를 보면 거의 일치한다. 여기에서 훈민정음의 중성 가운데 단모음 표기의 7자는 파스파 문자의 喩母자를 답습한 것으로 볼 수밖에 없다. 그동안 국어 모음체계의 변천에 대하여, 특히 중세국어의 모음에 대하여 수많은 논문본고되었고 아직도 모음조화를 비롯한 중세시대 우리말의 모음에 대하여 논의가 끊이지 않고 계속된다.

---

45) 이에 대한 자세한 논의는 졸고(2011a)와 졸저(2015:277)의 주29를 참고할 것.

그것은 훈민정음이 7개 단모음 표기의 글자에 의거하여 구축된 15세기 우리 말의 모음체계가 정확하지 않다는 사실을 입증한다. 특히 아래 ㅇ의 존재 여부에 대하여 김동소(1981, 1998)를 비롯하여 적지 않은 연구가 있고 중세시대의 모음조화에 대하여도 15세기 언문 자료에서조자 많은 예외가 발견되어 확증된 것으로 보기 어렵다. 특히 서양의 한국어, 일본어의 역사적 연구자들은 한결같이 중세, 또는 고대한국어에 모음조화가 존재하는 것을 부정하고 있다.

6. 결어

6.0 이상 조선시대 사역원에서 사용하던 외국어 교재에 쓰인 여러 문자에 대하여 살펴보았다. 우선 사역원의 전신인 고려 후기의 通文館이 몽골의 元과의 소통을 위한 언어 교육기관으로 시작된 것이다. 따라서 원 帝國의 공용 언어, 당시 새로 등장한 중국어의 漢語 교육과 몽고어의 교육이 가장 먼저 있었고 뒤를 이어 일본어와 여진어가 추가되었다. 물론 사역원의 한어 교육의 교재들은 漢字로 되었으나 그 외의 몽고어와 여진어의 교재들은 그 시대의 가장 널리 사용된 몽고-위구르 문자로 작성되었다. 즉, 몽고어 교육의 교재는 물론이고 여진어 교육의 교재도 이 문자를 사용하지 않았는가 하는 주장을 폈다.

물론 일본어 교재인 왜학서는 일찍부터 일본에서 사용하던 假名 문자로 작성되었고 이 문자를 교육하는 『伊路波』가 초창기의 왜학서 자료로 남아있어 어떻게 교육되었는지 잘 알 수가 있으나 몽고-위구르 문자는 이 문자를 교육하는 교재가 없어 아마도 몽고-위구르 문자도 한자처럼 당시 사역원의 역관들에게는 아주 일반적인 문자여서 모두 잘 알고 있었던 것으로 추정하였다. 그리고 고려 후기와 조선 초기에는 帖兒月眞으로 불리는 파스파 문자도 교육하고 시험하였는데 본고에서는 이 문자에 대하여도 고찰하였다.

6.1 사역원 왜학의 일본어 교재들은 일본의 가나문자로 작성되었다. 초창기의 왜학서는 오늘 전하는 것이 <伊路波> 하나뿐이어서 다른 교재들은 어떤

문자로 작성되었는지 확인할 길이 없으나 中期 이후의 왜학서, 즉 <첩해신어>
와 <왜어유해>는 거의 모두 가나문자의 히라가나 자체로 작성되었다. 다만
<문석본>만은 가나문자의 초서체로 되었고 또 이 <문석본>만을 제외하고
모든 왜학서는 훈민정음으로 발음이 注音되었다.

초창기의 왜학서로 현전하는 <이로파>는 가나문자의 四體 자형을 보여준
다. 즉, '마나(眞字)'란 이름으로 가나문자의 원래 한자의 2체를 보이고 이어서
히라가나(平假名)와 가타가나(片假名)의 2체를 보여서 모두 四體字母라고 하였
다. 이 47자의 가나문자는 모두 훈민정음으로 발음이 注音되었고 중기 이후의
왜학서 <첩해신어>에서는 그 내용까지도 언해되었다.

일본의 가나문자는 한자의 자형을 변형시켜 만든 문자다. 동아시아의 여러
민족들은 중국어와 달리 교착적 문법구조의 언어이기 때문에 한자로 자신들의
언어를 표기하기가 어려웠다. 따라서 각기 문자를 제정하여 자신들의 언어를
표기하려는 노력이 끊임없이 계속되었으며 그 결과 여러 문자들이 제정되어
사용되었다. 그 문자들은 졸고(2017a)에 의하면 세 부류로 나눌 수 있다고 한다.

첫째는 한자를 변형시킨 문자들로서 遼의 契丹문자, 黨項의 西夏문자, 金의
女眞문자 등이 있고 둘째는 서양의 문자를 차용한 것으로 몽고-위구르 문자와
만주문자가 여기에 해당된다. 마지막으로 셋째는 고대인도의 梵字로부터 영향
을 받아 완전히 자음과 모음을 구별하여 문자를 표음문자를 만든 것이다. 吐蕃
의 西藏문자와 元의 파스파 문자, 조선의 諺文이 그에 속한다. 그렇다면 일본의
가나문자는 첫째 계통의 한자 변형 문자에 속할 것이다.

5.2 둘째의 유형에 속하는 몽고-위구르 문자는 몽골 제국의 始祖인 칭기즈
칸이 위구르족의 나이만(乃蠻)을 정복하고 포로로 잡은 위구르 현인 타타퉁아
(塔塔統阿)로 하여금 위구르 문자로 몽고어를 표기하게 하면서 시작된다. 본래
偉兀眞으로 불리는 위구르 문자는 소그드 문자에서 온 것으로 아람문자에 소
급되고 로마자와 같은 계통이다. 첫 글자와 둘째가 aleph, beth이어서 로마자
의 alpha, beta와 동일하다. 이 문자는 당시로서는 매우 유용한 표음문자여서
사역원의 몽학과 여진학의 교재들이 모두 이 문자로 작성된 것이라고 본고에
서 주장하였다.

그 배경에는 위구르인으로서 고려에 귀화한 偰氏 문중의 사람들, 특히 조선
건국과 더불어 사역원 복치의 주역이었던 偰長壽의 역할이 컸다고 할 수 있다.
그는 위구르인으로 세습 문자로 위구르인들에게 전해오는 위구르 문자로 사역
원의 몽학서들을 작성하였고 아마도 여진학도 이 문자로 교재를 작성하여 여
진어를 교육한 것으로 보인다. 왜냐하면 金代에 만들어진 여진문자는 金이 망
한 이후에 廢絶되었으며 그로부터 200여년 이후에 설치된 조선 사역원의 여진
학에서 이 문자를 사용하였다고 보기 어렵기 때문이다. 또 申繼黯이 여진학서
를 청학서로 바꾸는 작업에서 點劃을 고쳤다는 언급이 있어서 여진학서와 청
학서의 문자가 단순히 점획이 다른 정도의 문자임을 증언하고 있다.

만주어 학습의 淸學書도 만주-위구르 문자라고 불러야 하는 몽고-위구르
문자를 차용하여 표기하였다. 滿文은 淸 태조 누르하치가 에르데니 등을 시켜
몽고-위구르 문자에 의거하여 만든 문자로 萬曆 27년(1599)에 제정하였다. 후
대에 淸 태종은 崇禎 5년(1632)에 몇 개의 자형을 더 첨가하고 圈點을 붙여
수정하였다. 사역원의 청학서는 초기에 여진학서 가운데 전쟁 이후에 남은 5
책의 여진어 교재를 만주어 교재로 바꾸어 사용하였으나 丙子胡亂에 잡혀갔다
가 돌아온 사람들에 의하여 새로운 청학서가 편찬되었으니 '新飜老乞大'라고
불리던 <淸語老乞大>와 <三譯總解>, <同文類解> 등이 그것이며 여진학서였
다가 청학서가 된 <소아론>, <팔세아>와 함께 교재로 사용되었다.

따라서 淸 태조의 無圈點 滿文이 아니라 淸 태종의 有圈點 신문자로 작성되었
다. 물론 여진학서를 창학서로 바꾸는 과정에서 일시 무권점 만주자를 사용한
일이 있었으나 申繼黯에 의하여 모두 새로운 만주자로 바뀌었다. 중기 이후의
만주어 교재에서 淸學四書라 하면 <청어노걸대>, <삼역총해>, <소아론>,
<팔세아>를 말하지만 여진학서였던 <소아론>, <팔세아>는 그 권질의 크기
에 있어서 앞의 두 책과 비교가 되지 않는다.

5.3 끝으로 조선 초기까지 역관의 取才나 通事科와 같은 역관의 시험에 몽고
문자로 출제되던 帖兒月眞에 대하여 고찰하였다. 이 문자는 元 世祖 쿠빌라이
칸 때에 팍스파 라마가 황제의 칙명에 따라 만든 문자로 애초 목적이 중국
한자음의 학습을 위한 발음기호의 역할이었다. 몽고인들은 이 문자로 한자음

을 익혀 한어의 학습에 이용하고 漢人들은 이 문자로 몽고어를 표기하여 배웠다.

원래 파스파 문자의 제정은 元 帝國의 모든 언어를 기록하기 위한 것으로 표음문자였으며 팍스파 라마의 고향인 吐蕃 왕국의 西藏 문자에서 온 것이다. 이미 몽골 울루스에는 표음문자인 몽고-위구르 문자가 모든 민족의 언어를 기록하고 있었으나 이 문자로는 한자음을 표음하기 어려워서 따로 파스파 문자를 만든 것이다. 그리하여 이 문자를 만들고 바로 『禮部韻略』의 표준 한자음을 파스파자로 발음을 달아 『蒙古韻略』을 간행하고 이어서 이를 『古今韻會』에 맞추어 수정하여 『蒙古字韻』을 편찬하였다.

元末에 朱宗文이 이를 다시 수정하여 {增訂}『몽고자운』을 간행하였는데 이 蒙韻들이 고려 후기와 조선전기에 이 땅의 儒學者들이 많이 이용한 것으로 보이며 드디어 우리도 새로운 표음 문자를 제정하기에 이른다. 당시 중국과의 교류에서 언어 소통에 많은 문제가 있었다. 宋代까지만 해도 한문을 통하여 습득한 중국어가 서로 소통에 지장이 없었으나 元代 北京 중심의 동북방언음은 우리 한자음과 전혀 달랐다. 여기에 관심을 둔 세종은 새로운 한자음으로 개정하기 하고 동국정운식 한자음을 인위적으로 제정하였다.

이 한자음이야말로 백성들에게 가르쳐야 하는 올바른 한자음으로 인정하고 訓民正音으로 불렀으며 이것이 후일 諺文으로 발전하여 오늘날 우리의 한글이 되었다고 보았다. 파스파 문자는 그런 의미에서 한글의 선구자라고 할 수 있다. 그러나 문자 제정의 치밀성, 과학성, 합리성은 훈민정음에 비하여 훨씬 떨어졌으며 드디어 西陂 柳僖는 「諺文志」(1824, 『文通』 전100권의 제19권)의 '全字例'에서 "諺文雖刱於蒙古, 成於我東, 實世間至妙之物 - 언문은 비록 몽고에서 시작하여 우리나라에서 이루어졌지만 실제로 세간에 지극히 오묘한 것이다."라고 하여 파스파 문자가 몽고에서 시작하였지만 조선의 諺文으로 완성된 표음문자임을 밝혔다.

<參考文献>

강신항(1978), 『李朝時代의 譯學政策과 譯學書』, 塔出版社, 서울.

김동소(1981), 『한국어와 TUNGUS어의 음운 비교 연구』, 효성여대출판부, 대구.

_____(1998), 『한국어 변천사』, 형설출판사, 대구.

김완진 외(1997), 김완진・정광・장소원 공저, 『국어학사』, 한국방송대학교출판부, 서울.

金貞玉(1956), "高麗時代의 敎育制度에 대한 一考察", 『梨花女大七十周年紀念論文集』, 梨花女大, 서울.

金炯秀(1974), 『蒙學三書研究』, 螢雪出版社, 大邱.

朴龍雲(2005), "고려시기의 通文館(司譯院)에 대한 검토 - 한어도감, 역어도감, 이학도감, 한문도감과도 관련하여", 『韓國學報』(一志社), 제120집, pp.2-23.

정광・梁伍鎭(2011), 『老朴集覽 譯註』, 태학사, 서울.

정광・윤세영(1998), 『司譯院 譯學書 冊板 研究』, 고려대학교 출판부, 서울.

鄭光・安田章(1991), 『改修捷解新語』, 태학사, 서울.

兪昌均(1966), 『동국정운연구』, 형설출판사, 서울.

_____(1978), 『蒙古韻略과 四聲通解의 研究』, 榮雪出版社, 서울.

李基文(1961), 『國語史槪說』, 民衆書館, 서울, 1972, 同改訂版

_____(1964), "蒙語老乞大研究", 『震壇學報』 第26.6.7合併號

_____(1967), "蒙學書研究의 基本問題", 『震壇學報』 第31.

졸고(1987a), "朝鮮朝譯科 初試의 答案紙에 대하여", 『韓國語와 알타이어학』(朴恩用博士回甲紀念論叢), 曉星女大出版部, 대구, pp.471-493.

_____(1987b), "朝鮮朝 譯科漢學과 漢學書 -英.正祖시대의 譯科漢學試券을 중심으로-", 『震壇學報』(震壇學會), 제63집, pp.33-72.

_____(1987c), 朝鮮朝における譯科の蒙學とその蒙學書--來甲午式年の譯科初試の蒙學試券を中心として--(일문), 『朝鮮學報』(일본 朝鮮學會), 제124호 pp.49-82.

_____(1987d), "來甲午式年 譯科初試의 蒙學試券 小攷", 『국어학』(국어학회), 제16호, pp.197-219.

_____(1987e), "來甲午式年 譯科初試의 蒙學試券 小攷", 『국어학』(국어학회), 제16호, pp.197-219.

_____(1988), "譯科의 倭學과 倭學書-朝鮮朝 英祖 丁卯式年試 譯科倭學 玄啓根 試券을 중심으로", 『韓國學報』(一志社), 제50호, pp.200-265.

_____(1989), "譯學書의 刊板에 대하여", 『周時經學報』(周時經研究所), 제4호, pp.104-113.

_____(1991), "倭學書『伊路波』에 대하여", 『國語學의 새로운 認識과 展開』(金完鎭先生華甲紀念論叢), 서울대학교 대학원 국어연구회 편, 서울: 민음사,

pp.142-161.

____(1992),『通文館志』의 편찬과 異本의 간행에 대하여", 『德成語文學』(덕성여대 국문
학과), 제7호, pp.1-23.

____(1998a), "청학 四書의 新釋과 重刊", 『방언학과 국어학』(청암 김영태 박사 화갑기
념논문집, 태학사), pp.753-788.

____(1998b), "고려대 박물관 소장의 사역원 역학서 책판 연구", <국어사 자료연구회
겨울공동연구회>(일시: 1998년 2월 5일, 장소: 고려대학교 인촌기념관
제4회의실 및 박물관) 발표.

____(1999), "元代漢語の<舊本老乞大>", 『中國語學研究 開篇』(일본 早稻田大學 中國
語學科), 제19호, pp.1-23.

____(2000) "<노박집람>과 <노걸대><박통사>의 舊本", 『震檀學報』(진단학회), 제89
집, pp.155-188.

____(2001), "淸學書 <小兒論>攷", 『韓日語文學論叢(梅田博之敎授 古稀記念)』(太學社),
pp.509-532.

____(2009a), "訓民正音の字形の獨創性 -『蒙古字韻』のパスパ文字との比較を通して-
(일문)", 『朝鮮學報』(일본 朝鮮學會) 第211輯(平成21年4月刊), pp.41-86.

____(2009b), "훈민정음 中聲과 파스파 문자의 모음자", 『국어학』(국어학회), 제56호,
pp.221-247.

____(2011a), "<蒙古字韻>喩母のパスパ母音字と訓民正音の中聲", 『東京大學言語學
論集』(東京大言語學科) 제31호, pp.1-20.

____(2011b), "훈민정음 초성 31자와 파스파자 32자모", 『譯學과 譯學書』(譯學書學會),
제2호, pp.97-140.

____(2012a), "<몽고자운>의 파스파 韻尾字와 훈민정음의 終聲", 『譯學과 譯學書』(譯
學書學會), 제3호, pp.5-34.

____(2012b}, "元代漢吏文と朝鮮吏文", 『朝鮮學報』(일본朝鮮學會), 제224輯, pp.1-46.

____(2014a), "Lao Qita and Piao Tongshi", 『譯學과 譯學書』(國際譯學書學會) 제5호,
pp.5-58.

____(2014b), "朝鮮司譯院の倭學における仮名文字敎育 -バチカン圖書館所藏の「伊呂
波」を中心に-", 『朝鮮學報』(일본 朝鮮學會) 제231輯, pp.35-87.

____(2014c), "朝鮮時代 燕行・通信使行과 譯官 敎材의 修訂", 정광, 藤本幸夫, 金文京
공편;『燕行使와 通信使』(서울: 박문사), pp.89-114, 일어본: pp.316-
339, 중어본: pp.511-528.

____(2015a), "동북아 제언어의 한자 사용에 대하여", 정광 외, 『한국어의 좌표 찾기』
(서울: 역락). pp.69-108.

____(2015b), “高麗本『龍龕手鏡』について”, 藤本幸夫 編,『龍龕手鏡(鑑)研究』(東京: 麗澤大學出版會), pp.98-134.

____(2015c), “朝鮮 前期의 女眞學書 小攷 -위구르인 偰長壽의 高麗 歸化와 더불어-”, 『譯學과 譯學書』(국제역학서학회) 제6호(2015.12), pp.5-48.

____(2016a), “朝鮮半島における仏経玉冊の刊行について”, 『朝鮮學報』(일본 朝鮮學會) 제238輯, pp.35-79.

____(2016b), “毘伽羅論과 훈민정음 -파니니의 <八章>과 佛家의 聲明記論을 중심으로-”, 『한국어사 연구』(국어사연구회) 제2호, pp.113-179.

____(2017a), “알타이 제 민족의 문자 재정과 사용 -한글과 파스파 문자의 제정을 중심으로-”, 정광 외, 『유라시아 문명과 알타이』(가천대학교 아시아문화연구소 아시아학술총서 10, 서울:역락), pp.9-80.

____(2017b), “反切考”, 『어문논집』(민족어문학회) 제81호, pp.127-184.

졸저(1988), 『司譯院 倭學 研究』, 太學社, 서울.

____(2009), 『蒙古字韻 研究』, 박문사, 서울; 중문판(2013, 北京: 民族出版社), 日語版(2015, 東京:大倉 Info.).

____(2011), 『삼국시대 한반도의 언어 연구』, 박문사, 서울, 2012년 대한민국 학술원 선정 우수도서.

____(2014), 『조선시대의 외국어 교육』, 김영사, 서울, 2015년 대한민국 학술원 선정 우수도서.

____(2015), 『한글의 발명』, 김영사, 서울, 2016년 한국 문체부 선정 세종도서 우수학술도서.

____(2017), 『역학서의 세계 -조선 사역원의 외국어 교재 연구-』, 박문사, 서울.

일본인 저자의 五十音圖順

石川謙・石川松太郎(1967~74), 『日本教科書大系』, 第1~15, 講談社, 東京.

石川松太郎(1978), 『藩校と寺子屋』, 教育社, 東京.

小倉進平(1940), 『増訂朝鮮語學史』, 東京: 刀江書院

大矢透(1918), 『音圖及手習詞歌考』, 大日本圖書株式會社, 東京.

尾崎雄二郎(1962), “大英博物館本 蒙古字韻 札記”, 『人文』 제8호, pp.162-180.

神原甚造(1925), “弘治五年 活字版朝鮮本<伊路波> い就いて”, 『典籍之研究』 第三號

河野六郎(1952), “弘治五年朝鮮版<伊路波>の諺文標記に就いて-朝鮮語史の立場から-”, 『國語國文』, 第21卷10號

河野六郎・千野榮一・西田龍雄(2001), 『言語學大辭典』 別卷 「世界文字辭典」, 三省堂, 東京.

高橋愛次(1974),『伊呂波歌考』, 三省堂, 東京.

田中謙二(1962), "元典章における蒙文直譯體の文章",『東方學報』第32冊.

田村實造(1976), "大金得勝陀頌碑 女眞字解讀",『東洋史研究』, 제35-3호.

西田龍雄 編(1981), 講座 言語 第5卷『世界の文字』, 大修館書店, 東京.

橋本進吉(1949),『文字及び仮名遣の研究』, 岩波書店, 東京.

服部四郎(1946),『元朝秘史の蒙古語を表はす漢字の研究』, 龍文書局, 東京.

_____(1984), パクパ字(八思巴字)について -特に e の字とė の字に関して(一)-On
　　　　the hPhags-pa Script-Especially Concerning the Lette e and ė -(1),
　　　　『月刊言語』13-7, pp.100-104, 服部四郎(1993:216-223)에서 인용.

_____(1986-1989),『服部四郎論文集 I. II. III』, 東京: 三省堂.

_____(1993),『服部四郎論文集』, 三省堂, 東京.

浜田敦(1952), 弘治五年 朝鮮板<伊路波 諺文大音考-國語史の立場から-,『國語國文』
　　　　第21卷 第10號. 이 논문은 浜田敦(1970)에 再錄됨.

_____(1970), 朝鮮資料による日本語研究, 岩波書店 東京.

村山七郎(1948), "ジンギスカン石碑文の解讀",『東洋語研究』4輯, pp.59-95. 이 논문은
　　　　Murayama(1950); Shichiro Murayama: "Über die Inschrift auf dem
　　　　'Stein des Cingis'", Oriens No. 3, pp.108-112에 독일어로 번역되어 게
　　　　재됨.

文部省(1910),『日本敎育史』, 弘道館, 東京.

安田章(1961), "全浙兵制考日本風土記解題",『日本風土記』影印本, 京都大學文學部, 國
　　　　語學國文學研究室, 京都.

_____(1963), "朝鮮資料の流れ-国語資料としての処理以前-",『国語国文』(京都大學
　　　　文學部, 國語學國文學科) 제32권 제1호.

_____(1964), "『重刊改修捷解新語』解題", 京大國語學國文學研究室編,『重刊捷解新語
　　　　影印本』, 京都.

_____(1965), "朝鮮資料の覚書 -『捷解新語』の改訂-",『論究日本文学』제24호. 이 논
　　　　문은 安田章(1980:157-173)에『捷解新語の改訂覺書』라고 改題되어 재
　　　　록됨.

_____(1966), "苗代川の朝鮮語写本類について-朝鮮資料との関連を中心に-",『朝鮮
　　　　学報』第39・40号. 安田章(1980)에 再錄

_____(1970), "『伊呂波』雑考",『国語国文』(京都大學文學部, 國語學國文學科) No.
　　　　45-3.

_____(1977a), "朝鮮資料における表記の問題 -資料論から表記論へ-",『國語學』(일본
　　　　國語學會) 108號

_____(1977b), “類解攷”, 『立命館文学』 제264호, 安田章(1980)에 재록됨.

_____(1980), 『朝鮮資料と中世国語』, 笠間書院, 東京.

_____(1984), “已然形終止”. 『國語國文』(京都大學文學部國語學國文學科), 제53권 제5호.

_____(1985), “捷解新語の木版本”, 『国語国文』(京都大学文學部 国語学国文学科), 제54권 제12호.

_____(1986), “韓國國立中央圖書館藏『倭語類解』”, 『國語國文』(京都大學文學部 國語學國文學科), 제55권 제4호.

_____(1987), “捷解新語の改修本”, 『国語国文』(京都大学文學部 国語学国文学科), 제56권 제3호.

_____(1988a), “捷解新語の木版本(続)”, 『国語国文』(京都大学文學部 国語学国文学科), 제57-12호.

_____(1988b), “改修捷解新語解題,”『改修捷解新語影印本』, 京都大学国語学国文学研究室, 京都.

吉池孝一(2004), “跋蒙古字韻 譯註”, 『KOTONOHANA』(古代文字資料館) 22号 pp.13-16.

_____(2005), “パスパ文字の字母表”, 『KOTONOHANA』(古代文字資料館) 37号 pp.9-10.

渡部薫太郞(1935), 『女眞語の新研究』, 大阪.

중국 저자 한자음의 가나다순

季永海・劉景憲・屈六生(1984), 『滿語語法』, 民族出版社, 北京.

金啓綜(1979), “陝西碑林發現的女眞文字”, 『內蒙古大學學報』(哲學社會科學版), 1979, 1, 2期.

_____(1984), 『女眞文辭典』, 文物出版社, 北京.

金光平・金啓綜(1980), 『女眞語言文字硏究』, 文物出版社, 北京.

劉鳳翥・于寶林(1981), “女眞文字 <大金得勝陀頌> 校勘記”, 『民族語文論集』(中國社會科學出版社), 北京.

鄭再發(1965), 『蒙古字韻跟跟八思巴字有關的韻書』, 國立臺灣大學文史叢刊, 臺北.

照那斯圖(2003), 編著, 『新編 元代 八思巴字 百家姓』, 文物出版社, 北京.

照那斯圖・楊耐思(1987), 『編著 蒙古字韻校本』, 民族出版社, 北京.

淸格爾泰 外 5명(1985), 淸格爾泰・劉風翥・陳乃雄・于寶林・邢复禮 『契丹小字硏究』, 中國社會科學出版社, 北京.

영문 저자의 알파벳순

Benzing(1956), J. Benzing, *Die tungusischen Sprachen*, Wiesbaden.

Campbell(1984), R. N. Campbell; "The immersion education approach to foreign language teaching," In Studies on immersion education: A collection for United States educators, pp.114-142.

Cincius(1949), V. I. Cincius, *Sravnitel'naya fonetika tunguso-manczurskix yaz'ikov,* Leningrad.

Doerfer(2004), Gerhard Doerfer: *Etymologishe-Ethnologisches Wörterebuch tungusischer Dialekte*(vornehmlich der Mandschurei), Georg Plms Verlag, Hildesheim, Zürich. New York.

Grube(1896), Wilhelm Grube; *Die Sprache und Schrift der Jučen,* Leipzig.

Kiyose(1973), G. Kiyose; *A Study of the Jurchen Language and Script in Hua-I-I-Yu,* 法律文化社, 東京.

Laufer(1907), Berthold Laufer: "Skizze der Mongolischen Literatur," *KSz* 7:191.

Ligeti(1948), L. Ligeti: "le Subhāṣitaratnanidhi mongol, un document du moyen mongol", *Bibliotheca Orientalis Hungarica* VI, Budapest.

_____(1952), L. Ligeti. A propos de L'ecriture mandchoue, *AOH* 2, pp.235-301.

Möllendorf(1892), P. G. von Möllendorf; *A Manchu grammar, with analysed Texts,* Shanghai.

Pauthier(1862), G. Pauthier: "De l'alphabet de P'a-sse-pa," *JA,* sér. V.19:8 (Janv, 1862), pp.1-47.

Pelliot(1922), *Inventaire sommaire des manuscrits et imprimès chinoirs de la Bibliothèque Vaticane,* Rome.

_____(1925), Paul Pelliot: "Les systèmes d'ecriture en usage chez les anciens Mongols," *Asia Major,* vol.2 pp.284-289.

_____(1948), P. Pelliot, Le Hoja et le Sayyid Houssin de l'Historie de Ming, Appendice III 3.

Pelliot·Takada(1995), P. Pelliot et T. Takada: *Inventaire sommaire des manuscrits et imprimès chinoirs de la Bibliothèque Vaticane. A posthumous work by Paul Pelliot.* Revised and edited by Takada Tokio, Italian School of East Asian Studies Reference Series; Kyoto: Istuto Italiano di Cultura, Scuola di studi sull'Asia orientale. 이것은 Pelliot(1922에서 작성된 것을 T. Takakda(高田時雄)가 증보 편집한 것이다.

Plancy(1911), Collin de Plancy, Collection d'un Amateur [v. Collin de Plancy], *Objets D'art de la Corée, de la Chine et du Japon.* Paris: Ernest Lerooux, Editeur.

Poppe(1954), Nicholas Poppe: *Grammar of Written Mongolian*, Otto Harrassowitz, Wiesbaden.

_____(1957), N. Poppe: *The Mongolian Monuments in ḥP'ags-pa Script*, Second Edition, translated and edited by John R. Kruger, Otto Harassowitz, wiesbaden.

_____(1965), N. Poppe, *Introduction to Altaic Linguistics*, Otto Harrassowitz, Wiesbaden.

Shirokogoroff(1944), S. M. Shirokogoroff: *A Tungus Dictionary*, The Minzokugaku Kyōkai, Tokyo, 독어판 Doerfer(2004).

Vladimirčov(1911), Borris, Ja, Vladimirčov: "Tureckie elementi v mongolskom yazike," *Zapiski. Vostočnago Otděleniya Imperatorskago Russkago Arxeologičeskago Obščestva*, St. Peterburg, Vol. 20, pp.153-184.

_____(1916), "O časticax otricaniya pri povelitelnom nakloneniī v mongolskom yazike," *Izvestiya Akademii Nauk*(1916), pp.349-358.

_____(1929), *Sravnitel'naja grammatika mongol'sogo pis'mennogo jazyka i xalxaskogo narečiya*, Leningrad.

□ 성명: 정광(鄭光)
주소 : (139-221) 서울시 노원구 한글비석로 245 두타빌 A동 310호
전화 : +82-10-8782-2021
전자우편 : kchung9@daum.net

□ 이 논문은 2018년 10월 20일 투고되어
2018년 11월 05일부터 11월 23일까지 심사하고
2018년 12월 03일 편집회의에서 게재 결정되었음.

(韓)『漢淸文鑑』 표기의 근대성

金亮鎭

(韓國, 慶熙大)

<Abstract>

In this paper, I examined various aspects of the modernity of the Hangul notation contained in Han-Hancheongmungam(韓-漢淸文鑑, 1779). In the 17th and 18th centuries, the tendency of the modern notation of unification through *HMB(Han i araha Manju Gisun i bleku bithe,* 1708) with the Manchu language as the heading of the Qing dynasty" and *Eojejeungjeongcheongmungam*(御製增訂淸文鑑, 1771). To the pan-Asian aspect. In this paper, I examined the notation characteristics of Han-*Hancheongmungam*(韓-漢淸文鑑, 1779) in connection with the process of analyzing such literature. And the Korean language, Hanyu, Mancurian, and Korean (Korean) of the time through the Hangul, in this document. Above all, the notion of Han-*Hancheongmungam*(韓-漢淸文鑑, 1779) in Korean (Han-gul), which is a sounding letter, provides a normative notation for each verse of Manchurian, Chinese, and Korean in the 18th century They have a common point. Furthermore, it is expected that the spreading of the notion of consciousness beyond the language and character constraints can be understood as a proliferation of modern consciousness in the Asian dimension.

Key Words: *HMB(Han i araha Manju Gisun i bleku bithe,* 1708), *Eojejeungjeongcheongmungam* (御製增訂淸文鑑, 1771), Han-*Hancheongmungam*(韓-漢淸文鑑, 1779), modernity of the notation, Hanyu, Mancurian, Korean

1. 머릿말

만주어를 통한 만주족의 지식 체계를 통합하는 데 결정적인 역할을 한 것으로 *HMB*(1708,『御製清文鑑』)[1]의 출현을 들 수 있다. 만주어의 일반 어휘를 만주어로 뜻풀이한 동아시아 최초의 일언어사전으로서, 표준 만주어를 확립하고 만주어를 언중들에게 널리 보급하기 위한 목적으로 편찬된 근대적 개념의 종합 대사전이 *HMB*(*Han i araha manju gisun i buleku bithe*), 즉『御製清文鑑』이다. *Han i araha manju gisun i buleku bithe*(『御製清文鑑』)은 청 황조 제4대 황제인 강희제의 흠징으로 편찬된 언어사전과 백과사전의 성격을 겸한 만주어사전으로 자국의 어휘를 자국의 언어로 풀이한 동아시아 최초의 사전이다. 자국의 어휘를 자국의 언어로 풀이하였다는 점에서는 본격적인 영영 사전에 해당하는 Cowdry 영어 사전(1721), *OED*(*Oxford English Dictionary*, 1884–1928)나 Webster 사전(1828–1841)을 앞서는 획기적인 참조서적이다. 최초의 본격적인 프랑스어-프랑스어 사전이라 할 수 있는『프랑스 아카데미 사전』(1694)을 제외하면 자국의 어휘를 자국의 언어로 풀이한 사전으로는 매우 이른 시기에 출간된 사전이다.[2]

HMB(1708,『御製清文鑑』)은 여러 면에서『프랑스 아카데미 사전』(1694)에 비견된다.『프랑스 아카데미 사전』(1694)은 프랑스 왕립 아카데미에서 1638년에 프랑스어 사전 편찬을 결정한 지 46년 만에 출간되었고『어제청문감』은 강희제의 지시에 의해 1673년에 편찬에 착수하여 35년만인 강희 47년(1708)에 완성되었다.『프랑스 아카데미 사전』(1694)이 최초의 기획자 샤플렝(1637)으로부터, 실제 사전 편찬에 본격적으로 매진하였던 보즐라(1639-1650), 메즈레이(1651-1683)에 이르기까지 열정적인 사전편찬자들에 의해 진행되었지만 실제 사전 편찬은 시시부진힘을 벗어나기 못하다가 루이 13세의 강력한 지원(경

---

1) 본고에서는 김양진(2014)의 제언에 따라 이른바『御製清文鑑』을 *HMB*(1708)로 약칭하기로 한다. 이는 이 책의 권두 서명이 만주어로 *Han i araha Manchu gisun i Buleku bithe*(임금의 만든 만주 말의 거울 책)로 되어 있고『清鑑』혹은『御製清文鑑』이라는 명칭은 이에 대한 한어식 별칭이기 때문에 이 책의 원명을 살려서 *HMB*(1708)로 부르는 것이 타당하다고 판단하였기 때문이다.
2) 이에 대한 구체적인 논의는 김양진(2014)를 참조하였다.

비에 대한 면제 특권의 확대나 사전편찬에 대한 독점권 인정과 같은)을 바탕으로 박차를 가하게 되어 1694년에 레니에-데마레(1683-1694)에 의하여 출간되었다. 이와 마찬가지로 HMB(1708, 『御製淸文鑑』) 역시 강희제에 의해 만주어의 영속을 위해 1673년 한림원 57명의 관원으로 하여금 사전 편찬을 시작한 이래 지지부진함을 벗어나지 못하다가 강희제가 직접 교정을 보는 열정을 보인 이후에 박차를 가하게 되어 1708년 출간되었다. 이러한 점들을 종합해 볼 때, 이 두 사전의 출간은 17-18세기 서양 사회를 지배하고 있던 프랑스와 동양 사회를 지배하고 있던 청(淸) 간의 경쟁 구도와도 관련이 있다고 할 수 있다.

만주문자의 발명은 만주어를 기록하고 만주족이 주재하던 시기의 동북아시아 역사를 종합적으로 기록하는 데 그치지 않고 중국을 통치하기 위한 수단의 하나로 중국의 대부분의 주요 문헌을 만주어로 번역했다는 점에서도 찾을 수 있다. 중국의 오래된 문헌들이 동아시아에서 오랜 역사와 함께 정신사적, 문명사적 우위를 차지해 왔음은 널리 알려져 있지만 이 문헌들의 내용들이 다른 언어로 집중적으로 번역되어 그 언어권의 정신 세계 및 문명 세계와 혼합되는 계기가 되었다는 점에서 이는 만주 문화와 중화 문명 모두에게 중요한 경험이 되었다. 한편으로 만주족이 중화의 문명을 이해하고 받아들이는 근거가 되었지만 또 다른 한편 만주의 문화가 중국 문명과 뒤섞이는 단초가 되었음은 그 이후 벌어진 중국의 역사 전개 과정이 말해 준다. 중국의 모든 역사적 사실들은 국어로 인식된 만주어와 나란히 놓이게 되었고 이들은 만한 합벽이라는 이름으로 공존하게 되었다. 이러한 공존이 300여년 이어지면서 중국의 일반적인 문명사적 흐름 속에 만주 문화라는 이질적인 요소가 하나의 문화로 융합되어 갔다.

만주어/만주문자로 번역된 한문 전적은 청의 입관(1644) 이전에는 주로 <三國志>, <요사>, <금사>, <원사>, <國語>, <四書>, <刑事會典>, <素書>, <三略>, <萬寶全書>, <通鑑>, <六韜>, <明會典>, <大乘經> 등의 대표적인 한문 서적 일부가 집중적으로 번역되는 데 그치지만, 입관 이후에는 飜書院을 설치해서 사서오경, 역사서, 군사 방면의 저작과 각종 문학 작품을 전문적으로 번역하기에 이른다. 사서오경류에는 <大學>, <中庸>, <大學衍義>, <論語>, <孟子>, <四書集註>, <周易>, <禮記>, <書經>, <詩經>, <春秋> 및 <道德經集

註>, <菜根譚>, <제감도설>, <孔子家語>, <제자규>, <이십사효도설>, <홍무요훈>, <육사잠언>, <여논어>, <여효경>, <삼자경주해>, <孝經>, <성세요언>, <주문공가훈>, <주자절요> 등이 포함되고 군사류에는 <黃石公素書>, <六韜三略>, <孫吳子兵法>, <孫子兵法>, <손자십삼편오자육편>, <무후심서> 등, 역사서류에 <독사논략>, <강감회집>, <반씨총론>, <資治通鑑綱目>, <左傳>, <三國志>, <遼史>, <金史>, <元史>, <명조실록>, <명복왕사략>, <명태조실록>, <송명신언행록>, <古今列女傳> 등이 포함된다. 그밖에 <小學>, <율예관교정세원록>, <長物志>, <마의상서>, <전정수>, <성교서>, <율려찬요>, <오강금보>, <방여진람>, <황숙화매결>, <의약치료통서>, <상마경>, <원형료마집> 등이 손에 꼽을 수 있는 문헌의 명단이다. 문학 작품 역시 적극적으로 번역되는데 <三國志演義>, <金甁梅>, <水滸傳>, <西遊記>, <紅樓夢>, <후서유기>, <서한연의>, <封神演義>, <열국연의>, <남송연의>, <전칠국>, <초사연의>, <귀련몽>, <평산냉연>, <생초전>, <聊齋志异> 등과 <西廂記>, <고사오편>, <정역유재자사>, <취묵재>, <고근체잡시>, <합벽오종사>, <고문관지>, <필독고문>, <육선공집>, <양정도해> 등이 번역되어 널리 읽힌 문헌들이다.

만주문자의 존재는 중화 문명과 만주 문화(여진족 문화)의 혼합을 주도한 데 그치지 않고 동북아시아 문명 전체를 하나로 통합하는 데 활용되었다. 이른 바『三體淸文鑑』,『五體淸文鑑』으로 알려진 문헌들이 만한 합벽(滿漢合璧) 문헌을 비롯하여 '만-몽-한(滿蒙漢)' 三體와 '만-몽-한-장-회(滿蒙漢藏回)'의 五體(만주어, 몽골어, 중국어, 티벳어, 위구르어) 합벽 문헌들이 청나라를 중심으로 하여 중국의 주변 민족들 즉 몽골족과 티벳민족, 위구르민족을 중심에 둔 회회 문명권의 문화를 흡수하고 영향을 주고받는 통로로 제공되었다. 이와 함께 조선에서는 사역원을 중심으로『增訂御製淸文鑑』(1771)을 재편하여 (韓)『漢淸文鑑』(1779)3)을 출간하였고, 일본에서도 출간에 이르지는 못했지만 19세기 후반

---

3) (韓)『漢淸文鑑』(1779)의 서명은 본래 '漢淸文鑑'으로 되어 있으나 민영규(1956)에서 동경 대 도서관 소장의 『漢淸文鑑』(1779)을 영인하면서 『音漢淸文鑑』 등 여타 <淸文鑑>類 자료들과의 구별을 위해서 이 자료를 『韓漢淸文鑑』으로 부를 것을 제안한 바 있다. 본고에서는 원서의 서명인 『漢淸文鑑』을 살리되 한자 표제어를 제외한 만주어의 표제어와 만주어 뜻풀이가 한글로 기록되어 있음을 강조하기 위해 혹은 표제항이 '漢-韓-滿(淸)'

에 이르러 나가사키의 당통사(唐通事)인 다카하시 가게야스(高橋景保)에 의하여 『增訂御製淸文鑑』(1771)을 번역한 <淸文鑑和解>(飜譯淸文鑑)이 만들어져서 이러한 동아시아 문화의 통합이 중국 대륙을 넘어 한반도와 일본에까지 영향을 미쳤음을 알 수 있다. 특히 만주족을 통한 한족의 문학은 몽골 문학에 이차 번역을 통해 커다란 영향을 미쳤고 또 병자호란과 정묘호란 이후 한국 지식인에 의한 만주어/만주문화에 대한 인식의 폭이 빠른 속도로 확장되었다.

　이와 같은 동아시아 문화의 통합과 함께 만주문자의 주요한 역할로 기억해야 할 사항은 17~18세기 서세동점의 시기 서구의 여러 문화적 접근이 漢文의 벽에 막혔을 때 만주어/만주문자를 통해 소통되었다는 점이다. 청을 지배한 만주어/만주문자는 빠른 속도로 중국의 역사, 문학의 문헌들을 만주어로 번역해 놓았고 서구의 지식인들은 만주어/만주문자를 통해 중국에 대한 지식을 습득하였다. 독일, 프랑스 등의 근대 서구 문명의 주도자들은 만주어 사전과 만주어 문법서를 만들어서 만주어를 통한 중국 문화의 습득을 선도하였고 또 다른 한편으로 서구의 여러 문명들은 만주어로 먼저 번역되고 이후 선별적으로 한문 전적으로 수용되는 일이 청대 초기의 일반적인 흐름이었다는 점이 동아시아 역사에서 반드시 기억되어야 할 사항이다. 많은 서양의 선교사들이 만주어를 통해 어려운 한문의 내용을 이해할 수 있었고 한편 만주어를 통해 서양의 문화와 과학기술들이 중국에(결국에는 동북 아시아에) 적극적으로 소개되기에 이르렀다.

　청의 건국과 함께 만들어진 만주문자는 단순히 만주어를 나타내기 위한 글자에 그치지 않는다. 발생에서부터 서양과 동양의 만남을 극적으로 상징화하고 있지만 실제 그 활용에 있어서 동아시아 문명을 만주족과 한족의 문화를 중심에 두고 광범위하게 통합해 가면서 다른 한편 동서양 문화의 가교 역할을 적극적으로 해 내고 있었다. 이와 같이 만주문자의 역할이 동아시아를 넘어서 세계사적 소통의 틀이 되어 가고 있던 시기에, 중세적 질서에서 벗어나 근대적 이행기에 들어서 있었던 17~18세기 조선에서 이를 받아들여 <한한청문감>으

三體로 되어 있음을 강조하기 위해 (韓)『漢淸文鑑』(1779)으로 구별하여 부르고자 한다. 이는 (飜譯)『老乞大』, (飜譯)『朴通事』나 (解例本)『訓民正音』의 제명(題名) 방식을 참조한 것이기도 하다.

로 재편하면서 그 안에 자리 잡게 된 근대적 표기 체계의 일면을 살펴보고자
한다.

2. 표기와 근대성

문자가 언어를 반영한다는 점에서 문자 표기의 근대성은 표기의 대상인 언
어 자체의 근대성과 긴밀한 상관 관계가 있다 할 것이다. 따라서 근대의 만주
어의 언어적 규범으로 제작된 *HMB*(1708, 『御製淸文鑑』)에 사용된 만주어 표
기와 이를 한어의 규범화로까지 확장하여 만주어로 한어의 발음 표기를 기록
한 『增訂御製淸文鑑』(1771)의 만주어 표기에는 각각 만주어의 근대성과 한어의
근대성이 표기를 통해서 반영되어 있다고 할 것이다. 또 이 두 가지 유형의
만주어 표기를 모두 한글로 전사하고 18세기 한국어 대응어로 옮겨 새로 제작
한 『韓漢淸文鑑』(1779)의 한글 표기에는 이 세 가지 언어(만주어, 한어, 조선어/
한국어)의 근대적 성격이 담겨 있고 나아가 만주문자를 통한 만주어와 한어의
소통 및 한글 표기를 통한 만주어-한어-조선어의 소통을 전제로 한 근대성
확산의 한 측면을 확인해 볼 수도 있을 것이다. 무엇보다 소리글자인 만주문자
와 역시 소리글자인 한글을 가지고 각각 만주어, 한어, 한국어의 세 언어를
담아내는 과정에 세 언어가 각각 가지고 있는 사회적 변항들을 배제 혹은 수용
하면서 세 언어간의 대응관계를 고려하고 있다는 점에서 근대적 표기 의식의
일면을 엿볼 수 있다.

2.1. 18세기의 만주어 규범과 *HMB*(1708, 『御製淸文鑑』)

1599년 누르하치가 여진의 여러 부족을 통일하여 후금을 설립하면서 자신
들을 다른 여진족들과 구별하여 만주족으로 부르고 어르더니 박시에게 명하여
새로 만주문자를 제정하였다. 이른바 무권점만주문자라 하는 이 문자는 몽고
문자를 빌어 만들어졌으며 새로 명명된 만주족의 언어를 표기하게 되면서 구

만주당 등의 초기 만주어의 기록에 사용되었다. 이후 청[淸, Daiching gurun]의 제2대 황제인 태종 홍타이지[皇太極]가 天聰 6년(1632)에 다하이[達海]에게 명하여 유권점(有圈點) 만문(滿文)을 확립하게 하면서 만주어의 정서법은 급속히 정비되어 1630년대 말에 이르면 상당히 정비된 만주어 문어의 모습을 보여준다.(성백인, 1999) 청의 제3대 황제인 순치제 때인 1644년 수도를 심양에서 북경으로 천도한 후, 제4대 강희제 때에 이르면 만주어를 한어와 동등한 문화어로 발전시키기 위한 방편으로 다양한 중국의 고전을 만주어로 번역을 하는 한편, 만주어의 문화어 격상과 보급을 위해 만주어 사전을 편찬하는 사업을 벌인다.

청나라 초기에 편찬된 사전들은 대역어 사전이 주를 이루었으나, 18세기 강희제 때에 이르러 표준 만주어를 확립하고 만주어를 언중들에게 널리 보급하기 위한 목적으로 자국어 어휘를 자국어로 뜻풀이한 근대적 개념의 사전이 황제의 흠정으로 편찬되는데 그것이 바로 *Han i araha manju gisun i buleku bithe*(*HMB*, 1708, 『御製淸文鑑』)이다. *HMB*(『御製淸文鑑』)는 동아시아 최초로 자국의 어휘를 자국의 언어로 풀이한 사전으로 백과사전과 언어사전의 성격을 겸한 사전이다. 자국의 어휘를 자국의 언어로 풀이하였다는 점에서 이 사전은 본격적인 영영 사전에 *OED*(*Oxford English Dictionary*, 1884-1928)나 Webster 사전(1828-1841)을 앞서는 획기적인 참조서적으로 서구에서의 최초의 본격적인 일언어사전으로 알려진, 프랑스어-프랑스어 사전 *Dictionnaire de l'Académie française*(1694, 『프랑스 아카데미 사전』)에 준하는 획기적인 사전이다.

이 사전은 17세기 말인 1673년에 편찬에 착수하여 35년만인 강희 47년(1708)에 완성되었다. 17-18세기 중국대륙의 문화가 만주, 몽골, 중국[漢]의 문화로 다원화되어 있던 상황에서 *HMB*(1708, 『御製淸文鑑』)의 어휘 풀이들은 만주족의 문화가 동아시아의 새로운 사회 질서를 성립하고 비약적으로 발전하는 데 중요한 작용을 하였을 뿐만 아니라 그 이후에도 지속적으로 만주어 발전에 공헌했다.

HMB(1708)는 총22권 10책으로 편제되었는데, 1책~7책까지의 전체 체재는 『태평어람』(983)의 체재에 따라 部-類-則의 3단 구조로 총 45部 280類 400

則으로 12,110여 표제항을 배열하였으며 8책과 9책은 總綱을 滿文十二字頭順에 따라 배열하여 일종의 음절순 사전의 성격을 띠고 있다. 이 사전은 청의 입관 (1644) 이후 수십년이 지나면서 점차 한화되어 가던 만주족들에게 만주어의 규범을 확정하여 통일된 만주어의 지식을 안정화하고자 하는 목적으로 만들어 졌다. *HMB*(1708)의 가장 중요한 역할은 바로 이러한 과정을 거쳐서 만주어 문어의 표준적 용법을 만들었다는 점이다. (편의상 만주글자는 Möllendorf식 표기에 따라 로마자로, 세로 표기는 가로 표기로 옮긴다.)

(1) *HMB*(1708)의 표제항

가. #abka#umesi den tumen jaka be elbehengge be. abka sembi..#<sing li bithe>de. [judzy] i henduhengge. "abka. in yang. sunja feten i tumen jaka be wembume banjibumbi" sehebi.. <luwen ioi bithe>de. "colgoropi damu abka amba. damu [yoo] teherembi" sehebi..(#하늘#매우 높고 만물을 덮은 것을 '하늘'이라 한다.#<性理大全> 에 [朱子]가 이르기를, "하늘이 음양오행으로 만물을 변화시켜 낳는다." 하였다. <論語>에 "우뚝함은 오직 하늘만이 크니, 오직 [堯]가 본받았다." 하였다.)

나. #dergi abka#tumen jaka be elbehe be jorime gisurembihede. dergi abka sembi..#<ši ging> ni 「da ya i yūn han」 fiyelen de. "dergi abka be hargašame tuwaci. tere usiha genggiyen" sehebi..(#윗 하늘#만물을 덮은 것을 가리켜서 말할 때에 '윗 하늘'이라 한다.#<詩經>의 「大雅・雲漢」 장에 "윗 하늘을 우러러 보니, 저 별이 선명하구나!" 하였다.)

(1)에서 #은 표제 내항 구분을 가리키는 기호로 각각 "#만주어 표제어#만주어 뜻풀이#만주어 용례"의 순서로 배열된 것인데, 원문에는 띄어쓰기로만 되어 있는 것을 편의상 집어넣었다. <>는 책표시, 「」는 편명/장명, []는 인명을 나타내기 위해 임시로 집어넣은 것이다.) (1)의 예는 전체적으로 만문을 통해 근대 만주어를 표기하기 위한 규범의 성격을 지니며 단어 단위로 띄어 쓰고 구와 절에 '.', '..'과 같은 구두점을 적절하게 사용하고 있어서 단순히 근대 시기 만주어를 표기한 것이라는 의미를 넘어서 이미 근대적 표기 규범이 완성된

모습을 보이고 있다.

2.2. 18세기 한(漢)-만(滿) 표기 규범으로서의 『增訂御製淸文鑑』(1771)4)

全文이 만주문으로만 된 HMB(1708,『御製淸文鑑』)에 비해 이 책을 증보 편
찬한『御製增訂淸文鑑』(1771)은 만한 대역의 표제어를 두고 HMB(1708)를 확
대 개편한 것이다. 이 책은 만주어를 대표 표제어로 하였지만 이에 대응하는
한어 대역 표제어를 두고 이의 발음을 만주어로 표기하여 한어 발음의 표준화
에 기여하였다고 할 수 있다.

무엇보다『어제증정청문감』(1771)에 실린 한어음은 기존의 운서류들이 정
음-속음의 이단 구성으로 발음을 제시하던 것과 달리 당시 현실음인 18세기
한어음만을 음소문자인 만주문자로 표기하고 있기 때문에 근대 중국어 한어음
의 연구에 중요한 자료를 제공해 준다. 특히 근대 만주어에 존재하지 않는 한
어음의 표기를 위해 다양한 표기법이 마련되었는데, 이러한 한어음의 표기들
은 다양한 방언형이 존재하는 한어음의 근대적 표준화에 주요한 준거로 사용
되었다.

『御製增訂淸文鑑』(1771)의 표제항 구성은 다음과 같이 4단으로 구성되었다.

(2) 『御製增訂淸文鑑』(1771)의 표제항
가. #阿補阿客   #umesi den tumen jaka be
   #abka
   #天   elbehengge be. abka sembi
   #tiien
나. #額德呼伊基 阿補阿客   #tumen jaka be elbehe be jorime
   #dergi abka
   #上天   gisurembihede. dergi abka sembi.
   #šangtiien

---

4) HMB의 사전학적 특성 및 의의에 대해서는 성백인(2000), 江橋(2001), 정제문·김주원
(2008), 김양진(2014) 등의 논의를 참조할 수 있다. 자세한 내용은 김양진(2014)를 참조
할 것.

(1)에 비해 (2)의 표기 구성은 다소 복잡하다. 첫째 단의 "阿補阿客"나 "額德呼伊基 阿補阿客"는 각각 만주어 'abka', 'dergi abka'의 한어 음차인데 이를 위해 별도의 한자어를 만들어서 사용하였다. 이는 거란대자나 서하문자, 쯔놈 등에서 한자를 빌어 자국어를 나타내던 방식과 비슷한 것으로 한어의 음을 빌어 만주어의 발음을 나타내기 위하여 특별히 고안된 것인데 일종의 '한자 음성표기'라 할 만한 것이다.

둘째 단에는 만주문자로 만주어 'abka', 'dergi abka'를 쓰고 세째 단에 한어를 한자로 쓴 뒤(天, 上天) 이에 대한 발음을 넷째 단에서 만주어로 표기해 두었다.(tiien, šangtiien) 그리고 첫째 단과 셋째 단의 표제항 뒤에 각각의 뜻풀이 "umesi den tumen jaka be elbehengge be. 'abka' sembi.(매우 높고 만물을 덮은 것을 '하늘'이라 한다.)"과 "tumen jaka be elbehe be jorime gisurembihede. 'dergi abka' sembi.(만물을 덮은 것을 가리켜서 말할 때에 '윗하늘'이라 한다.)"를 길이를 맞추어 2단으로 배치하였다.

(2)에 제시된 4가지 표기 방식은 각각 '만주어의 한자 표기', '만주어의 만문 표기', '한어의 한자 표기', '한어의 만문 표기'에 해당하는 것으로 한자와 만문을 이용하여 각각의 언어를 문자로 옮긴 4가지 체제를 갖춘 것이다. 이를 통하여 만주어 화자가 만주어와 한어를 읽고 쓸 수 있도록 하였고 한어 화자가 한어와 만주어를 읽고 쓸 수 있게 하였다. 아울러 만주어로 뜻풀이를 달아 만주어를 아는 사람이라면 해당 단어의 뜻을 이해할 수 있도록 하였다. 이 네 가지 표기 체계는 모두 근대 만주어와 근대 한어의 입말을 담은 것으로 당시의 현실음을 반영하고 있다는 점에서 음성 언어와 표기의 상관 관계에 대한 연구에 주요한 참고 자료가 된다.

만주어의 한자 표기 "阿補阿客"와 "額德呼伊基"에서 '阿[a]'와 '額[ə]', '伊[i]' 등은 리과 만주어의 모음을 나타내기 위한 글자로 [o]는 '鳥'로, [u]는 '鄂'으로 나타내고 있다. (만주어의 한자 표기가 나타내는 음성적 실현 방식에 대해서는 별도의 논의가 필요하다.)

한어의 만문 표기는 한어의 발음을 표기하기 위하여 만주어를 나타낼 때 사용되지 않는 별도의 표기들이 많이 고안되어 있는데 이에 대해서는 江橋 (2001) 등의 논의를 참조할 수 있다.

기타 만주어 표제어와 뜻풀이에 대한 표기에서는 *HMB*(1708, 『御製淸文鑑』)와 특별히 다른 점을 찾을 수 없다.

2.3. 18세기 한(漢)-만(滿)-한(韓) 표기 규범으로서의 (韓)『漢淸文鑑』(1779)5)

『韓漢淸文鑑』(1779)는 만주어 표제어 위주의 『어제증정청문감』(1771)의 체재를 바꾸어 한어를 대표 표제어로 두고 이에 대한 한글 표음 표기를 한 뒤 만주어 단어와 그에 대한 조선어 대역어, 만주어 뜻풀이를 보이되 모두 한글로 옮겨서 표기하였다. 한어 표제어를 한자로 제시한 뒤 한글로 발음을 달고(이는 『어제증정청문감』(1771)의 만문 한어 표기를 한글로 옮긴 것이다.) 한국어/조선어 대역어를 보인 뒤 만주어를 2단으로 구성하여 왼쪽에는 만문으로 오른쪽에는 한글로 음을 표기하여 보였다. 그 아래에 역시 2단으로 만주어 뜻풀이를 한글로 음차하여 옮겼는데 이때 만주어의 띄어쓰기는 ','로 대신하고 표제어의 구별에 ○를 사용하였다.

(3) #天#티 ᆫ#하늘#압카/abka#우머시,던,투먼,쟈카,버,얼ㅇ버헝거 ○

(3)에서 #은 『韓漢淸文鑑』 표제어 배열의 분할 표시이다. 각각 '#한어#한어발음#조선어 대역어#만주어#만주어 뜻풀이'의 순서로 배열되며 *HMB*(1708)에 있던 용례들은 모두 빠졌다.

이와 같이 漢語 및 만주어를 각각의 문자 즉 한자와 만주자로 표기한 것을 빼고는 나머지 어휘 정보를 모두 한글을 써서 음차하여 나타내고 있다는 점에 『韓漢淸文鑑』(1779)의 의의가 있다. 다만 만주어 뜻풀이 부분의 번역이 빠졌다는 점에서 사전으로서의 용도는 반감되어 실제 기대에 비해서는 이 사전의 활용도는 그다지 높지 않았다. 그럼에도 불구하고 18세기라는 시대(근대)의

---

5) (韓)『漢淸文鑑』(1779)에 대한 전반적인 연구가 최계영(2016)에서 이루어진 바 있다. 특히 이 책의 6장에서는 (韓)『漢淸文鑑』(1779) 사전학적 특성에 대해 체계적으로 설명하고 있다.

동아시아의 주요 언어인 만주어, 한어(중국어), 한국어(조선어)의 대역어를 중심으로 하여 당시 언어의 실제 발음들을 남겨 두었다는 점에서 『韓漢淸文鑑』(1779) 표기상의 의의는 두드러진다고 하겠다.

『韓漢淸文鑑』(1779)의 표제어 미시항목의 배열 순서에 따라 한어, 만주어, 한국어(조선어)의 표기 양상을 3장에서 절을 나누어 살펴보고자 한다.

3. 『韓漢淸文鑑』(1779)의 표기 양상

『韓漢淸文鑑』(1779)의 한글 표기는 다음과 같이 한어에 대한 한글 표기, 만주어에 대한 한글 표기, 한국어/조선어에 대한 한글 표기의 관점에서 살펴볼 수 있겠다.

3.1 한어의 한글 표기

『韓漢淸文鑑』(1779)는 본래 만주어 표제어를 중심에 둔 사전이었던 『어제증정청문감』(1771)을 한어 표제어를 중심으로 재편하였다. 이 책의 범례에서는 본래 만주어로 표기된 한어음을 다시 한글로 표기할 때 나타나는 모음 표기의 양상과 여러 가지 특징을 21개 항목으로 정리하여 보고하였다. 이를 유형별로 정리하여 보이면 다음과 같다.

(4) 切音字와 不切音字
가. 이합절음(二合切音)

| 商 샹 | 昌 챵 | 長 쟝 | – 知照 系 3등운자 |
| 相 샹 | 創 챵 | 裝 쟝 | – 精 系 3등운자 |

家 갸 洽 캬 蝦 햐　　揀 갼 謙 캰 弦 햔

山 샨 産 챤 詹 쟌
先 샨 前 챤 煎 쟌

所쇼 截죠 著쵸
鵲쵀 殼죄 覺죄 學회

내[니야] 캐 걔 해
냰[니얀] 밴 퍤 섄 퇀 댠 랸 먠 챤 챤 컌 걌 한
냥[니양] 썅 퍙 챵 쟝 컁 걍 향

나. 삼합절음(三合切音)
芥걔 鞋헤
揭걔 茄케 歇헤

招쟌 朝챦 哨샨
椒쟌 鍬챦 小샨 攬곾 巧쾀 孝햔

냔 뺜 턘 댠 랜 섄 먠 챤 쟌 컌 걌 햔
뺴 냬 퍠 섀 턔 댸 럐 먜 챼 졔 켸 걔 헤

쇤 슈완 시유완
춴 츄완 치유완
완 유완 이유완
왠 왠 왠
궤 궤

(5) 合音字 또는 同音異切字
리 레

西시   十 스이>쎄   四쓰
濟지   之 즈이>쎄   芝지ㅇ
七치   赤 츠이>쎄   翅치ㅇ

戌ㅇ쉬   疽ㅇ쥐   取ㅇ취

(6) 間音
샤 샤야 間音

ᅀᅧ 셔여 間音
ᅀᅭ 쇼요 間音
ᅀᅲ 슈유 間音
ᅀᅵ 시이 間音
ᄫᅡ 바아 間音
ᄫᅥ 버어 間音
ᄫᅩ 보오 間音
ᄫᅮ 부우 間音
ᄫᅵ 비이 間音

(7) 重音
ᄋᅶ 아오 重音
ᄋᆛ 이우 重音
ᄀᅶ ᄃᅶ ᄆᆛ ᄅᆛ 등

(8) 異施之法
ᆖ[ᆈ] ᆖ[ᆑ] ㅣᆖ[ㅣᆑ]
귀 권 ㅣ권 ᄀᆢᆫ 궤

(9) 借用之法
'의은웅우을'의 '으'는 [ə]로 읽어야 한다는 것.
內 늬[nəi] 恩은[ən] 能 능[nəŋ] 歐 우[əu] 二 을[ər]

(4 가)의 이합절음자와 (4 나)의 삼합절음자는 합음자들과 발음상의 차이는 없고 만문 표기상의 차이를 한글 표기에 반영한 것에 불과하다. 이러한 차이를 굳이 표기에 밝힌 것은 이들 한글 표기가 원칙적으로 만주어를 읽어 내기 위한 표기로서 작성되었음을 말해 주는 것이다. (5)의 예들도 합음자들과 동음이절자들이 본래 발음은 같고 만문에서의 표기만 차이가 나는 단어들을 나타낸 것들이다.

(6)에서 'ᅀᅣ'가 '샤야'의 間音이라는 것은 결국 'ㅿ'이 'ㅅ'과 'ㅇ'의 間音이라는 것인데 이는 18세기 『韓漢淸文鑑』(1779)의 작성자들이 'ㅿ'의 음가를 어떻게 인식하고 있었는지를 이해할 수 있는 중요한 자료가 된다. 또한 같은 시기 홍

양호의 『경세정운도설』 서문의 "ㅇ 喉牙 間音, ㅈ 齒舌 間音, ㅊ 喉舌 間音, ㆅ 喉齒 間音"에서 보이는 '間音'의 개념과 『韓漢淸文鑑』(1779) 서문에서의 '間音'의 개념 간의 異同에 대해서도 주요한 연구거리가 될 수 있을 것으로 보인다. 덧붙여 (7)에 제시한 모음에서의 '重音'은 홍양호의 『경세정운도설』 서문의 "ㅋ 牙音 重聲, ㅌ 舌音 重聲"에서의 '重聲'과 일정한 계열적 관계를 갖는 학술 용어로 이해된다.6)

(8) 異施之法은 만주어 문자를 한글로 반영한 글자 중에는 만주어 표기에 대한 발음원리에 따라 한글 표기도 실제 사용한 문자와 달리 발음이 달라지는 경우가 있음을 보인 것이다. 만주어 cooha는 한글로 '춋하'로 쓰지만 [찬하]로 읽어야 한다. (9) '借用之法'은 만주어에 대한 한글 표기 '의은응우을'의 '으'를 [ə]로 읽어야 한다는 것을 나타내는 것이다.7)

또한 『韓漢淸文鑑』(1779)의 한어 한글 표기에서는 한국어에 없는 한어의 자음자를 나타내기 위하여 'ㅿ, ㅸ'를 각각 한어의 어두음 r과 f에 대응하여 표기하였다.

　(10) 가. 日 ㅅㅣ　日光 ㅅㅣ광　日照 ㅅㅣ쟌　日光轉射 ㅅㅣ광.줜셔　日暘 ㅅㅣ양
　　　　　日暖 ㅅㅣ놘
　　　　나. 東方明 둥방밍　風壇 ㅸㅗㅇ이　房 방　風雪飄蕩 ㅸㅗㅇ쒜]꽈당　風揚雪 ㅸㅗㅇ양쒜]

그런데 『韓漢淸文鑑』(1779)에 사용된 이러한 한어의 모음과 자음을 나타내기 위한 한글 표기는 본래 (2)『御製增訂淸文鑑』(1771) 넷째 단의 한어음에 대한 만문 표기를 한글로 옮긴 것이기 때문에 앞에서 살펴본 이합절음이나 삼합절음의 표기라든지 'ㅿ, ㅸ'의 표기 등은 모두 만문자에 대한 전자(轉字)의 성격을 띤다. 이를 알아 볼 수 있는 근거는 일부이기는 하지만 자음 n으로 끝나는 일부 음절에 만주어 표기에서 음절 말에서 a와 n을 구별하기 위해서 사용하는 '.'이 음절 앞에 표시하기 때문이다.

---

6) 이들간의 상관성이나 대립성에 대해서는 추후에 논의하고자 한다.
7) 이는 만주어의 기능어 'se-'를 '스-'로 쓰는 것과는 다른 것이다.

(11) 日光轉射 시광.쥰셔 月暗 웨.안 輳 .젼 電光微閃 단광위.샨 雨陳陳下 위.
젼.젼해 雨霈足 위.쟌주

하지만 이와 같이 n의 앞에 '.'을 표시하는 경우는 전체의 1/10에 지나지 않
는다. 현재로서는 언제 '.'를 표시하고 언제 표시하지 않는지는 알 수 없다.

3.2. 만주어의 한글 표기

『韓漢淸文鑑』(1779)의 만주어 표기는 만주어 표제어에 대한 대역어 표기와
만주어 뜻풀이에 대한 음역 표기의 두 가지 방향에서 이루어졌다. 만주어 표제
어에 대한 대역어 표기는 만문으로 표기된 만주어를 왼쪽에 두고 그 오른쪽으
로 한글로 만주어를 음차하여 표기하였고 만주어 뜻풀이에 대한 음역 표기는
만주어 표제어 아래에 2단으로 만주어 뜻풀이를 우리말로 음차하여 발음을
한글로 적었다. 전자는 왼쪽에 만주어가 쓰여 있기 때문에 한글 표기를 할 때
만주어를 표기할 때 쓰는 특수 기호를 사용하지 않았고 후자는 만주어가 없는
상태에서 한글로만 만주어를 나타내기 때문에 만주어의 실제 발음을 알 수
있도록 하기 위하여 만주어 표기에 나타나는 특수 기호를 한글 전사음의 각
음절의 특정한 위치에 반영해 두었다. 전자를 만주어에 대한 한글 약식 표기라
고 하고 후자는 만주어에 대한 한글 정밀 표기라고 할 수 있을 것이다. 만주어
에 대한 한글 약식 표기는 만주 문자로 된 만주어 표제어 옆에 만주어를 한글
로 전사한 것으로 만주어 표제어를 읽기 위한 보조 자료의 성격을 띤다. 그
형식은 다음과 같다.(편의상 만주어 세로쓰기는 가로쓰기로, 만문 만주어 표기
는 전사된 로마자 표기로 반영하였다.)

(12) 가. abka dergi abka   niohon abka genggien   abka abka fundehun
나. 압카 덜기 압카   뇨혼   압카 경견   압카 압카 본더훈

(12)에서 만주어에 대한 한글 표기는 왼쪽(위쪽)에 있는 만주어에 대한 보충
표기로서 본래의 발음을 온전하게 지니지 않아도 상관이 없다. (12 가)의 만문

만주어 표기는 (1)에 제시된 만주어 표기 원칙과 다르지 않다. (12 나)의 한글 만주어 표기는 만주어를 한글로 약식 표기하되 'ᄫ'이나 'ᅀ' 등 일부 만주어에만 사용하는 표기를 제외하면 일반적인 한글 표기와 표기법상의 차이가 없다.

만주어의 구개음 'ce, šo' 등이 각각 '쳐, 쇼'로 반영되어 있다. 'ce'가 '처~쳐'로 혼동되지 않고 일관되게 '쳐'로 기록된 것을 보면 아직 이 시기(18세기) 한글 표기에서의 구개음화가 완성되지 않았던 것으로 볼 수 있다. 유희의 언문지에서 언급한 구개음화의 상한선이 이 무렵에 닿아 있는 것이다.

한글 만주어 표기에서 주목되는 부분은 (12 나) 만주어에 대한 한글 정밀 표기에 있다. 이 표기는 *HMB*(1708) 및 『어제증정청문감』(1771)의 만주어 뜻풀이를 한글로 정밀 전사함에 있어서 유권점 만주어 문자에 나타나는 다양한 구별기호를 한글 만주어 표기자의 왼쪽 혹은 오른쪽에 표시함으로써 근대 시기 만주어의 구어를 한글로 구현하고자 했다. 'ᄫ'이나 'ᅀ' 등 일부 만주어에만 사용하는 표기나 구개음 ㅈ의 표기는 (12 가)와 같고 만주문자 혹은 만주어의 특징을 한글로 나타낼 수 없을 때 다음과 같이 다양한 구별기호를 통하여 그 양상을 나타내었다.

(13) 문자의 반영 – 만주문자 구별표시 'ㅣ'
　　보로ㅣ리, 두린ㅣ, 이, 아마라ㅣ, 와시캉거
　　(bolori dulin i amala wasikangge) (추분(秋分) 후에 내린 것)

(14) 음가의 반영 – 구별표시 'ㅇ'
가. ᄴ : 'ššа'의 첫 번째 'š'를 표기할 때 'ㅅ'앞에 'ㅇ'을 붙였다. 예) 아ᄴ샴비 (aššambi)
나. ㄹㅇ, ㅇㄱ : 음절말 l과 k를 나타낼 때 'ㄹ'의 뒤, 'ㄱ'의 앞에 각각 'ㅇ'을 붙였다. 예) 얼ㅇ버헝거(elbehengge), ㅇ석서훈(seksehun)
다. ㅇㅎ, ㅇㄱ, ㅇㅋ : ㅎ,ㄱ,ㅋ 뒤의 ㅜ[u], ㅝ[uwə]를 나타낼 때 각각 'ㅎ, ㄱ, ㅋ' 앞에 'ㅇ'을 붙였다. 예) 벌워춘(ferguwecun), 얼워허(erguwehe), 굽치(gubci), 닝윤(ningun), 베ㅇ퀀(beikuwen), 불러ㅣㅇ쿠(buleku), 워시훈(wesihun), 어넛훈(eneshun)…
라. ㄴㅇ : ㄴ뒤의 ㅛ를 나타낼 때 'ㄴ'의 왼쪽 위쪽(혹은 오른쪽 위쪽)에 'ㅇ'을 붙였다. 예) ㅇ뇨론(nioron), 보ㅇ뇨(bonio), ㅇ뉴ㅓ갼(niowanggiyan), 눌8훈

(niolhun)…

(13)에서처럼 어두 'ㄹ'은 만주 문자의 특징을 반영하여 ˩을 글자(엄밀히는 음절)의 왼쪽 위쪽에 표시하였다. 이는 (12 가)에서의 'ㄴ'앞에 붙인 '.'과 같은 종류의 것인데 오히려 (12 나)에서는 'ㄴ' 앞에 '.'을 붙인 경우가 없다.

(14 가)는 음절 '시(š)' 앞에 'ㅇ'을 붙인 것인데, 이때 š는 엄밀한 의미에서의 음절은 아니지만 음절에 준하는 단위로서 모라(mora)의 사례로 이해해야 할 것이다.

(14 나)에서는 음가와 글자가 구별할 필요가 있는 경우(음절말의 설측음이나 7종성법에 의해 ㄱ으로 표기되는 만주어 음절말의 k를 표기하기 위해) ㅇ을 ㄹ의 뒤, ㄱ의 앞에 붙여서 구별하여 보였다.

(14 다)는 ㅎ,ㄱ,ㅋ 뒤의 ㅜ[u], ㅝ[uwə]를 나타낼 때 각각 'ㅎ, ㄱ, ㅋ' 앞에 'ㅇ'을 붙인 경우들인데 또다른 'ㅜ[ū]'와 구별하기 위해서 ㅇ을 붙인 것으로 이해된다.(다만 모든 u에 ㅇ를 붙이는 것이 아니어서 이에 대해서는 좀더 면밀한 표기 규칙을 살펴볼 필요가 있다.)

(14 라)는 ㄴ 뒤에서의 'io'를 합음으로 'ㅛ'로 쓰는 것을 나타내기 위해 그 앞의 자음 ㄴ앞이나 뒤에 'ㅇ'를 붙인 경우이다. 일반적으로는 ㄴ 앞에 ㅇ을 붙이지만 일부 예들에서는 ㄴ의 뒤에 'ㅇ'이 붙는 경우도 있다.

결과적으로 단어에 따라서는 'ㅇ욱선ㅇ욱선(guksen guksen)'이나 '뇰8훈 (niolhun)'처럼 한 음절에 'ㅇ'이 두 번(위 한번, 아래 한번) 붙는 경우도 있다.('niol'의 표기는 편의상 '뇰8'의 형식으로 나타내었다.) 그밖에 만주어의 기능어 'se-'들에서 나타나는 'e'를 'ㅓ'가 아닌 'ㅡ'로 표기하였다든지(sembi - 슴비, seme - 스머) 합음(合音) 표기를 하였다든지(배 - biyai, 훼타븨 - huwaitafi) 하는 표기들에서 당시의 구어를 철저히 반영하여 한글로 적으려는 시도를 이해해 볼 수 있다.

이러한 정밀전사 표기들은 만주문자로 된 만주어 표기를 한글로 바꾸면서 만주어와 만주문자의 특성이 잘 드러나도록 하려는(특히 한글로 표기했을 때 두 가지 다른 발음이나 표기가 발생할 수 있는 경우를 드러나게 하려고) 사역원 역관들의 의도가 있었던 것으로 이해된다.

이상의 만주어의 한글 표기에서 근대 시기 만주어의 구어를 온전하게 한글로 옮기려는 다양한 시도를 이해해 볼 수 있었다. 이는 한편 *HMB*(1708)이나 『어제증정청문감』(1771)이 만주어의 규범적 표기의 기준안으로 자리잡았기 때문에 가능한 일이었으며 『韓漢清文鑑』(1779) 역시 이러한 규범성을 끌어안으려는 시도의 하나로 이해될 수 있을 것이다.

3.3. 한국어(조선어)의 한글 표기

(韓)『漢清文鑑』(1779)에는 한어(漢語)-만주어(滿洲語) 표제어에 대한 대역어로서 18세기 조선어 어휘 및 구절들을 한글(즉 언문)로 제시하고 있다. 이 부분은 여타의 18세기 근대 국어 표기와 차이를 보이고 있지 않다. 특히 근대 국어의 표기 특성의 몇 가지 지향점을 뚜렷이 보이고 있는데 이를 간략히 정리하면 다음과 같다.

   (15) 붉다, 붉은, 굵은, 묽은, 녹은, 졉은, 심으는, 젹이, 일즉이, 느즉이, 틈에, 곳어름, 덧어름, 남은, 풀이, 틈으로, …

   (16) 홋터지다, 놋타, 붓친, …

   (17) 겻흐로, 앒흐로, 놉흔, 직희다, 녑흐로, 삿홀, 붓흔, 끗헤, 밋헤…

(15)는 뚜렷한 분철의 경향으로 근대 국어로 들어서면서 형태주의적 표기 원리가 분명해지고 유성자음은 물론이고 'ㄱ, ㅂ' 등의 무성자음까지도 연철되지 않고 형태 단위로 분철되는 양상을 뚜렷이 보이고 있다.

(16)은 근대 국어에서 흔히 찾아볼 수 있는 중철의 표기 양상인데 이는 대개 후행 자음이 유기음인 경우나 경음인 경우에 나타나서 이러한 중철 표기도 특정 어휘 그룹에 한정되는 방향으로 통일되어 가고 있음을 알 수 있다.

(17)은 흔히 과도분철 혹은 오분석의 사례로 제시되는 것들이다. 전반적으로 (韓)『漢清文鑑』의 근대 국어 표기의 양상이 일관된 표기 경향으로 통일되어

있음을 알 수 있으나 이러한 분철의 경향성에도 불구하고 어말 'ㅎ'만은 연철의 경향(올혼, 끈허, 됴혼, …)이 뚜렷한데 (17)의 혼철 양상은 이러한 어말 'ㅎ'음에 대한 형태 표기 인식이 드러난 것으로 판단된다. 비록 동일한 기준에 의해 일관성 있게 통일된 것은 아니지만 이상의 '분철-중철-연철-오분석'의 표기 양상들이 일정한 어휘 그룹에 한정되어 반복되고 있는 것도 이 자료의 표기법이 일관된 규범적 표기를 전제로 이루어져 있음을 말해 준다고 할 수 있다.

4. 맺음말

본고에서는 (韓)『漢淸文鑑』(1779)에 담겨 있는 한글 표기가 가지고 있는 근대성에 대해서 다양한 각도에서 살펴보았다. 서세동점의 시대라 할 수 있는 17~18세기에, 청의 만주어를 표제어로 하는 *HMB*(1708)와 만주어, 한어를 표제어로 하는『御製增訂淸文鑑』(1771)을 통한 근대적 표기 통일의 경향성이 중국을 넘어서 범아시아적 양상으로 확산되었다. 본고에서는 (韓)『漢淸文鑑』(1779)의 표기 특성을 그러한 <淸文鑑>류 문헌의 확상 과정과 연계 지어 살펴보고 언문, 즉 한글을 통해서 당시의 한어, 만주어, 조선어(한국어)가 이 문헌에서 어떠한 양상으로 나타나고 있는지를 살펴보고자 하였다. 무엇보다 소리글자인 언문(즉 한글)을 통한 (韓)『漢淸文鑑』(1779)의 표기 양상은 18세기 만주어와 한어, 조선어(한국어)의 각각의 구어에 대한 규범적 표기안을 마련한다는 공통점을 가지고 있다. 나아가 언어와 문자의 제약을 넘어서서, 이러한 표기 의식의 확산되는 과정을 아시아 차원에서의 근대적 의식의 확산의 하나로 이해해 볼 수 있을 것으로 기대한다.

<參考文献>

[원전]

『韓漢淸文鑑』 1-13, 연희대학교 동방학연구소, 1956.

『han i araha manju gisun i buleku bithe』(『御製淸文鑑』), 康熙 40년(1701) 武英殿刻本, 北京中央民族圖書館所藏.

『御製增訂淸文鑑』, 乾隆 36년(1771) 武英殿刻本, 滿・漢合璧, 北京中國第一歷史檔案館藏.

[논저]

江橋(2000), 〈御制四五体《淸文鑑》編纂考〉, 《歷史檔案》.

____(2001), 《康熙〈御制淸文鑑〉研究》.

____(2001), 〈康熙《御制淸文鑑》選詞特点擧要〉, 《滿語研究》.

고동호(2000), 「《한청문감》 '일운' 만주어 어구의 통시 음운론적 특징」, 『알타이학보』 10, 한국알타이학회.

_____(2002), 「만주어 음성상징 성분의 구성 특징-《어제증정청문감》 수록 표제어를 중심으로」, 『알타이학보』 12, 한국알타이학회.

_____(2004), 「《어제증정청문감》의 이판본 식별을 위한 특징 조사」, 『한국어 연구』 2, 한국어연구회.

_____(2013), "동문유해 만주어의 한글 표기", 알타이학보 23, 한국알타이학회.

今西春秋(1958), 「漢淸文鑑解説」, 『朝鮮學報』 12, 일본: 朝鮮學會.

_____(1966), 「淸文鑑-單體から五體まで」, 『朝鮮學報』 39-40, 일본: 朝鮮學會.

김양진(2014), "한중연 소재 만한합벽(滿漢合璧) 영조(英祖) 고명(誥命) 자료의 만문(滿文)에 대하여", 역학과 역학서 5, 국제역학서학회, pp.231-254.

_____(2014), "만주어사전『어제청문감』(1708)의 사전학적, 언어학적 의의", 한국사전학, 한국사전학회.

김양진・신상현(2015), "조선 지식인들의 청대 만주어 수용 연구", 한국실학연구 30, 한국실학학보. pp.381-440.

김양진・신상현・오민석(2014), "〈御製淸文鑑〉「天部」校勘 및 譯註 硏究", 인문학연구 25, 인문학연구원, pp.121-160.

김양진・이효윤(2012), "역학서(譯學書)에 나타난 색채어 계열 말[馬] 명칭 연구-『어제증정청문감(御製增訂淸文鑑)』의 만주어 뜻풀이를 중심으로", 민족문화연구 57호, 고려대학교 민족문화연구원, pp.657-708.

김유범・김미미, "「동문유해」의 만주어 한글 표기에 대하여", 민족문화연구 58, 고려대 민족문화연구원.

리득춘(1999), "≪漢淸文鑑≫ 범례 고찰", 『한글』 245, 한글학회, pp.21-48.
朴恩用(1971), "初刊 ≪漢淸文鑑≫에 對하여", 『효성여자대학연구논문집』, pp.8-9.
史書琴(2005), "≪五体淸文鑑≫編纂過程及維吾尔文辭條硏究槪述", 和田師範專科學校 學報.
성백인(1982), "『어제청문감』 해제", 『어제청문감』下. 효성여자대학교 출판부.
_____(1984), "역학서에 나타난 훈민정음 사용: 사역원 청학서의 만주어 한글 표기에 대하여", 한국문화 5.
_____(1986), "초기 만주어 사전들에 대하여", 『동방학지』 52. 연세대학교 국학연구원.
_____(1988), "≪동문유해≫와 ≪한청문감≫", 『한국학 연구와 전망』 1, 한국정신문화연 구원.
_____(1990), 「초기 만주어 사전들에 대한 언어학적 연구」, 『알타이학보』 2, 한국알타 이학회.
_____(1998), "≪漢淸文鑑≫解題", 『滿洲語와 알타이 語學 硏究』.
_____(1999), "청조의 청문감 편찬", 『새국어생활』 9-1.
_____(2000), "≪어제청문감≫의 만주어", 『알타이학보』 10, 한국알타이학회.
성백인·정제문·김주원·고동호(2008), "≪어제청문감≫의 판본 연구", 『알타이학보』 18, 한국알타이학회.
신용권(2003), "≪漢淸文鑑≫의 漢語音 表記에 對하여-≪朴通事新釋諺解≫와의 比較를 中心으로", 『言語硏究』 10, 서울대학교 언어연구회.
연규동(1994), 「만주어의 계량언어학적 연구-≪한청문감≫을 중심으로」, 『알타이학보』 4, 한국알타이학회.
永嘉(2002), "滿學硏究的新探索-評介≪康熙〈御制淸文鑑〉硏究≫", 《滿族硏究》.
오민석(2017), "≪同文類解≫ 만주어 한글 표기의 전산 입력 방안 연구", 《동양학》 69. 단국대학교 동양학연구소, pp.33-50.
이득춘(1997), "≪漢淸文鑑≫에 對하여", 『朝鮮言語學史硏究』.
_____(1999), "≪漢淸文鑑≫ 凡例 考察", 『한글』 245, 한글학회.
정제문·김주원(2008), "만주어 사전 『어제청문감』(1708년 서)의 연구 -그 뜻풀이에 주목하여", 언어학 20 제52호, 한국언어학회.
崔宰宇(2003), "≪漢淸文鑑≫與 ≪御制增訂淸文鑑≫的比較", 《民族語文》 2.
春花(2008), 청대만몽문사전연구, 요녕민족출판사.
_____(2010), "故宮藏珍本≪御制兼漢淸文鑑≫──兼談淸內府刊刻、收藏的滿蒙文詞典", 《紫禁城》.
閔泳珪(1956), "韓漢淸文鑑 해제", 韓漢淸文鑑. 연세대학교 동방학연구소. 1-13.
최계영(2016), 한청문감의 사전학적 연구, 서울대학교 박사논문.

□ 성명: 김양진
   주소: 서울시 동대문구 경희대로 27 경희대학교 교수회관 312호
   전화: 010-3186-7648 / 02-961-2334
   전자우편: kimrj@khu.ac.kr

□ 이 논문은 2018년 10월 30일 투고되어
       2018년 11월 05일부터 11월 23일까지 심사하고
       2018년 12월 03일 편집회의에서 게재 결정되었음.

語彙의 對應樣相에서 보이는
漢淸蒙 老乞大의 相關關係

權一又

(몽골, 國立몽골師範大)

<Abstract>

As a Chinese textbook, *Nogŏldae* was published in Joseon Dynasty Foreign Language Administration. It was also translated into Manchurian and Mongolian. Recently, the correlation between the Manchurian version and the Mongolian version has been revealed, and it is necessary to confirm the correlation of nogŏldaes including the Chinese version. This paper is to examine the correlation of words which have similar meanings. These words are '識', '認', '知道', '理會', '會' in Chinese, 'taka-', 'sa-', 'bahana-' in Manchurian and 'tani-', 'med-', 'cida-' in Mongolian. All of these words were translated into '알다' in the Korean translation. The result shows that the correlation of nogŏldaes was derived by translating the Manchurian version into Mongolian version.

Key Words: Nogŏldae(老乞大), The textbook for language learning(譯學書), Foreign Language Administration(司譯院), Department for four languages(四學)

1. 老乞大

朝鮮 司譯院은 외국어교육기관으로 漢蒙倭淸의 四學을 설치하여 중국어, 몽골어, 일본어, 만주어 학습을 위한 譯學書를 편찬하였다. 老乞大는 司譯院의 대표적인 譯學書다. 高麗末 처음 편찬되었고 중국어의 변천에 맞춰 개정 간행된

板本만도 10여 종이 되며 또 몽골어, 만주어, 일본어1)로도 번역되어 교재로
사용되었다. 해당 외국어의 연구뿐만 아니라 함께 실린 朝鮮語對譯은 당시의
조선어를 연구하는 데에도 특별한 자료로 여겨진다.

　　지금까지 滿語板과 蒙語板에 대한 연구는 해당 언어의 개별 연구 혹은 한국
어와의 비교가 주를 이루었다. 最近들어 滿語板과 蒙語板만의 相互關聯性이 드
러나면서 底本인 漢語板을 포함한 세 老乞大의 相關關係를 확인할 필요성이 제
기되었다. 해당 譯學書의 言語學的 特性을 파악하는 데 先行되어야 할 基礎作業
인 것이다.

2. ≪淸語老乞大≫와 ≪蒙語老乞大≫의 相關性

　　竹越孝(2012)는 ≪淸語老乞大≫(이하 ≪淸≫)와 ≪蒙語老乞大≫(이하 ≪蒙≫) 사이의
相互間 影響의 가능성을 지적하였다. 底本인 漢語板에 열거된 사물명의 목록을
간략하게 줄여 편찬한 ≪淸≫과 ≪蒙≫ 두 老乞大의 텍스트 사이에는 '傾向의 類似
性'이 나타난다. 이 유사성을 각각 독자적으로 번역한 데서 나온 우연의 일치로
보기는 힘들며, 相互影響의 결과로 설명해야 한다고 보았다. 다음은 증거로 제
시한 목록의 일부다. ≪老乞大諺解≫(이하 ≪老≫)에서 밑줄 친 사물명이 ≪淸≫과
≪蒙≫에서는 모두 削除되어 있다.

　　≪老≫ 下:45a:5~48a:6
　　穿衣服時 오살니블면대 按四時穿衣服 사결을조차옷니브되 每日脱套換套 날마
다한발벗고한발가라닙나니 春間好靑羅衣撒 봄의난됴혼야쳥노이삭딕녕에 白羅
大塔胡 흰노큰더그레에 柳祿羅細褶兒 파란뉴쳥노가난줄음텰릭이오 到夏間 녀람
다닷거든 好極細皆毛施布布衫 가쟝가난모시뵈젹삼에 上頭繡銀條紗塔胡 우에난
슈노혼흰핀사더그레예 鴨綠紗直身 야토로사딕녕이오 到秋間是羅衣裳 가알히다
닷거든노오시오 到冬間 겨알이다닷거든 界地紵絲襖子 벽드르운엣비단옷과 綠紬

---

1) 朝鮮初期 倭學에서도 老乞大가 번역되어 사용된 기록이 있으나 전해지지 않는다. 老乞大
　의 내용이 倭學譯官의 임무수행과는 거리가 있어 중요성이 줄어들고 中期에는 倭學譯官
　의 임무를 내용으로 한 ≪捷解新語≫가 편찬되어 대체되었다. (정광2014:128)

襖子 초록면듀핫옷과 織金膝欄襖子 금으로쫜膝欄한핫옷과 茶褐水波浪地兒四花
襖子 감살비채믈결바탕에사화문한비단핫옷과 靑六雲襖子 야청빗체六雲文비단
핫옷과 茜紅䌷段藍綾子袴兒 곡도숑믈드린블근빗체털조차쫜비단과남능고의에
白絹汗衫 흰깁한삼과 銀褐紵絲板摺兒 은빗체비단너븐주름털릭과 短襖子 뎌른핫
옷과 黑綠紵絲比甲 黑綠빗체비단비게를하여 這般按四時穿衣裳 이러트시사철조
차오살닙드라

《淸》7:19b:3~21b:2

etuku oci duin erin be dahame 옷슨四時를조차 forgon i halhūn šahūron de
acabume halame etumbi 節候溫凉에마초와갈아닙으니 niyengniyeri yacin
sijigiyan šanyan ceri dorgi etuku 봄에鴉靑긴옷흰羅속옷시오 (削除) (削除)
juwari narhūn mušuri jodon gahari 녀름에가난모시뵈격삼이오 (削除) (削除)
bolori ceri etuku 가을에羅옷시오 tuweri niowanggiyan miyanceo kubun i etukū
be etumbi 겨알에프른면츄핫옷슬닙나니라 (削除) (削除) (削除) (削除) (削除) (削
除) (削除) (削除) (削除)

《蒙》7:19a:3~21a:1

del bolosa derben caɣ i daɣaju emüsün büged edür büri nigeged qalan_a 오슨
四時랄조차닙으되날마다한나식가나니 qabur tu sayin baraɣan degel dü caɣan
lo ber dotoɣadu del 봄에난됴흔鴉靑옷오새흰깁속오시오 (削除) (削除) jun du
adabasi narin yoroɣ jodung gin camci 녀람에난가장가난모시뵈赤杉이오 (削除)
(削除) namur tu lo yin del 가알에난깁오시오 ebül dü noɣon miceü kübüng gin
degel i emüsün_e 겨알에난草綠綿細핫오슬닙나니 (削除) (削除) (削除) (削除)
(削除) (削除) (削除) (削除) (削除)

松岡雄太(2005)는 《捷解蒙語》가 滿洲語 資料를 번역하여 편찬되었음을 보였
다. 《捷解蒙語》의 내용 대부분이 滿漢合壁교재인 《淸文啓蒙》, 《淸書指南》과 일
치한다는 것을 보이고 또 《捷解蒙語》에서 나타나는 몽골어 어법에 어긋난 구문
들이 만주어 직역 문장임을 검토하였다. 이를 단서로 권일우(2018)는 《蒙》에서
도 《捷解蒙語》와 같은 만주어를 직역한 유형의 구문이 나타나는 것을 지적하면
서 《蒙》의 구문 중 일부가 개수과정에서 《淸》을 참조하여 번역된 것이라 주장
하였다.

본고는 漢淸蒙 세 老乞大에서 나타나는 유사한 의미를 가진 어휘들의 대응
양상을 살펴 볼 것이다. 이를 통해 ≪淸≫과 ≪蒙≫ 사이에서 나타나는 相關性이
≪蒙≫이 ≪淸≫을 번역한 데서 비롯된 결과라는 증거를 제시할 것이다.

3. 語彙의 對應樣相

중국어 '認識', '知道', '理會'는 구체적인 의미에서 차이가 있지만 유사한 뉘앙
스를 공유한다. 관용적으로 모두 한국어 '알다'로 해석할 수 있다. 이에 대응하
는 만주어는 'taka-', 'sa-', 'bahana-'가 있고, 몽골어에서는 'tani-', 'med-'가
대응한다. 老乞大들에서도 이 단어들이 등장하는데 對譯의 번역이 모두 '알다'
로 나타난다. 다음의 例文들은 이들의 대응 사례를 보인 것이다. 실제 ≪老≫에서
는 [認], [識], [知道], [理會], [會] 다섯 가지 유형이 쓰였다.

[識]
(1) a. 近有相識人来說 요사이서라아난사람이와니라되 (≪老≫下:54b)
   jakan mini takara niyalma jifi hendurengge 近間에내아난사람이와니
   로되 (≪淸≫8:8a)
   ene ucar_a minü taniqu kümün irejü kelegsen anu 요사이내아난사람
   이와셔니라되 (≪蒙≫8:7b)
b. 你不識銀子時 네은을아디못하거든 (≪老≫上:58b)
   si menggun be takarakū oci 네銀을아지못하면 (≪淸≫4:19b)
   ci münggü yi taniqügei 네銀을아지못하니 (≪蒙≫4:13b)
c. 又不曽相識 또일즙서라아디못하노니 (≪老≫上:43a)
   daci takara gucu geli waka 본대아난벗이또아니니 (≪淸≫3:17b)
   ijaγur qarilcan medekügei 본대서로아지못하니 (≪蒙≫3:13b)
d. 你說是我織貨物 네니라되내貨物아노라호되 (≪老≫下:26a)
   si ulin be sambi sembime 네貨物을아노라하며 (≪淸≫6:17a)
   cinü üge ed i medemü gesen bile 네말이物貨랄아노라하더니 (≪蒙≫
   6:11b)
e. 好的歹的不識 됴흔것구즌것모라고 (≪老≫下:60a)

sain ehe be <u>ilgame muterakū</u> 죠흐며죠치아님을分揀치못하고 (《淸》8:16b)

sayin mau yi <u>ilɣagügei</u> 됴하며사오나오믈分辨치못하고 (《蒙》8:16a)

《老》의 [識]에 《淸》과 《蒙》이 taka-와 tani-로 대응하는 사례다. (a)의 '識人 아난사람'에 'takara niyalma 아난사람'과 'taniqu kümün 아난사람'으로 대응하고 있다. 모두 상황에 맞게 쓰였다. 《蒙》은 taniqu보다 現在反復形 taniday이 더 적절한데 《蒙》에서는 現在反復形動詞語尾 -day/deg 자체가 출현하지 않는다.[2] (b)의 '不識~時 아디못하거든'에 'takarakū oci 아지못하면'과 'taniqugei 아지못하니'가 대응하고 있다. 《老》의 時에 《淸》은 oci가 대응하고, 《蒙》에서는 생략되었다.

또 다른 사례가 있다. (c)는 (a)와 상황이 유사한데 《淸》은 여전히 taka-로 대응하나, 《蒙》에서는 med-가 대응하고 있다. (d)의 상황도 앞서 (b)와 유사하다. 識을 잘못 쓴 '織 아노라'에 'sambi 아노라'와 'medemü 아노라'로 대응한다. 한편 (e)는 '不識 모르고'에 'ilgame muterakū 分揀치못하고'와 'ilɣaqugei 分辨치못하고'로 대응하고 있다. 《老》에서 달라진 《淸》과 《蒙》의 대응이 서로 같다.

[認]

(2) a. 是我相識的 이내벗이러니, 价認的麼 네아난다 (《老》上:44a)

   mini sain gucu si <u>takambio</u> 내죠흔벗이러니네아나냐 (《淸》3:19a)

   tere minü nökür bile ci <u>medeneü</u> 계내벋이러니네아난다 (《蒙》3:15a)

   b. 是我家坊 이내이우지니, 怎麼<u>不認的</u> 엇디모라리오 (《老》上:44a)

   tere mini adaki boo kai adarame <u>sarakū</u> 져난내이웃집이라엇지하여모로리오 (《淸》3:19a)

   minü ayil yin ki yeügeji <u>ülü medemü</u> 내이웃이니엇지몰오리오 (《蒙》3:15b)

   c. 好人歹人 됴한사람아니완한사람을, 怎麼<u>不認的</u> 엇디모로리오 (《老》上:46a)

   sain niyalma ehe niyalma be geli <u>endembio</u> 죠흔사람사오나온사람을

또소기랴 (≪淸≫3:21b)
sayin kümün maɣu kümün i yakiji ilɣaɣdaqügei bei 됴혼사람사오나
온사람을엇지하야分辨치못하리오 (≪蒙≫3:17b)

≪老≫에서는 현대중국어에서 주로 쓰는 '認識'의 형태가 등장하지 않고 [識]과
[認]이 따로 쓰였다. [認]이 쓰인 상황도 [識]과 유사하고 ≪淸≫과 ≪蒙≫의 대응도
같다고 볼 수 있다. 만주어 taka-, sa-와 몽골어 med-가 대응한다. (a)는 '認的
麽 아난다'에 'takambio 아나냐'와 'medeneü 아난다'가 대응하고 있다. (b)는
'不認的 모라리오'에 'sarakū 모르리오'와 'ülü medemüi 몰오리오'가 대응한다.
(c)는 ≪老≫에서 달라진 ≪淸≫과 ≪蒙≫의 대응 사례다. 특히 ≪蒙≫은 앞서 (1-e)에
서처럼 'ilɣaɣdaqugei 分辨치못하리오'로 대응했다. ≪老≫의 [識]과 認은 의미
가 같고 각각에 대한 ≪淸≫과 ≪蒙≫의 대응도 차이가 없다.

[知道]
(3) a. 我都知道 내다아노라 (≪老≫下:24b)
gemu sambi 다아노라 (≪淸≫6:14b)
bi cöm medenem 내다아노라 (≪蒙≫6:9b)
b. 你旣知道價錢 네임의갑슬알거니 (≪老≫下:25a)
si unenggi hūda be sambi seci 네진짓갑슬아노라하니 (≪淸≫6:15a)
ci ün_e yi medenem geküle 네갑슬아노라하니 (≪蒙≫6:10a)

[知道]에 대해 만주어 sa-와 몽골어 med-가 대응한다. [識]/[認]에서의 대응
과 동일하다. 하지만 만주어 taka-, 몽골어 tani-가 대응하는 사례는 없다. (a)
는 '知道 아노라'에 'sambi 아노라'와 'medenem 아노라'가 대응하고 있다. (b)
역시 '知道 알거니'에 'sambi seci 아노라하니'와 'medenem geküle 아노라하니'
가 대응하는데 ≪淸≫과 ≪蒙≫에서 추가된 만주어 seci와 몽골어 geküle의 의미와
형식이 일치한다.

[理會]
(4) a. 不理會得這着實的價錢 이바란갑들아디못하나니 (≪老≫下:54b)
ere tondo hūda be sarakū 이바론갑슬모로니 (≪淸≫8:8a)

ene siduryu ün_e yi <u>medekügei</u> bui j_e 이바론갑슬아지못하리라 (《蒙》
8:7b)

b. 你偏<u>不理會</u>的 네독별이모라난고나 (《老》上:24a)

si <u>sarkū</u> 네모로난다 (《淸》2:13b)

ci oro <u>medekügei</u> bišeü 네바히모란다 (《蒙》2:10a)

c. 我漢兒言語 내한말을, <u>不理會</u>的 아디못하니 (《老》下:5b)

be nikan i gisun be <u>bahanarakū ofi</u> 우리漢말을아지못함애 (《淸》5:9b)

kitad üge yi <u>cidaqügei</u> tula 漢말을아지못하모로 (《蒙》5:8a)

d. 些少<u>理會</u>的 져기아노라 (《老》上:6a)

majige <u>bahanambi</u> 젹이아노라 (《淸》1:8a)

baqan <u>cidan_a</u> 젹이아노라 (《蒙》1:8b)

e. 從今日<u>理會得了</u>오날붓터알괘라 (《老》上:32a)

enenggi beye centere jakade teni <u>bahafi ulhihe</u> 오날친히시험하니야시
러곰깨쳣노라 (《淸》2:26b)

endür ece sayi <u>surba</u> 오날부터갓배호롸 (《蒙》2:23a)

f. 怎麼<u>不理會</u>的 엇디아디못하난다 (《老》上:54b)

te adarame <u>onggoho</u> 이제엇지하여니잣난다 (《淸》4:12b)

yeügeji ülü <u>medem</u> 엇지모로난다 (《蒙》4:7a)

g. 你敢<u>不理會</u>的馬歲 네말나홀모라난듯하다 (《老》下:17b)

age si morin be <u>takarakū</u> 형아네말을아지못하난또다 (《淸》5:12b)

ci morin i <u>taniqügei</u> adali 네말을모로난닷하다 (《蒙》5:11a)

[理會] 역시 만주어 sa-와 몽골어 med-가 대응한다. (a)의 '不理會得 아디못
하나니'에 'sarakū 모르니'와 'medekügei bui j_e 아지못하니라'가 대응하고 있
다. (b)는 '不理會的 모라난고나'에 'sarkū 모로난다'와 'medekügei bišeü 모란
다'가 대응하고 있다.

또 [理會]는 만주어 bahana-와 몽골어 cida-와도 대응한다. (c)는 '不理會的
아디못하니'에 'bahanarakū ofi 아지못함애'와 'cidaqugei tula 아지못하모로'가
대응한 사례다. (d)의 상황도 동일하다. '理會的 아노라'에 'bahanambi 아노라'
와 'cidan_a 아노라'가 대응하고 있다.

이 밖에 《老》와 다른 대응사례들이 있다. (e)는 '理會得了 알괘라'에 'bahafi
ulhihe 깨쳣노라'와 'surba 배호롸'가 대응한다. (f)는 '不理會的 아디못하난다'

에 《淸》은 'onggoho 니잣난다'가 대응하고, 《蒙》의 'ülü medem 모르난다'는 《老》를 따랐다. (g)는 만주어 taka-와 몽골어 tani-로 대응한 사례다. 말(馬)의 나이에 대해 묻는 대화인데 taka-, tani-를 쓴 것은 상황에 적절치 못하다. 어쨋든 《淸》과 《蒙》의 대응이 서로 일치한다.

[會]
(5) a. 這的我自會的 이난나도아노니 (《老》上:29a)
    ere be bi inu <u>sambi</u> 이랄나도아니라 (《淸》2:21a)
    bi <u>meden_e</u> 내아노라 (《蒙》2:18a)

  b. 都<u>不會</u>炒肉 다고기봇기아디몯하노라 (《老》上:19a)
    yali colame <u>bahanarakū</u> 고기복기아지못하노라 (《淸》2:5a)
    miq_a qaγurcu <u>cidaqügei</u> 고기복기아지못하노라 (《蒙》2:2b)

  c. 你<u>不會</u>擺時 네뒷티기아디못하거든 (《老》上:29a)
    si tatakū be irubume <u>bahanarakū oci</u> 네드레랄잠그기아지못하면
    (《淸》2:21a)
    ci udqur urbariγulqui yi <u>ese cidaqula</u> 네드래뒷치기랄아지못하거단
    (《蒙》2:17b)

[會]가 따로 쓰였다. [理會]와 차이가 없다. 만주어 sa-와 몽골어 med-가 대응하고 또 만주어 bahana-와 몽골어 cida-와도 대응한다. (a)의 '會的 아노니'에 'sambi 아니라'와 'meden_e 아노라'가 대응하고 있다. (b)의 '不會 아디몯하노라'에는 'bahanarakū 아지못하노라'와 'cidaqugei 아지못하노라'가 대응하고 있다. (c)의 '不會~時 아디못하거든'에는 'bahanarakū oci 아지못하면'과 'ese cidaqula 아지못하거든'으로 대응하여 구문형식까지 일치한다.

4. 漢淸蒙 老乞大의 相關關係

《老》에서 등장하는 유사한 의미의 단어 [識], [認], [知道], [理會], [會]에 대한 《淸》과 《蒙》의 대응을 살펴보았다. 《老》와는 다른 《淸》과 《蒙》만의 相關性이

보이는 사례가 일부 있었다. 하지만《蒙》이《淸》을 번역했다는 직접적인 증거
는 못 된다. 도리어 세 老乞大의 대응관계에서 이에 대한 단서를 찾아 볼 수
있다. 다음 表는 유의미한 相關性이 보이는 대응관계를 분류한 것이다. 出現頻
度도 같이 적었다.

<표1> 세 老乞大의 對應關係

#	對應關係	頻度*	例文
①	[識:taka-:tani-]	5(+1)	(1-a/b)
②	[識/認:taka-:med-]	3(+2)	(1-c), (2-a)
③	[識/認:sa-:med-]	2(+1)	(1-d), (2-b)
④	[知道:sa-:med-]	3(+1)	(3-a/b)
⑤	[理會/會:sa-:med-]	4(+2)	(4-a/b), (5-a)
⑥	[理會/會:bahana-:cida-]	4(+1)	(4-c/d), (5-b/c)

*括弧 안의 數値는《淸》또는《蒙》의 대응구문이 없는 사례의 頻度다.《蒙》의 대응이 없는 경우는
[識:taka-:N/A](①②)뿐이고 나머지는 모두《淸》의 대응이 없다. 단락 말미에 예문들을 보였다.

《老》의 [識]과 [認]은 동일한 상황에서 쓰였고 둘에 대한《淸》과《蒙》의 대응
도 차이가 없다. [識/認](①②③)은 비교적 폭넓게 사용되어《淸》의 taka-와도
sa-와도 대응하고,《蒙》과의 관계에서도 마찬가지로 tani-와 med-가 모두 대
응한다. 반면《老》의 [知道](④)는 오로지 만주어 sa-와 몽골어 med-하고만
대응한다. 특정 상황에서만 사용된다고 볼 수 있다.《老》의 [理會]와 [會] 역시
둘의 차이가 없다. [理會/會]는 두 가지 대응관계가 나타나는데 [理會/
會:sa-:med-](⑤)와 [理會/會:bahana-:cida-](⑥)이다. 한편《淸》:《蒙》의 대응
관계에서는 [sa-:med-](③④⑤)와 [bahana-:cida-](⑥)만 있지, [sa-:cida-]나
[bahana-:med-]의 대응은 보이지 않는다.

이상의 대응관계들을 圖式化하였다. [識/認]-[知道]-[理會/會] 순으로 배열된
《老》를 媒介로 두 老乞大의 대응양상을 그린 것이다.《淸》,《蒙》두 老乞大가
《老》를 독자적으로 번역했다는 것을 前提로 한 圖式이다.

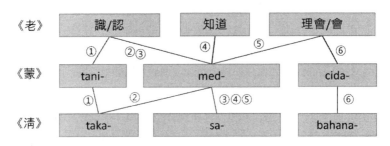

<圖式1> ≪老≫를 독자적으로 번역한 ≪淸≫과 ≪蒙≫

≪老≫에 대한 ≪淸≫과 ≪蒙≫의 대응양상이 서로 일치한다. 독자적인 번역에서 나온 우연의 일치로 보기는 어렵다. 또 圖式은 실재 대응양상을 제대로 반영하지도 못한다. 圖式에서는 ≪淸≫의 ③과 ≪蒙≫의 ①이 연결된 [識/認:sa-:tani-]의 대응관계가 있을 수 있다고 보여준다. 실재하는 대응관계가 아니다. 또 ≪淸≫의 ⑤와 ≪蒙≫의 ⑥, ≪淸≫의 ⑥과 ≪蒙≫의 ⑤가 연결된 [理會/會:sa-:cida-]와 [理會/會:bahana-:med-]의 대응관계도 포함되어 있다. 마찬가지로 모두 보이지 않는다. 따라서 圖式은 세 老乞大의 대응양상을 올바로 표현하지 못한 실패한 모델이다. 圖式은 수정되어야 한다. 다시 ≪蒙≫을 媒介로 한 圖式을 그려 보았다. 마찬가지 결과다. 다음과 같다.

<圖式2> ≪老≫를 번역한 ≪蒙≫, ≪蒙≫을 번역한 ≪淸≫

≪蒙≫이 ≪老≫를 독자적으로 번역하였고 ≪淸≫은 ≪蒙≫을 번역했다는 것을 前提로 그린 圖式이다. 앞서 ≪老≫를 媒介로 그린 圖式보다 실재 양상에 훨씬 가까워

졌지만 이 圖式에도 실재하지 않는 대응관계가 포함되어 있다. 《淸》의 ②와 《蒙》의 ④가 연결된 [知道:taka-:med-], 《淸》의 ②와 《蒙》의 ⑤가 연결된 [理會/會:taka-:med-]의 대응관계가 사례에는 없다.

오로지 《淸》을 媒介로 한 圖式만이 현재의 대응양상에 온전히 일치한다. 결국 《蒙》의 현재 상태는 《老》를 독자적으로 번역한 데서 비롯된 결과가 아니라고 말한다. 《老》를 따라 번역된 《淸》을 媒介로 《蒙》이 다시 한번 번역되었다는 증거가 될 수 있다. 다음은 《淸》을 媒介로 다시 그린 圖式이다.

<圖式3> 《老》를 번역한 《淸》, 《淸》을 번역한 《蒙》

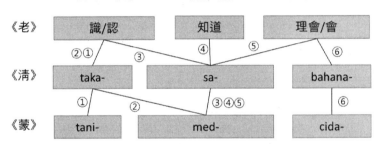

한편 《淸》의 대응구문이 빠져있는 사례들이 석연치 않다. 이 사례들은 《蒙》이 《老》를 직접 참조했다는 것이 된다. 아니면 《蒙》이 《淸》을 참조하여 번역하고 난 뒤, 이후 《淸》이 다시 개정되면서 削除된 것으로 추정해 볼 수 있다. 1765년의 新釋本인 현존 《淸》의 편찬개수과정을 짐작할 만한 단서가 될 수도 있다. 다음은 《淸》 또는 《蒙》에서 대응구문이 없는 사례들이다.

(6) a. 我怎麽不識銀子 내엇디은을아디못하여 (《老》上:28b)
    N/A
    bi yeügeji medekü ügei 내엇지아지못하야 (《蒙》4:13b)
   b. 誰不知道 뉘모로료 (《老》下:26b)
    N/A
    ken ülü medem 뉘모로리 (《蒙》6:12a)

    c. 你<u>不理會的</u> 네모라난고야 (≪老≫下:28a)
       N/A
       ci <u>medekügei</u> 네모란다 (≪蒙≫6:13b)
    d. 你<u>不理會的</u> 네모라난고나 (≪老≫上:45a)
       N/A
       ci <u>medekügei</u> 네아지못한다 (≪蒙≫3:17a)
    e. 我<u>不理會得</u> 내아디못하리로다 (≪老≫上:33a)
       N/A
       cidaqügei bile 아지못하얏다니라 (≪蒙≫2:24a)
    f. 我那相<u>識</u>人曾說 내뎌아난사람이일즉니라되 (≪老≫上:8b)
       mini tere <u>takara niyalma</u> de fonjici 내져아난사람다려므르니 (≪淸≫
       1:12a)
       N/A

5. 結論

세 老乞大에서 나타나는 유사한 의미를 가진 단어들의 대응양상을 살펴보았
다. ≪老≫에서는 '識', '認', '知道', '理會', '會'가 유사한 의미로 쓰였으며 모두 대역
이 '알다'로 번역되어 나타난다. 이에 대해 ≪淸≫은 'taka-', 'sa-', 'bahana-'가
대응하고, ≪蒙≫에서는 'tani-', 'med-', 'cida-'가 각각 대응하고 있다. 이들의
대응양상에서 다음 두 가지 사실을 확인할 수 있었다.

  ≪淸≫과 ≪蒙≫ 두 老乞大만의 相關性이 나타난다. 사례 (1-e), (3-b), (4-g)에서
≪老≫를 따르지 않은 ≪淸≫과 ≪蒙≫의 대응이 서로 일치한다.

  ≪蒙≫은 ≪淸≫을 번역했다. <表1>과 <圖式3>은 ≪蒙≫의 현재상태가 ≪老≫에서
직접 비롯된 것이 아니라 ≪淸≫을 번역한 결과라고 말한다.

<參考文獻>

《老乞大諺解》(1670), 서울대규장각 소장, 온라인본(서울대규장각한국학연구원).
《淸語老乞大》(1765), 駒澤大濯足文庫 소장, 『淸語老乞大新釋』(정광, 1998).
《蒙語老乞大》(1790), 서울대규장각 소장, 영인본(서울대규장각한국학연구원, 2006).

권일우(2018), 「《淸語老乞大》와 《蒙語老乞大》의 구문비교-어법에 어긋난《捷解蒙語》의 구문을 중심으로」, 『알타이학보28』 161-188, 한국알타이학회.
松岡雄太(2005), 「《捷解蒙語》와 滿洲語 資料의 關係」, 『알타이학보15』 55-70, 한국알타이학회.
정광(2014), 『조선시대의 외국어 교육』, 김영사.
竹越孝(2012), 「《淸語老乞大》·《蒙語老乞大》に見られる漢語《老乞大》の簡略化」, 『譯學과 譯學書3』 157-178, 譯學書學會.

□ 성명 : 권일우(權一又)
　주소 : Graduate School of Mongolian Language & Literature, Mongolian National University of Education, Sukhbaatur District, Ulaanbaatur City, MONGOLIA
　전화 : (+976)-9518-7231
　전자우편 : kwoniru@gmail.com

□ 이 논문은 2018년 10월 25일 투고되어
　　2018년 11월 05일부터 11월 23일까지 심사하고
　　2018년 12월 03일 편집회의에서 게재 결정되었음.

汉语"来着"与满语"bihe"关系初探-以"示证性"的表达为中心

唐千航·杜佳煊

(韓國, 慶熙大·中國 东北师范大学)

<Abstract>

This paper confirms the function of "laizhe" by analyzing and comparing its translation form in the Qing Dynasty's document in Bi-language of Manchu and Chinese, and believes that the "bihe" of the Qing Dynasty has a certain influence on "laizhe". It is pointed out that the use of Bihe's demonstration has influenced the use and development of "laizhe". It is believed that "laizhe" is not only the result of the grammaticalization of the inherent components of Chinese, but has also been greatly influenced by Manchu in the respect of using characteristics.

Key Words: 来着, bihe, 语言接触, 示证性

1. 问题的提出

陈前瑞(2006)通过分析《清文启蒙》中"来着"的五种特殊用例, 认为北京话"来着"的用法可能源于满语过去时的某些用法, 是一个指称时间发生在过去对现时语境有影响的标记, 即完成体(perfect)的标记。陈文揭示了满语在"来着"的产生及发展中起到的作用, 并且在对二者关系的分析上具有意义。但笔者认为对在《清文启蒙》当中出现的与"来着"的对译成分有进一步探讨的必要。在《清文启蒙》等词书中, 满语语素"bihe"与汉语"来着"有着极高比例的互译, 其功能大体相似。陈前瑞(2006)里列举了爱新觉罗·乌拉熙春《满语语法》当中满语动词陈述式过去时的四种分类以及爱新觉罗·赢

生的观点, 得出此时的"来着"是一个指称事件发生在过去并对现时语境有影响的标记, 即完成体(perfect)标记的结论。

陈前瑞(2006)认为"来着"与《满语语法》中满语陈述式过去四种类型中的后三种对应, 即分别为"-mbihe", "-mbihebi", "bihe"。但实际上这三个语素, 尤其是前两个语素在很多研究中被描述为"未完成体"。比如《满语语法》当中就描述为"补充"。而这实际上与陈前瑞(2006)的内容不符。

另外值得注意的是, 根据笔者的统计, 清代满汉对译当中对应"来着"的满语标记是"-mbihe"和"bihe", 他们的共同点是同时包含语素"bihe"。于此本文认为有必要对"-mbihe"和"bihe"的功能进行进一步的探讨, 并以此为基础重新审视"来着"的功能和意义。

2. 清代满汉对译文献中满语对"来着"的对译

本文统计了《清文启蒙》,《清文指要》以及《庸言知旨》当中汉语"来着"与满语对译的用例。对译"来着"的语素为"-mbihe"和"bihe", 有一些情况下"来着"并没有与二者对译, 但实际上在"来着"没有与"-mbihe"和"bihe"对译的用例中往往很难找到在满语中对应"来着"的是什么。

(1) tere niyalma gisun yabu holo kukduri. akdaci ojo-rakū se-me bi aika hendu-he-kūn, tere fonde si geli herse-mbi-o
我没说过那个人语言品行虚假夸张不可信么, 彼时你还理睬来着吗?《请文指要》15-24

(2) sesuku makta-ra be inde nambu-ha kai.
掷骰子来着, 被他遇着了。《庸言知旨》108-13

例(1)中很难说"来着"对译满语语素"-mbi", 同样(2)也很难认为"来着"是对译满语语素"-ra"。就是说这两个句子并没有在翻译上追求语素间的一一对译。而且事实上在《清文启蒙》,《清文指要》以及《庸言知旨》当中只有这两例是汉文中的"来着"对译的满语里没有"bihe"成分。下面对"来着"的对译用例进行分类，结果如下。

A. 反问。

(3) sikse si aibide <u>gene-he bihe</u>. bi niyalma takurafi simbe solime ganabuci.
昨日你往哪里去来着？我使了人去请你。《清文启蒙》

(4) si aibi de <u>bihe</u>. ere erin de teni jifi.
你在那里来着？这时候才来。《清文启蒙》

在陈前瑞(2005)当中也有提到"来着"的此用法，根据他统计的语料指出"来着"小句有一半是出现在疑问句中，这其中又有六分之一左右是反问句，表示责问的语气。这与笔者的观察大致相符。如例(4)中表现出了明显的指责语气。例(3)联系上下文可知也是表达指责语气。但并不是所有这类句子都是表示指责。笔者认为其强调的是"来着"引导的命题与其期望不符，两者形成对比。比如例(3)中"派人找但没找到"与"对方实际上去了其他某个地方"形成对比。这种事实与期望不符所产生的对比很容易发展出指责的语气。

(5) ara, ere gese amba aga de aibi-de <u>gene-he bihe</u>. hūdun dosi.
哎呀，这样大雨往那里去来着,快进去。《清文指要》50-1

而在例(5)当中"听话人在下大雨时去别的地方"与"建议听话人进去的期望"不符形成对比。但这里事实上是表达了一种殷切的建议语气。

B. 陈述说话人了解的情报

(6) daci bithe-i yamun i ashan i bithe-i da de <u>bihe</u>.
原是翰林院的学士来着，因为身子残疾了，辞了学士了。《清文启蒙》

(7) age si daci nure omi-re mangga niyalma <u>bihe</u> kai enenggi anina-ha ni.
阿哥你原是善饮的<u>人</u>来着啊, 今日怎么了呢?《清文启蒙》

　　这类的特点是说话人描述的内容是说话人在过去通过某种途径, 或者是来自于他人, 或者是通过个人的观察, 得到情报。而且所描述的情报可能是听话人所知, 也可能不为听话人所知。如例(6)是说话人在对一个人的经历进行介绍, 那么可以认为说话人是假定听话人不知道这个情报。而例(7)当中说话人描述的情报也来自于过去, 但是是来自于过去根据个人经验的观察。

C. 描述新获知的情报(事件的发生时在过去)

(8) hūlarangge ara-ra-ngge gemu eden ojoro jakade gebu gai-hakū dule turgun uttu <u>biheni</u>.
因为念的写的都有差违, 没取名字, 原来情由是这样<u>来着呢</u>!《清文启蒙》

(9) dule emu tondokon niyalma waka <u>bihe-ni</u>.
原来 一 忠直 人 不是 有-完-呢
原来不是一个正经人。《清文指要》46-11

　　这一类表示说话人描述自己刚刚获得, 或者通过个人经验发现的情报。这与陈前瑞(2005)当中所分的"报道新情况"不同。陈文所分析的"报道新情况"是指其内容对于听话人来说是新的, 而且说话人不是即时获得相关的情报。但是例(8)例(9)的情报则是说话人刚刚在对话的即时获得的。

D. 表示假设

(10) bi sinde yanduha baita be. si tede hendu-hebi-o. terei gūnin be tuwaci ombio ojo-rakū. bi tede hendu-hebi. ini hendu-re-ngge. emu niyalma baita oci kemuni ja <u>bihe</u>.
我烦你的事, 你合他说了么, 看他的意思使得使不得?我合他说了, 他说的话, 若

是一个人的事，还容易来着。《清文启蒙》

(11) age si atanggi wesikengge amba urgun kai. bi oron inu bahafi donji-hakū donji-mbihe bici urgun i doroi achanambi geneci aca-mbihe.

阿哥你是几时高升了的？大喜呀,我连影儿也没得听见,若是听见,该当贺喜去来着。《清文启蒙》

这种用法在本文调查的几本清代文献中频繁出现。其特点是条件假设句的前部分为由副动词词尾"-ci"引导的条件从句,后半部分是条件主句,如果条件从句假设参照的对象是已经发生的事情,那么后半部分主句一般都伴有"bihe"出现。笔者认为这里的"bihe"有两点基本的功能,一是表示假设的内容其发生时也是在过去,二是表明在条件从句的假设内容下,主句的内容是符合说话人的经验和逻辑的。比如例(10)当中"若是一个人的事"为假设的条件部分,"还容易来着"是表示在条件内容下应发生的内容的主句, 命题"一个人的事还容易"便是根据例句中转述的说话人的经验和逻辑获得的。

3. "bihe"兼具言据性功能的表达

"bihe"作为一个满语词汇,实际上和其他主要表达时体的语素相比有很大区别。比如其他时体语素一般都直接附着于动词词干,而"bihe"作为助动词"bi(bimbi)"和语素"he"的融合,在满语中更倾向于单词的用法。

"bihe"作为词汇其补足语要求为名词,形容词,以及动名词,当然如果按照生成语法的理论其要求的补足语不是这些词性的词汇而是由这些词所引导的句。如例(3)"sikse si aibide gene-he bihe"中"bihe"的补足语是由动名词引导的句"aibide genehe", 例(7)"age si daci nure omi-re mangga niyalma bihe"中"bihe"的补足语是由名词niyalma引导的句"si daqi nure omire mangga niyalma", 例(10)中"kemuni ja bihe"的"bihe"的补足语是由形容词"ja"引导的句"kemuni ja"。在满语当中名词,动名词,形容词实际上可以划到一个名词词类当中。名词和动名词的相似性不需赘述, 满语当中的形容词和名词有许多共性。比如说形容词的否定通过加上表示"没有"的无形态变化动词"akv"来实现;满语里形容词和名词都没有词尾的词形变化, 可以直接做句子的谓语, 而对比下动词有词形变化, 做句子谓语时必须在动词词干后实现某种词尾。

"bihe"的语义可以抽象理解为"存在", 即名词, 形容词, 动名词接"bihe"的基本动因在于表现通过这三类词性表现的内容的存在, 其语义是抽象的, "bihe"的"bi-"需看做助词。但是"bihe"也可以表示客观物体实际的存在, 这种情况下句子可简单的由主语, 状语和"bihe"来构成, 比如例(6)的"daci bithe-i yamun i ashan i bithe-i da de bihe."

另一方面满语的"bihe"在翻译成汉语时会同时翻译为"是", 表明其作用类似于汉语"是"的用法, 表明主语和"bihe"的补足语之间的关系。比如说例(6)满语部分"daci bithe-i yamun i ashan i bithe-i da de bihe."对应的汉语译文是"原是翰林院的学士来着", 满语句子里"bithei yamun i ashan i bithei da de"是由表示职务的名词短语与格助词"de"构成的状语, 所以严格的来说汉语译文部分的"是……来着"既可以认为是对应"de bihe", 也可以认为对应的是"bihe"。

下面本文将从另一个角度对"bihe"的功能进行解释。本文认为满语的"bihe"一定程度上发展出了表达"示证性(evidential)"的功能, 并且其功能在清代满汉语接触过程中影响并发展出了汉语"来着"。

赵志强(2015:6)认为"满语中可以充当传据标记, 表明后知信息的词为数不多, 常用的有bihebi、sembi、dere和aise等, 其中虚词所表达的"估计"等语义, 说明信息出自说话人的主观判断与猜测, 也属信源意义。因此, 此类虚词应视为传据标记"。笔者认为对赵文当中指出的"bihebi"与"sembi"可进一步地讨论其示证性功能, 但"dere"和"aise"为说话人表明对命题确定性的态度, 这两个词的用法与Bybee(1994)里所定义的认识情态更为相符, 笔者认为这二者应该划为认识情态范畴。其中"dere"为表示推断确定性(inferred certainty), 而"aise"表示概率性(probability), 与这两个词相关的还有表达可能性(possibility)的"gese"等, 对此本文将不再继续讨论。

另一方面赵志强(2015)当中所列举的"bihebi"实际上应和"bihe"划分为一类, "bihebi"在文献中也多见在汉语中翻译为"来着", 语素"-bi"的功能有待进一步的探讨。赵志强(2015)认为"bihebi"表示后知语气, "sere"是表达风闻的语言形式,

"sembi或sere、sehe、sehebi"既表示动词"说"的语义，又表达后知语气。另一方面李树兰(1984)中曾对锡伯语的亲知口气和非亲知口气进行过分析探讨，但根据其例句可知其文章所讨论的锡伯语与清代满语示证体系不尽相同，因此本文不给予进一步的讨论。

3. 1. 满语的示证性标记和其判断依据

示证性是一个语言学范畴，其最初的含义是信息的来源。（Alexandra Y. Aikhenvald(2016：3)）示证性的研究成熟于学者对一些北美印第安语的研究，之后在全世界许多语言中都发现了独立的示证性标记。Alexandra Y. Aikhenvald(2006:10)认为每个语言都有一些方式来表达信息的来源，但并不是每个语言都有语法性的示证性。拥有词汇表达意味着对所知来源的选择性明示可能是普遍性的。就是说在一些语言，比如说北美印第安Tariana语言当中有独立的语法范畴来表达示证性，而在一些语言中通过一些词汇方式，比如说英语可以使用副词"reportedly"或者"apparently"来表达。

笔者认为满语的示证性标记主要由"bihe、bihebi、-mbihe"和"sehe、sehebi、sere、sembi"两套标记来表达。而且这两者都不是完全的示证性语法范畴，"bihe、bihebi、-mbihe"的主要功能依旧是时体标记,在一些语境下兼并表达言据性，"sehe、sehebi、sere、sembi"的主要用法是作为表示"说"的实意动词"sembi"和表示引用等功能的助动词"sembi"来使用,在一些语境下经历语法化进而表达示证性。

3.1.1. "bihe、bihebi、-mbihe"的示证性功能

首先来讨论"bihe、bihebi、-mbihe"的示证性功能。首先多数先前的研究中不认为"bihe"是一个独立的词, 一般人们认为"bihe"是动词"bimbi"的过去型, 而更多地将"-mbihe, ha bihe, ha bihebi"等作为独立的时体标记来解析。其中"-mbihe"在许多先前的研究中被描述为过去未完成体(很多早期的研究对于时和体的区分不是很严格, 在此对这些先前研究的时体观点不做具体讨论), 如Verbiest(1696), Gabelentz(1832), Adam(1873), 而Möllendorff(1892: 9)认为"mbihe"是过去未完成时, 최학근(1980)认为"-mbihe"表示"在过去一些行为被确实地进行, 或者完成", 可以理解成

他认为"-mbihe"是一种过去完成体。爱新觉罗乌拉熙春(1983:212)将"-mbihe"划为第二过去时。季永海(2011)将"-mbihe"描述为过去进行时。

"-mbihe"在很多情况下可以表达在过去发生的惯常行为，以及上文提到过的假设的情况，笔者认为其用法更接近于过去未完成体。

而"ha bihe"在Verbiest(1696), Adam(1873), Zaxarov(1879), Gorelova(2002), 박상철(2017) 等中被描述为过去完成体，오민석(2013) 认为"ha bihe"是完成体。爱新觉罗乌拉熙春(1983: 212)将"habihe"描述为第四过去时。在季永海(2011)"bihe"和"bihebi"被单独描述为"曾经过去时"。

可以看到实际上"bihe"，"ha bihe"，"-mbihe"被描述为不同的时体标记，并且"-mbihe"在多数研究中都被描述为"过去未完成"，这与"ha bihe"在很多研究中被描述成的"过去完成"恰恰是相反的。但是这些描述都可以理解为"bihe"，"ha bihe"，"-mbihe"表述的事件的发生时和参考时都是在过去。即这些标记的共同点是说话人在说话时间以过去某个时间为参考描述其之前发生的事件。笔者认为这三者的共性都是由其中共有的语素"bihe"导致的。

进而在"bihe"，"ha bihe"和"-mbihe"描述过去发生的事件的基础上，发展出了表达示证性的功能。Alexandra Y. Aikhenvald(2016：63)将示证性分类为六种分别是1视觉、2非视觉的感知、3推断、4假设、5传闻与6报道。其中"bihe"可以涵盖"视觉"，"非视觉感知"，"推断"与"假设"，"ha bihe"可以表示"视觉"，"非视觉感知"，"推断""-mbihe"表示"视觉"，"非视觉感知"，"推断"与"假设"。

惟一的区别在于"ha bihe"不用来表示假设。表示假设的示证性对应上文对清代满汉对译语料中整理的"来着"对译满语分类中的D类。Alexandra Y. Aikhenvald(2016：63)认为表示假设的示证性基于非可视结果的证据：这点可以包含逻辑性的原因，假设，或者简单的一般知识。而满语当中表示一般的惯常行为，或者客观真理时使用的词尾是"-mbi"，这样一般现在时词尾"-mbi"和在表示假设时的"-mbihe"形成了一组对应，而可以表示"假设"的"bihe"实际上是在补足语为名词和形容词情况下"-mbihe"的缺省。对比下列例句可知。

(10) bi sinde yanduha baita be. si tede hendu-hebi-o. terei gūnin be tuwaci ombio ojo-rakū. bi tede hendu-hebi. ini hendu-re-ngge. emu niyalma baita

oci kemuni ja <u>bihe</u>.

我烦你的事, 你合他说了么, 看他的意思使得使不得? 我合他说了, 他说的话, 若是一个人的事, 还容易来着。《清文启蒙》

(12) age si atanggi wesikengge amba urgun kai. bi oron inu bahafi donji-hakū <u>donji-mbihe</u> bici urgun i doroi　acaname geneci aca-<u>mbihe</u>.

阿哥你是几时高升了的? 大喜呀, 我连影儿也没得听见, 若是听见, 该当贺喜去<u>来着</u>。

(13) akūci enenggi baha-fi ukca-me mute-rakū <u>bihe</u>. min-de hahi oyonggo baita bi se-me kanagan ara-me gisure-hei arkan teni min-be sinda-ha.

要不是今日还脱不开来着, 只管推脱着时候我有紧要的事将将的才放了我了。《清文指要》16-8

例(10)和例(12)(13)都是条件句, 但是例(10)"bihe"的补足语是形容词"ja", 无法像"aqambihe"一样将词尾"-mbihe"接于动词词干之后, 同样例(13)中"bihe"的补足语是动词词尾"-rakū", 也不能作为动词词干使用。所以这里的"bihe"和"-mbihe"实际上可以看成表达相同功能, 但由于补足语词性的区别导致其实现为不同的形态。

3.1.2. "sembi"的示证性功能

关于"sembi"的传据性功能, 赵志强(2015)认为"当主语明确时, 动词sembi"说"及其未完成体形式sere和完成体形式sehe只表达动词意义; 当其主语不明确甚至无从指出其主语时, 便兼有传据标记的功能。三者的区别, 表现在一般动词词尾及其不同变化形式具有的功能和所要表达的意义, 即sembi可以结句, 而sere与sehe既可结句, 亦可不结句; sembi表示"经常说"的语义, sere表示"还在说"的语义, sehe表示"已经说了"的语义"。

实际上"sehe"应该看做是具有实际意义的动词起到引用的功能。这种情况下"sehe"在句中有明确的论元。也就是赵文说的"主语明确时"

(14) dekdeni henduhengge, niyalmai gebu, baitai fiyanji de bahafi ulambi sehebi

谚曰：人以事传《满汉异域录校注：1-2》

比如例(14当中)"sehebi"的主语可以认为是"dekdeni henduhengge(谚语所说)。而当以"sembi"形式在结句中出现的时候，"sembi"便不再需要作为实意动词时所需要的充当主语的论元。

(15) tere anggala meni ere udu aniyai onggolo donjihangge, oros gurun ini qargi gurun i baru ishunde eherefi, afandumbi sembi
且数年前闻得鄂罗斯国与其邻国不佳，互相攻伐《满汉异域录校注：12》

例(15)的"sembi"在句中没有主语，他的作用很明显是表示说话人表示"sembi"前的命题是从某处了解到的，这个情报可能是从某个确切的信息源获得的，但是没有标出信息源，又或者说话人并不了解信息源。这类用法在《异域录》这类见闻类的文献当中出现非常频繁。在《清文启蒙》等对话为主的满汉文献中出现较少。本文认为这时的"sembi"符合Alexandra Y. Aikhenvald(2016：63)所分的示证性类型当中的"传闻"，即对所报道的信息不明确指出其报道来源。

综上，在满语中"sehe/sehebi"主要作为引用标记，而"sembi"则用来表示"传闻"类示证性。进而在满语中形成了由"bihe(bihe/ha bihe/-mbihe)"表达涵盖"视觉"，"非视觉感知"，"推断"与"假设"的示证性以及由"sembi"表达"传闻"类示证性的示证性表现体系。实际上"sehe/sehebi"以及"sere"也表达示证性，本文就此不做深入的探讨。

4. "bihe"对"来着"产生影响的可能性及其方式

4.1. "bihe"对"来着"的影响

陈前瑞(2006)提出了"来着"最早出现于《满汉成语对待》的可能性，季安锋(2017)指出"来着"最早出现在元代，见于《老乞大新释》，但实际上《老乞大新释》的译制时间是1761年，刊行时间是1763年，是清代的书籍，并且比陈前瑞(2006)里引用的《满汉成语对待》的初刻本时间(1702年)要晚，所以认为"来着"始于清代是更加妥当的。

参考陈前瑞(2006)的内容可以知道，清代满汉对译文献当中出现的"来着"的用法与现代汉语中"来着"的用法有些许不同。清代满汉对译文献中的"来着"与"bihe"有着极高频率的对译。因此笔者推测"bihe"的示证性功能，一定程度上影响了"来着"的产生与发展。宋文辉(2004)认为"来着"的"原初是表示对事实的确证性肯定，"近过去"是其在一般主谓宾句中的一般会话隐含的语义化"。

宋文所说的"确证性肯定"与本文所提出的示证性有一定的相似之处。但如果提及"来着"的原初，本文同意很多学者的观点，即"来着"是在"来"的基础上发展而来的。虽然许多文章中已经给出了许多的论证，笔者认为各版本的老乞大可以提供一个非常明显的说明。

(16) 你誰根底學文書來？《老乞大》(2/1a10-1b1)
　　 你誰根底學文書來？《翻译老乞大》(2/12b2-3)
　　 你跟着誰學書來着？《老乞大新释》(2/1b2)
　　 你跟着誰學書來？《重刊老乞大》(2/1b1)

可以看到不同版本的《老乞大》当中，在《老乞大新释》里"来"变成了"来着"，可以假设其功能大致是没有变化的。而这里的"来"和"来着"应该视为时体标记，正如很多研究中已经论证的一样。

如果说满语的"bihe"对汉语"来着"的产生与发展产生了影响，那么最为可能的解释是因为首先他们都有表达时体的功能。如上文所讨论的一样，包含"bihe"语素的标记的共同点是，说话人在说话时以过去某个时间为参考描述其之前发生的事件。曹广顺(1995)认为是从趋向动词"来"发展出"以来"、"以后"的用法，后又表示事件"曾经发生"的意思。实际上这与本文整理的包含"bihe"语素的"bihe、ha bihe、-mbihe"的共同点相符。

进而在清代满语中，满语有着发展出义务性的示证性的趋势，"bihe"正处于语法化发展为示证性表达手法的过程中，而在清代，由于北京地区存在大量满汉双语的满族人，"bihe"的示证性功能一定程度上影响了"来着"的功能。

4.2. 韩语的佐证

这部分旨在通过满韩语对译文献，以及汉语韩语的对译，来论证"bihe"和"来着"具有示证性功能。在清中期朝鲜刊发的《清语老乞大》，是以汉语版《老乞大》为基础，以满语讲述，辅以韩语译文的书籍。笔者对《清语老乞大》中"bihe"相关的语素进行了统计，共"29"例，其中"-mbihie"出现了9例，"ha bihe"出现了6例，"bihe"出现了14例。其中有23例对译为韩语的"-더-"以及"-더-"在元音/i/和半元音/y/后产生的异语素"-러-"。具体的对应情况如下。

(17) bi inu duleke aniya tubade tataha bihe umesi sain
나도 前年에 져긔 부리윗더니 ᄀ장 죠터라(《清语老乞大》1:15a_05)
我也 前年 在那里 住来着 最 好
(我去年在那里住来着，非常好)

(18) mini onggolo tataha boo bihe
내 曾前 下處ㅣ러니(《清语老乞大》1:24a_02)
我 以前 住处是来着
(是我之前留宿的房子)

(19) bi daruhai siderembihe
내 건네 지달밧더니(《清语老乞大》3:14b_04)
我 经常 绊马来着
(我经常绊马来着)

例(17)是"ha bihe"对应韩语语素"엇더"，是表达过去时的语素"엇"与"더"的组合，可知"엇"是对"ha"的翻译，而"더"是对"bihe"的翻译，这与汉语中"了来着"和满语"ha bihe"的对应相同。例(18)是"名词+bihe"的例子，其中"tataha boo bihe"对译为韩语的"下處ㅣ러니"。"下处"是对"tataha boo"的翻译。"ㅣ"在韩语的一些研究中被看做谓词格助词，做判断用，"ㅣ"的标音为/i/，其后出现的"더"转变为其异语素"러"，在文中对应满语的"bihe"。例(19)是满语"mbihe"与韩语"더"对译的例子。"니"是连接句与句的连接词尾，在满语中没有明显的对应语素。

　　名词后的"bihe"，与动词词干上附着的"ha bihe"，"mbihe"，在《清语老乞大》当中都对译为韩语的"더"，这符合前文对满语三种"bihe"相关语素功能的共同性讨论相符。即三者当中的"bihe"都表达过去时。

　　另一方面近年来许多韩国学者认为韩语当中的语素"더"在18世纪以来发展出了示证性的功能。对于后期中世韩语(十四世纪末至十六世纪，이기문(1998:52))早期学者如이기문(1998:174)认为"더"是"对过去未完结事情的回想"，고영근(1981/1988：101)认为是"在回想经历过的事实的地方使用，以说话人或者听话人的见闻以及体验为证据，以说话时间为参照的话是过去，以经验时间为基准的话是现在"。可以知道在早期很多学者对于后期中世韩语以及近代韩语的"더"，经常用"回想"来描述其表达的功能，同时认为他是一个过去相关的时体标记。

　　박진호(2011:15-17)认为中世韩语的"더"是具有"过去非完成体"的时体标记，在与过去时标记"껐"的竞争中其时体的功能渐渐变弱，进而产生了其他的特殊的功能。他认为现代韩语的"더"可以表示直接示证性，不可以表达传闻示证以及通过推理推论体现的示证。김진웅(2012:21)中也认为韩语的"더"表达直接示证性。

　　"더"不能表达通过推理推论体现的示证与笔者对《清语老乞大》"bihe"对译韩语的统计相符。在《清语老乞大》中有6例例外对译"bihe"的韩语不是"더"。

(20) giyan be bodoci ere jiha be gairakv acambihe
　　 理를 혜아리면 이 돈을 밧지아니 ᄒ엮즉ᄒ되《清语老乞大》4:03b_01
　　 理 考虑的话 这 钱 不拿 应该
　　 (按理说不该拿这钱来着)

　　例(20)的内容实际上是上文所整理的满语"-mbihe"在假设句中使用的情况。而这里韩语里对译"bihe"的语素应是"-되"而不是"더"。也就是说在《清语老乞大》时期"더"不具备表示推断示证的功能。

　　但是《清语老乞大》当中的"더"还可以表达"传闻"示证，对应满语的"sembi"。如例(21)。这里的"sembi"和"더"表明前面的命题是从哪里听到的，但无法推测其来源出处。

(21) umesi sain ningge oci nememe uncara mangga ehe ningge hono

uncara de ja <u>sembi</u>

ᄀ장 죠흔 거시 면 더옥 풀기 어렵고 죠치아닌 거슨 오히려 풀기 예 쉽다 ᄒ<u>더라</u>

最 好的 东西 的话 更 卖 难 不好的 东西 反而 买 在 容易 听说《清语老

乞大》8:16a_04

(不是说最好的东西的话难卖, 不好的东西反而买的好吗。)

　　近年来有一些研究发现汉语"来着"和韩语的"더"拥有表达示证性的共性, 在진관초(2015: 242)当中他认为二者都具有表达示证性的功能。在진관초(2015)与왕파(2013)当中, 他们都认为汉语的"来着"翻译到韩语时译为"더라"更为自然。

5. 结论

　　本文通过考察清代文献中满语与汉语"来着"的情况, 发现与"来着"以极高频率对译的是满语当中包含语素"bihe"的三个标记"bihe", "ha bihe", "mbihe", 进而导入示证性的理论, 分析出清代满语形成了通过"bihe/ha bihe/mbihe"表示直接、推断示证, 而"sembi"(以及他的其他单词形"sehe", "sere", "sembihe")表示传闻示证的示证表达体系。分析出满语"bihe"因为与汉语"来"具有相似的时体功能, 所以在清代满汉语接触时"bihe"的示证性表达影响并促进了"来着"的发展。最后本文通过对《清语老乞大》以及韩语的相关研究的考察, 发现韩语语素"더"与满语"bihe"与"来着"都存在着可以互译的情况, 即表达有相似的功能。而近年来许多研究认为韩语"더"具有表达示证性的功能, 进一步为本文的结论提供了佐证。但这些语素所表达的示证性也有一些差异, 这些差异呈现为对译资料中语素对译的不一致。对满语、汉语的示证性表达的研究, 还有着很大的进一步可挖掘的空间。

<参考文献>

清代语料文献

[清]舞格 编著, [日]竹越孝, 陈晓, 清文启蒙, 北京大学出版社, 2018.

[日]竹越孝, 陈晓, 清文指要, 北京大学出版社, 2018.

[清]宜兴, [日]王磊, 刘云, 庸言知旨, 北京大学出版社, 2018.

[清]圖理琛, 莊吉發, 庸言知旨, 文史哲出版社, 1983.

清语老乞大, 驹泽大学图书馆馆藏.

汉语文献

爱新觉罗乌拉熙春(1983), 满语语法, 呼和浩特: 内蒙古人民出版社

陈前瑞(2003), 汉语体貌系统研究, 华东师范大学博士学位论文.

陈前瑞(2006(1)), "来着"补论, 汉语学习.

陈前瑞(2005(4)), "来着"的发展与主观化

季永海(1986), 刘景宪, 屈六生, 满语语法, 北京: 民族出版社

李树兰(1984(6)), 锡伯语动词陈述式的亲知口气和非亲知口气, 民族语文.

宋文辉(2004(4)), 也论"来着"的表达功能——与熊仲儒同志商榷, 语言科学.

太田辰夫(2013(2)), 陈晓, 论清代北京话, 语言学论丛.

太田辰夫(1988(6)), 蒋绍愚, 徐昌华, 评介中国语历史文法, 语文建设.

赵志强(2015(1)), 满语传据范畴初探, 满语研究

韩语文献

고영근(1981/1998), (제4판)중세 국어의 시상과 서법, 집문당.

김진웅(2012(39)), 한국어 증거성의 체계, 한국어 의미학.

박부자(2018(27)), 시상형태 {-더-}의 쟁점과 전망, 국어학 연구.

박진호(2011(15)), 한국어(韓國語)에서 증거성(證據性)이나 의외성(意外性)의 의미성
　　　　분을 포함하는 문법요소, 언어와 정보 사회.

박상철(2017), 만주어 문어의 시제와 양상 연구: <滿文老檔>의 용례를 중심으로, 서울
　　　　대학교 박사 학위논문.

이기문(1998), 國語史槪說(新訂版), 태학사.

진관초(2015(67)), 한국어 종결어미 '더라'와 중국어 '내착(來着)'에 대한 대조 연구-증
　　　　거성 관점을 중심으로, 한국어학.

□ 성명: 唐千航
　　주소: 서울특별시 동대문구 경희대로 26
　　전화: +82-10-5670-4068
　　전자우편: tangqianhang@naver.com

□ 성명: 杜佳煊
　　주소: 吉林省长春市南关区人民大街5268号(130024)
　　전화: 18626685385
　　전자우편: 18626685385@163.com

□ 이 논문은 2018년 11월 01일 투고되어
　　　　　2018년 11월 05일부터 11월 23일까지 심사하고
　　　　　2018년 12월 03일 편집회의에서 게재 결정되었음.

〈훈민정음〉 연구 논저 목록(1892~2019)

金亮鎭

(韓國, 慶熙大)

〈일러두기〉

• 이 목록은 〈훈민정음〉(문자로서의 '훈민정음'과 책으로서의 『훈민정음』을 포괄하는 개념으로서의)과 관련한 참고논저 목록을 개화기 Gale(1892)과 Hulbert(1892) 등 외국 선교사들의 기록에서부터 2019년 현재에 이르기까지의 주요한 논의를 중심으로 정리한 것이다.

• 이 목록의 최초 작성은 2011년 고려대 민족문화연구원에서 김양진의 주도 하에 오민석, 정경미, 최정은이 (해례본) 『훈민정음』을 강독하면서 신상순(1990)과 김슬옹(2007)의 논저목록을 바탕에 두고 이루어진 것이다. 그후 김슬옹(2007)이 김슬옹 엮음/정우영 감수(2015)로 수정 보완되었으나 김슬옹(2007)과 김슬옹/정우영(2015)의 목록들은 주제별로 분류되어 〈훈민정음〉 연구의 전체 흐름을 일목요연하게 살펴보기 불편하고 필요로 하는 논문을 찾아보기 불편한 점이 있기로 앞서 2011년까지 정리한 목록들을 2019년까지로 확장하여 다시 정리하고 기존의 논저 목록들에서 잘못된 항목들을 수정하여 다시 제공하는 것이다.

• 이 논저 목록은 크게 〈단행본〉, 〈박사학위논문〉, 〈석사학위논문〉, 〈논문〉으로 나누어 정리하였고 각 분야별 찾아보기 및 정렬을 간편하게 하기 위해서 논문의 필자명 앞에 각각 '단, 박, 석' 등의 분류명칭과 작성연도를 두었고 일반 논문은 연도별로 묶어서 가나다순으로 배열하였다. 같은 필자에 의한 논문이 같은 해에 여러 편 출간된 경우는 출간일자에 따라 'ㄱ, ㄴ, ㄷ, …'으로

순차적으로 배열하였다.

　• 이 논저 목록 속의 모든 논저는 원문을 확인하는 것을 원칙으로 하였고
논문의 경우는 반드시 해당 논문의 실제 쪽수를 밝혔다. 또한 그 과정에 기존
의 목록들에서 잘못 처리된 것들은 각주로 그 잘못을 바로잡았다. 이 논저목록
이 <훈민정음>의 연구자들에게 적으나마 도움이 되었기를 바란다.

<단행본>

단1923#권덕규(1923), 『조선어문경위』, 광문사.

단1938#김윤경(1938), 『조선문자급어학사』, 조선기념도서출판관.

단1940#최현배(1940/1942/1961/1982), 『(고친판) 한글갈』, 정음문화사.1)

단1946#방종현(1946), 『훈민정음(원본해석, 1945)』, 중학(衆學)출판협회.

단1946#홍기문(1946), 『정음발달사(상하 합본)』, 서울신문사출판국.

단1947#류　렬(1947), 『원본 훈민정음 풀이』, 보진재.

단1948#류　렬(1948), 『풀이한 훈민정음』, 보신각.

단1948#방종현(1948), 『훈민정음 통사』, 일성당서점.

단1949#문일평(1949), 『조선인물지』, 정음사.

단1949#호진수(1949), 『조선문자 발전사』, 대양프린트사.

단1952#I, J, Gelb.(1952/63), *A Study of Writing*, University of Chicago Press.

단1953#서상덕(1953), 『심구해석 훈민정음』, 일광출판사(프린트판).

단1954#김윤경(1954), 『한국문자급어학사』, 동국문화사.

단1954#李敬齋(1954), 『整理文字 中途 自述』, 中華民國: 中央文物供應社.

단1957#Hope. E. R(1957), Letter Shapes in Korean Ŏmun and Mongol hp'ags-pa Alphabet, *Oriens* 10.

단1957#김민수(1957), 『주해 훈민정음』, 통문관.

단1957#이상백(1957), 『한글의 기원: 훈민정음 해설(國立博物館叢書甲第三)』, 통문관.

단1958#이　탁(1958), 『국어학 논고』, 정음사.

단1961#이기문(1961/1972), 『(개정판) 국어사개설』, 민중서관.

단1963#김윤경(1963), 『새로 지은 국어학사』, 을유문화사.

---

1) 부록은 아니지만 본문 가운데 전문이 실려 있다.

단1963#방종현(1963), 『일사 국어학 논집』, 민중서관.

단1963#이기문(1963), 『국어표기법의 역사적 연구』, 한국연구원.

단1964#小倉 進平(1964), 『增訂補注 朝鮮語學史』, 동경: 刀江書院.

단1965#임 표(1965), 『훈민정음』, 사서출판사.

단1965#허 웅(1965), 『개정신고 국어음운학』, 정음사.

단1969#성원경(1969), 『十五世紀韓國字音與中國聲韻之關係』, 권역서재.[2]

단1970#김용제(1970), 『세종대왕』, 정문사.

단1970#세종대왕 기념사업회(1970), 『세종 장헌대왕 실록』, 세종대왕 기념사업회.

단1970#이기문(1970), 『개화기의 국문연구』, 일조각.

단1971#홍이섭(1971), 『세종대왕』, 세종대왕 기념사업회.

단1972#Lee J, K.(1972), *Korean Character Display by Variable Combination and Its Recognition by Decomposition Method,* Ph.D, dissertation, Keio University, Japan.

단1972#이숭녕(1972), 『국어학연구』, 형설출판사.

단1972#이정호(1972/1986), 『(개정판) 국문영문 해설 역주 훈민정음』, 보진재.

단1973#홍이섭(1973), 『세종대왕』, 세종대왕 기념사업회.

단1974#강신항(1974/1995), 『(증보판) 역주 훈민정음』, 신구문화사.

단1974#유창균(1974/1977), 『훈민정음』, 형설출판사.

단1974#이정호(1974), 『역주 주해 훈민정음』, 아세아문화사.[3]

단1974#허 웅(1974), 『한글과 민족 문화』, 세종대왕 기념사업회

단1975#김석득(1975), 『한국어 연구사(상)』연세대학교 출판부.

단1975#김석환(1975), 『한글문견(수정판)』(등사본), 1995년에 재판, 한맥.

단1975#서병국(1975), 『신강 훈민정음』, 경북대학교 출판부.

단1975#이정호(1975), 『훈민정음의 구조 원리: 그 역학적 연구』, 아세아문화사.

단1976#박병채(1976), 『역해 훈민정음』, 박영사.

단1976#박종국(1976), 『주해 훈민정음』, 문고본, 정음사.

단1976#손보기(1976), 『금속활자와 인쇄술』, 세종대왕 기념사업회.

단1976#이숭녕(1976), 『혁신 국어학사』, 박영사.

---

2) 김슬옹(2007)에는 '권성서재'로 잘못 입력되었다.

3) 김슬옹(2007)에는 유창균(1974)의 '몽고운략과 사성통해의 연구, 형설문화사.'를 이 정오의 저작으로 기입하였다. 신창순(1990)에서는 '이정오(1974), 역주 주해 훈민정음, 아세아문화사'로 입력된 것도 있는데 이는 '이정호(1974)의 오류이다.

단1976#이정호(1976),『正易研究』, 국제대학출판부.
단1977#이기문(1977),『국어학 논문선7』(문자), 민중서관.
단1978#김석환(1978),『현토주해 훈민정음』, 보령: 활문당.
단1978#이재철(1978),『집현전고』, 한국도서관협회.
단1979#Robins.(1979), *A Short History of Linguistics,* London: Longman.
단1979#강신항(1979),『국어학사(개정판1986, 개정증보판1988)』, 보성문화사.
단1979#박지홍(1979),『풀이한 훈민정음』, 과학사.
단1979#유정기(1979),『국자문제론집』, 대구: 상지사.
단1979#이근수(1979/1987),『(개정판, 개문사) 조선조의 어문 정책 연구』, 홍익대학교 출판부.
단1979#허 웅(1979),『우리말 우리 글』, 한국문화예술진흥원, 계몽사.
단1980#김민수(1980),『(전정판)신국어학사』, 일조각.
단1980#동악어문학회(1980),『훈민정음』, 이우출판사.
단1981#서병국(1981),『신강 훈민정음』, 학문사.
단1981#허 웅(1981),『우리 옛말본(형태론)』, 샘문화사.
단1982#김구진(1982),『세종대왕, 그 어린 시절』, 문맥.
단1983#김석득(1983),『우리말 연구사』, 정음문화사.
단1983#서병국(1983),『신강 훈민정음』, 학문사.
단1983#윤덕종·반재원(1983),『훈민정음 기원론』, 국문사.4)
단1984#강신항(1984/1990),『(증보판) 훈민정음 연구』, 성균관대학교 출판부
단1984#고령신씨 문헌 간행위원회(1984),『보한재 전서 상·중·하』.
단1984#김성배(1984),『세종 시대의 예의범절』, 세종대왕 기념사업회.
단1984#박종국(1984),『세종대왕과 훈민정음』, 세종대왕 기념사업회.
단1984#박지홍(1984),『풀이한 훈민정음: 연구·주석』, 과학사.
단1984#손보기(1984),『세종대왕과 집현전』, 세종대왕 기념사업회.
단1984#전상운(1984),『세종 시대의 과학』, 세종대왕 기념사업회.
단1984#최 철(1984),『세종 시대의 문학』, 세종대왕 기념사업회.
단1985#Sampson, G.(1985), *WRITING Systems: A linguistic introduction,* London: Hutchinson Publishing Group(신상순 역(2000), 세계의 문자체계, 한국문화사).
단1985#이성구(1985),『훈민정음 연구』, 동문사.
단1985#최범훈(1985),『한국어 발달사』, 통문관.

4) 김슬옹(2007)에는 '윤덕중'으로 잘못 입력되었다.

단1986#김종훈 외(1986), 『국어학사 논고』, 집문당.
단1986#손보기(1986), 『세종 시대의 인쇄 출판』, 세종대왕 기념사업회.
단1986#이근규(1986), 『중세국어 모음조화의 연구』, 창학사.
단1986#이정호(1986), 『국문·영문 해설 역주 훈민정음』, 보진재.
단1987#강신항(1987), 『훈민정음연구』, 성균관대출판부.
단1987#권재선(1987), 『국어학 발전사, 고전국어학 편』, 고시출판사.
단1987#권종성(1987), 『문자학 개요』, 평양: 과학백과사전출판사.
단1987#김민수(1987), 『국어학사의 기본이해』, 집문당.
단1987#세종대왕 기념사업회(1987), 『세종대왕 연보』, 세종대왕 기념사업회.
단1988#강주진 편역(1988), 『보한재 신숙주 정전』, 세광출판사.
단1988#권재선(1988/1995), 『(깁고 고친판) 훈민정음 해석 연구』, 우골탑.
단1988#신상순·이돈주·이환묵 편(1988), 『훈민정음의 이해』, 한신문화사.
단1989#권재선(1989), 『간추린 국어학 발전사』, 우골탑.
단1989#권재선(1989), 『국어학 발전사(합본)』, 우골탑.
단1989#박기완 역(1989), *Esperantigita Hun Min Gong Um(에스페란토로 옮긴 훈민정음)*, 한글 학회.
단1989#박종국(1989), 『세종대왕과 훈민정음』, 세종대왕 기념사업회.
단1990#강신항(1990), 『훈민정음 연구』(2판), 성균관대 출판부.
단1990#김정수(1990), 『한글의 역사와 미래』, 열화당.
단1991#강신항(1991), 『훈민정음 연구』(3판), 성균관대 출판부.
단1992#강길운(1992), 『훈민정음과 음운체계』, 형설출판사.
단1992#강신항(1992), 『훈민정음 연구』(증보판), 성균관대 출판부.
단1992#안병희(1992), 『국어사 연구』, 문학과 지성사.
단1993#강신항(1993), 『ハングルの成立と歷史』, 동경: 대수관서점(강신항 1990의 번역판).
단1993#권재선(1993), 『훈민정음의 표기법과 음운: 중세음운론』, 우골탑
단1993#유창균(1993), 『훈민정음 역주』, 형설출판사.
단1994#강신항(1994), 『훈민정음 연구』(4판), 성균관대 출판부.
단1994#권재선(1994), 『바로잡은 한글』, 우골탑.
단1994#박양춘(1994), 『한글을 세계문자로 만들자』, 지식산업사.
단1994#박종국(1994), 『국어학사』, 문지사.
단1994#조배영(1994), 『반 천년을 간직한 훈민정음의 신비』, 발행처 표기없음(연세 도서관 소장).

단1994#진태하(1994), 『아태 시대 한・중・일 동방 문자 뿌리』, 명문교육.

단1995#이근수(1995), 『훈민정음 신연구』, 보고사.

단1995#中村 完(1995), 『論文選集 訓民正音의 世界』, 創榮出版.

단1996#김완진(1996), 『음운과 문자』, 신구문화사.

단1997#최 항(1997), 『(국역) 태허정집』, 세종대왕 기념사업회.

단1997#한글 학회 역(1997), 『훈민정음』, 한글 학회.

단1998#권재선(1998), 『훈민정음 글월의 구성 분석적 이해』, 우골탑.

단1998#박성종(1998), 『차자표기와 훈민정음』, 관동대 출판부.

단1998#이성구(1998), 『훈민정음 연구』, 애플기획.

단1998#한글 학회(1998), 『훈민정음 별책』 해성사.

단1998#허동진(1998), 『조선어학사』, 한글 학회.

단1998#세종대왕 기념사업회(1998), 『세종 문화사 대계1: 어학・문학』, 세종대왕 기념
    사업회.

단1999#권재선(1999), 『훈민정음 표기법과 음운: 중세음운론』, 우골탑.

단1999#김석득(1999), 『훈민정음과 세종대왕』, 세종성왕 600돌, 세종대왕 기념사업회.

단1999#김성대(1999), 『역해 훈민정음』, 하나물.

단1999#세종대왕 기념사업회(1999), 『세종 문화사 대계4: 윤리・교육・철학・종교』,
    세종대왕 기념사업회.

단1999#손인수(1999ㄱ), 『세종 시대의 교육문화 연구』, 문음사.

단2000#김봉태(2000), 『훈민정음 창제의 비밀』, 대문사.

단2000#유한준 엮음(2000), 『성삼문・박팽년』, 대일출판사.

단2000#조규태(2000), 『번역하고 풀이한 훈민정음』, 한국문화사.

단2000#세종대왕 기념사업회(2000), 『세종 문화사 대계2: 과학』, 세종대왕 기념사업회.

단2001#John Man(2001), *ALPHA BETA_How 26 Letters Shaped*

단2001#Sek Yen Kim-Cho(2001), *The Korean Alphabet of 1446, Hwun Min Ceng
    Um*, Humanity Books & AC Press(아세아문화사).

난2001#깅ㄲ년(2001), 『훈민정유 연구』, 보고사.

단2001#김세환(2001), 『기하학적으로 분석한 훈민정음』, 학문사.

단2001#려증동(2001), 『배달글자』, 한국학술정보(주).

단2001#한국정신문화연구원 엮음(2001), 『세종 시대의 문화』, 태학사.

단2002#권재선(2002), 『한글의 세계화』, 우골탑.

단2002#김동춘(2002), 『훈민정음에 숨겨진 인류 역사의 비밀』, 세상의창.

단2002#김봉태(2002), 『훈민정음의 음운체계와 글자모양: 산스크리트·티벳·파스파 문자』, 삼우사.

단2002#반재원(2002), 『한글의 세계화 이대로 좋은가!』, 도서출판 한배달.

단2002#전정례·김형주(2002), 『훈민정음과 문자론』, 역락.

단2003#*The Western World*, John Wiley & Sons, Inc, 남경태 역(2003), 세상을 바꾼 문자 알파벳, 예지.

단2003#강신항(2003), 『훈민정음 연구』(수정증보), 성균관대 출판부.

단2003#윤덕중·반재원(2003), 『훈민정음 기원론』, 국문사.

단2003#한태동(2003), 『세종대의 음성학』, 연세대학교 출판부.

단2004#김무림(2004), 『국어의 역사』, 한국문화사.

단2004#이상혁(2004ㄱ)『조선 후기 훈민정음 연구의 역사적 변천』, 역락.

단2004#이상혁(2004ㄴ)『훈민정음과 국어 연구』, 역락.

단2005#강상원(2005), 『훈민정음(28자 어원적인 신해석: 만년의신비』, 한국세종한림원 출판부.

단2005#김명호(2005), 『한글을 만든 원리: 누구나 아는 한글 아무나 모르는 음양오행』, 학고재.

단2005#김미형(2005), 『우리말의 어제와 오늘』, 에이앤씨.

단2005#김슬옹(2005), 『조선시대 언문사용의 제도적 연구』, 한국문화사.

단2005#박창원(2005), 『훈민정음』, 신구문화사.

단2005#배윤덕(2005), 『우리말 운서의 연구』, 성신여자대학교 출판부.

단2005#이유나(2005), 『한글의 창시자 세종대왕』, 한솜.

단2006#강규선·황경수(2006), 『훈민정음 연구』, 청운.

단2006#리득춘·리승자·김광수(2006), 『조선어 발달사』, 역락.

단2006#이동화(2006), 『훈민정음과 중세국어』, 문창사.

단2006#이한우,(2006),『세종, 조선의 표준을 세우다』, 해냄출판사.

단2006#정 광(2006), 『훈민정음의 사람들』, 제이엔씨.

단2007#김세환(2007), 『훈민정음의 신비』, 광명

단2007#김슬옹(2007), 『28자로 이룬 문자혁명: 훈민정음』, 아이세움

단2007#김영욱(2007), 『한글』, 루덴스

단2007#박종국(2007), 『훈민정음 종합 연구』, 세종대왕기념사업회

단2007#반재원·허정윤(2007), 『한글 창제 원리와 옛글자 살려 쓰기』, 역락.

단2007#안병희(2007), 『訓民正音硏究』, 서울대학교 출판부

단2008#강상원(2008), 『世宗大王創製訓民正音 主役 慧覺尊者 信眉大師 : 우리말 실담어는 東西語源의 淵源이다』, 돈황문명

단2008#강상원(2008), 『세종대왕창제훈민정음: 주역 해각존자 신미대사』, 한국세종한림원출판부

단2008#국립국어원(2008), 『(알기쉽게 풀어 쓴) 훈민정음』, 생각의나무

단2008#국립국어원(2008), 『알기 쉽게 풀어 쓴 훈민정음(영어본/중국어본/몽골어본/베트남본)』, 국립국어원

단2008#국립국어원(2008), 『알기 쉽게 풀어쓴 훈민정음(한자표제: 訓民正音)』, 생각의나무

단2008#김영진(2008), 『천기누설! 역사광 훈민정음을 지켜라』, 스콜라

단2008#방석종(2008), 『훈민정음의 세계 문자화』, 전통문화연구회출판부

단2008#이정호(2008), 『훈민정음—국문 영문 해설 역주』, 보진재

단2009#정 광(2009), 『몽고자운 연구 : 훈민정음과 파스파 문자의 관계를 해명하기 위하여』, 박문사

단2009#조두상(2009), 『쐐기 문자에서 훈민정음까지: 옛 문자를 판독한 사람과 새 문자를 만든 사람』, 한국문화사

단2010#강신항(2010), 『수정증보 훈민정음연구』, 성균관대학교 출판부

단2010#강신항(2010), 『훈민정음(한글) 창제와 연구사』, 경진문화

단2010#국립국어원(2010), 『알기 쉽게 풀어 쓴 훈민정음: 러시아어판 (연구 책임자: 한글학회·삼일문화원)』, 국립국어원

단2010#김석환(2010), 『훈민정음의 이해』, 박이정

단2010#김슬옹(2010), 『세종대왕과 훈민정음학』, 지식산업사

단2010#조규태(2010), 『(번역하고 풀이한) 훈민정음』, 한국문화사

단2010#조배영(2010), 『다시 고친 훈민정음의 신비』, [발행처불명]

단2011#이재홍 편역(2011), 『동국정운: 훈민정음의 창제 동기와 의의』, 어문학사

단2011#이한우(2011), 『왜 세종 대왕은 훈민정음을 만들었을까? : 최만리 vs 세종 대왕』, 자음과 모음

단2011#최국봉(2011), 『(訓운民민止성音음)싱명힉 : 부르면 부를수록 "부자"되는 이름』, 온북스

단2011#최명재(2011), 『훈민정음의 숨겨진 진실』, 한글정음사

단2011#최석정 저·금지용 해제(2011), 『경세훈민정음도설』, 명문당

단2012#김슬옹(2012), 『조선시대의 훈민정음 발달사』, 역락

단2012#나찬연(2012), 『훈민정음의 이해』, 월인

단2012#박희민(2012), 『박연과 훈민정음』, Human & Books

단2012#정 광(2012), 『훈민정음과 파스파 문자』, 역락

단2013#김주원(2013), 『훈민정음 : 사진과 기록으로 읽는 한글의 역사』, 민음사

단2013#김진수(2013), 『선비자본주의와 훈민정음의 세계화』, 북랩

단2013#박병철(2013), 『中世國語의 理論과 國語史 資料』, 직지

단2013#박지홍, 박유리(2013), 『우리나라 글살이의 변천과 훈민정음』, 새문사

단2013#부길만 외 4명(2013), 『스물여덟자의 놀이터 : 한글보급과 배재학당』, 배재학당 역사박물관

단2013#李熙昇, 吳之湖, 李崇寧, 南廣祐, 李應百, 黃渭周 外(2013), 『한글·漢字 문제의 어제와 오늘』, 서울:語文政策正常化推進會

단2013#홍윤표(2013), 『한글이야기 1.한글의 역사』, 태학사.

단2013#홍윤표(2013), 『한글이야기 2.한글과 문화』, 태학사.

단2014#박병천(2014), 『한글서체학연구』, 사회평론.

단2014#사재동(2014), 『훈민정음의 창제와 실용』. 역락.

단2014#세종대왕(2014), 『훈민정음』, 국립박물관문화재단.

단2014#吳學林 編(2014), 『우리말字彙집 : 1908-'52년 新玉篇의 한글字彙』, 서울:우리말㑊 彙(根扶裏)연구소 : 다물 구리.

단2014#유호선(2014), 『(국립한글박물관)소장자료총서』, 국립한글박물관.

단2014#유효홍(2014), 『훈민정음의 문자 전환 방식에 대한 연구』, 국어학총서 70.

단2014#兪曉紅(2014), 『訓民正音의 文字 轉換 方式에 대한 研究』, 태학사.

단2014#이기범(2014), 『훈민정음 해례본』, 그린북.

단2014#이현희(2014), 『訓民正音의 한 이해』, 역락.

단2015#김슬옹(2015), 『(누구나 알아야 할) 훈민정음 한글이야기 28』, 글누림.

단2015#김슬옹(2015), 『훈민정음』, 교보문고.

단2015#김슬옹(2015), 『훈민정음(언문·한글)』, 역락.

단2015#김슬옹 엮음/정우영 감수(2015), 『훈민정음(언문·한글) 논저·자료 문헌 목록』, 역락.

단2015#김승권(2015), 『사람이 하늘과 땅을 품는다 : 훈민정음 해례본』, 한울벗

단2015#류현국(2015), 『한글 활자의 탄생』, 홍시.

단2015#문관효(2015), 『(세종대왕 얼을 살려 청농 문관효쓴) 훈민정음의 큰 빛』, 이화문 화출판사.

단2015#문효근(2015), 『훈민정음 제자원리』, 경진출판

단2015#방종현(2015), 『훈민정음통사』, Olje(올재).

단2015#백두현(2015), 『한글문헌학』, 태학사.

단2015#이성진(2015), 『(우리말 한글)훈민정음 제자 원리』, 한솜미디어.

단2015#정 광(2015), 『한글의 발명』,김영사.

단2016#강신항(2016), 『훈민정음(한글) 창제와 연구사』, YES24.

단2016#김유범(2016), 『훈민정음의 현대어 번역 연구소모임 운영 결과』, 국립한글박물관.

단2016#정하연(2016), 『훈민정음 연구 번역』, 국립한글박물관.

단2016#홍윤표(2016), 『한글』, 세창.

단2017#국립한글박물관(2017), 『훈민정음 표준 해설서』, 국립한글박물관.

단2017#금호(2017), 『상형문자에서 훈민정음 창제까지』, 세종과 집현전.

단2017#김광수(2017), 『훈민정음 연구』,역락.

단2017#김슬옹(2017), 『한글혁명』, 살림터.

단2017#김슬옹(2017), 『훈민정음 해례본 입체강독본』, 박이정.

단2017#이정호(2017), 『(學習纂言) 訓民正音과 一夫正易』, 아세아문화사.

단2018#이현희(2018), 『훈민정음 연구의 성과와 전망』, 국립한글박물관.

단2018#권오휘(2018), 『훈민정음 제자원리와 역리의 상관성』, 박이정.

단2018#반재원(2018), 『훈민정음 창제원리와 기능성한글』, 역락.

단2019#국립한글박물관(2019), 『훈민정음의 현대어 번역』, 생각섬표.

<박사학위논문>

박1975#최세화(1975), 15세기 국어의 중모음 연구, 동국대 박사학위 논문.

박1977#Sek Yen Kim-Cho(1977), *Verification of the Relationships between the Graphic Shapes and Articulatory-Acoustisc Correlates in Korean Consonants of 1446(Using Cineradio graphic Technique)*, Ph. D dissertation, State university of New York at Buffalo.

박1978#이근수(1978), 조선조의 어문 정책 연구, 고려대 박사학위 논문.

박1078#이재철(1978), 세종조 집현전의 기능에 관한 연구, 성균관대 박사학위 논문.

박1986#정희성(1986), 한글 정보의 지적 처리(일본어), 도쿄대 박사학위 논문.

박1986#지춘수(1986), 국어표기사연구, 경희대 대학원 박사논문.

박1987#김성열(1987), 중세국어 모음 연구, 성균관대 대학원 박사학위 논문.

박1991#임용기(1991), 훈민정음의 삼분법 형성 과정, 연세대 대학원 박사학위 논문.

박1992#강창석(1992), 15세기 음운이론의 연구, 서울대 박사학위 논문.

박1993#김무식(1993), 훈민정음의 음운체계 연구, 경북대 박사학위 논문.

박1997#최병선(1997), 중세국어의 모음 연구, 한양대 박사학위 논문.

박1999#이상혁(1999), 조선후기 훈민정음 연구의 역사적 변천: 문자 의식을 중심으로, 고려대 대학원 박사학위 논문.

박2003#최종민(2003), 훈민정음과 세종악보의 상관성 연구, 상명대 박사학위 논문.

박2005#김슬옹(2005), 조선왕조실록의 한글(훈민정음) 관련 기사를 통해 본 문자생활 연구, 상명대학교 국어국문학과 박사학위 논문.

박2008#정복동(2008), 훈민정음 구조와 한글서예의 심미적 연구, 성균관대학교 대학원 (박사)

박2011#유효홍(2011), 訓民正音 文字의 轉換 方式에 대한 硏究 : 『洪武正韻譯訓』의 表記를 중심으로, 한국학중앙연구원 한국학대학원(박사)

박2013#유진중(2013), 훈민정음 초성체계의 성운학적 연구, 가천대학교 대학원(박사)

박2017#고성익(2017), 훈민정음과 주변 문자들의 문자유형과 상호관계 연구, 서울대학교 대학원 박사학위 논문

박2017#권오휘(2017), 훈민정음 제자원리와 역리의 상관성 연구, 안동대학교 대학원 박사학위 논문

박2017#섭보매(2017), 『훈민정음』의 역학적 연구, 원광대학교 일반대학원 박사학위 논문

<석사학위논문>

석1967#임 영(1967), 훈민정음 창제의 학문적 배경에 관한 연구, 성균관대학교 석사학위 논문.5)

석1971#권재선(1971), 훈민정음의 문장 분석에 의한 정음 독자적인 체계의 규명, 영남대 대학원 석사학위 논문.

석1975#장진식(1975), 훈민정음 자모체계의 연구: 제자해를 중심으로, 원광대 석사학위 논문.

석1978#최병식(1978), 매죽헌 성삼문 연구, 고려대 교육대학원.

석1979#이정인(1979), 훈민정음 제정 동기에 관한 연구, 명지대 석사학위 논문.

석1980#유정열(1980), 훈민정음창제 동기 고, 건국대 석사학위 논문.

석1981#심재금(1981), 훈민정음 연구: 해례본을 중심으로, 이화여대 교육대학원 석사학위 논문.

석1982#김강백(1982), 훈민정음 병서자 음운에 관한 일고찰, 중앙대 석사학위 논문.

5) 신창순(1990)에는 '1967'로 잘못 입력되었다.

석1982#정희선(1982), 훈민정음의 역학적 배경론에 관한 일고찰, 중앙대 대학원 석사논문.

석1983#김진아(1983), 훈민정음 창제 당시 한글 문자꼴의 연구, 이화여대 석사학위 논문.

석1983#박종국(1983), 훈민정음 '예의'에 관한 연구 그 해석과 이본간의 오기에 대하여, 건국대 석사학위 논문.

석1983#심재금(1983), 훈민정음연구, 이화여대교육대학원 석사논문.

석1983#이성구(1983), 훈민정음의 철학적 고찰 해례본에 나타난 제자원리를 중심으로, 성균관대 석사학위 논문(명지실전논문집: 1984).

석1983#정희선(1983), 훈민정음의 역학적 배경에 관한 일고찰, 중앙대 석사학위 논문.

석1985#김송원(1985), 훈민정음 역리의 언어학적 자질론 중성의 제자 원리를 중심으로, 건국대학교 대학원 석사학위 논문.

석1986#박영철(1986), 훈민정음의 중성 연구, 부산대 석사학위 논문.

석1987#이병운(1987?/1988?), 훈민정음의 표기법 연구, 부산대 석사학위 논문.

석1991#양숙경(1991), 훈민정음 풀이에 대하여: 제자해를 중심으로, 성신여대 석사학위 논문.

석1994#신동일(1994), 중세국어의 자모체계와 표기법 연구: 훈민정음 창제 초기 문헌을 중심으로, 원광대 교육대학원 석사논문.

석1994#황병오(1994), 훈민정음 자방고전에 대한 한 시론, 한국외대 석사학위 논문.

석1996#박병호(1996), 훈민정음 체계의 형성과 성격, 연세대 석사학위 논문.

석1998#홍용기(1998), 훈민정음 초성 표기 한자음 연구, 명지대 대학원, 석사.

석1999#설경석(1999), 훈민정음 중성 체계 연구, 원광대 대학원, 석사논문.

석2001#남윤경(2001), 세종대 창제된 훈민정음에 대한 역사적 접근: 최만리 등 집현전 학사들의 훈민정음 반대 상소를 통하여, 서강대학교 사학과 석사학위 논문.

석2001#이봉주(2001), 15세기 국어의 모음체계, 원광대학교 교육대학원 석사학위 논문.

석2002#설자줄(2002), 학습자 중심의 옛글 학습 지도 방법 연구: '세종 어제 훈민정음'을 중심으로, 경상대 교육대학원 석사논문.

석2002#와타나베 다가코(2002), 훈민정음 연구사: 일본인 학자들의 연구를 중심으로, 연세대 석사학위 논문.

석2002#윤정남(2002), 15세기 국어의 'ㄹ'에 관한 연구, 연세대학교 석사학위 논문.

석2003#김성범(2003), 훈민정음 창제 원리에 관한 역철학적 고찰, 충남대 석사학위 논문.

석2003#진달래(2003), 훈민정음의 변증법적 구조에 관한 연구, 홍익대 석사학위 논문.

석2003#허호정(2003), 15세기 국어 표기의 지도 방법 연구, 국민대학교 석사학위 논문.

석2005#이혜숙(2005), 디자인으로서의 한글과 디자이너로서의 세종, 국민대 테크노디자인 전문대학원 석사학위 논문.

석2006#강귀정(2006), 훈민정음 단원의 교육 내용과 교수 학습 방법 연구, 부산대 교육
대학원 석사학위 논문.

석2006#김홍렬(2006), 훈민정음의 역학적 해석, 충북대 교육대학원 석사학위 논문.

석2006#박미영(2006), 국어 지식 영역에서 국어사 교육의 내용과 방법:ㄱ국어의 변화를
고려한 훈민정음 교수·학습원리를 중심으로, 성신여자대학교 교육대학원 교
육학과 석사학위 논문.

석2007#강태원(2007), '세종 어제 훈민정음' 지도에 관한 연구, 인제대 교육대학원 석사
학위 논문.

석2007#손미숙(2007), 조선 초기 한글 자형의 변천 연구, 경기대학교(석사)

석2007#심호수(2007), 「주영편」에 나타난 정동유의 언어관 연구, 연세대학교 교육대학
원(석사)

석2008#이연진(2008), 훈민정음 한글본 타이포그래피를 응용한 현대 의상디자인 연구
: 믹스드미디어(mixed-media)를 활용한 DTP소재를 중심으로, 이화여자대학
교 디자인대학원(석사)

석2009#이금주(2009), 훈민정음 해례의 창제원리를 바탕으로 한 시각표현 실험, 한성대
학교 대학원(석사)

석2010#김민지(2010), 중세 국어 문법 교육의 교수-학습 방안 연구:『훈민정음』을 중심
으로, 동국대학교(석사)

석2010#이미화(2010), 고등학교 <국어> 교과서 <훈민정음> 단원 구성 연구, 영남대학
교 교육대학원(석사)

석2010#최은정(2010), 훈민정음 창제원리에 나타난 음양오행사상을 형상화한 실험적
한글 서체 개발, 이화여자대학교(석사)

석2010#한애희(2010), 훈민정음과 용비어천가의 서체미 연구, 경기대학교 미술디자인
대학원(석사)

석2011#Ji Meng(2011), 훈민정음의 제자 원리를 활용하는 한국어 자음 지도 방안, 이화
여대 대학원(석사)

석2011#김경희(2011), 훈민정음을 활용한 다양한 미술 표현 지도 방안 연구 : 중학교
3학년을 중심으로, 한국교원대학교 교육대학원(석사)

석2011#김부연(2011), 『훈민정음』 해례본의 국어과 교육 내용에 대한 연구, 고려대 교
육대학원(석사)

석2011#김수정(2011), '훈민정음'의 교육내용에 대한 연구 : 국어생활사를 중심으로,

한국교원대학교 대학원(석사)

석2011#인현미(2011), 훈민정음 제자 원리를 활용한 정음법(正音法) 교수・학습 방안 연구, 인하대 교육대학원(석사)

석2011#진보배(2011), 훈민정음을 소재로 한 교양서적의 비판적 읽기, 영남대 교육대학 원(석사)

석2012#조혜리(2012), 한국어 학습자를 위한 자음의 발음과 쓰기 연계 교육 : 훈민정음 의 제자원리를 중심으로, 동국대학교(석사)

석2013#구자은(2013), 한글 가로짜기 전환에 대한 사적 연구, 홍익대학교 대학원 석사 학위논문(2013.2)

석2013#노정애(2013), 훈민정음 창제의 민족문학사적 의의 연구, 중앙대학교 대학원(석사)

석2013#우상영(2013), 중세국어 문법과 고전시가의 통합교육 모형 연구 : 「세종어제 훈민정음」 서문과 「가시리」를 중심으로, 한남대학교 교육대학원(석사)

석2013#유영준(2013), 훈민정음의 제자원리에 담긴 이미지한글 시스템 연구 : 읽는 한 글 보는 한글 느끼는 한글, 연세대학교 커뮤니케이션대학원(석사)

석2013#이지은(2013), 우리나라 세계기록유산에 관한 서지학적 고찰, 숙명대학교 대학 원(석사)

석2014#김서영(2014), 2000년대 이후 국내 한글 연구의 동향 분석, 이화여자대학교 대 학원 석사학위논문(2014.8)

석2014#조성원(2014), 한글 글자체 줄기의 부리 변천 연구 = Study on serif changes in a stem of Hangeul letterform, 홍익대학교 대학원 석사학위논문(2014.2)

<논문>

1892#Gale. J. S(1892), The Inventor of the En-Moun, *The Korean Repository* Vol. 1.

1892#Hulbet. H. B(1892), The Korean Alphabet, *The Korean Repository* Vol. I, 1-9: March 1892. 69~75쪽.

1897#Edkins. D. D. J(1897), Korean Writing, *The Korean Repository* Vol. IV. 301ᐧ307쪽.

1912#Gale. J. S(1912), The Korean Alphabet, *Transactions of the Korean Branch of the Royal Asiatic Society* Vol IV. Part I.s.

1915#硏語生(1915), 조선문자의 소론, 불교진흥회월보 8호(1권 8호), 불교진흥회본부.

1918#이능화(1918), 언문자법원출범천(諺文字法源出梵天), 『조선불교통사』 하.

1919#小倉進平(1919), 訓民正音に就いて, 藝文 10-8.

1921#박승빈(1921), 언문후해(諺文後解), 계명 1.

1922#권덕규(1922), 조선어문의 연원과 그 성립, 동명 1.

1924#검·시어딤(1924), 우리의 글자, 靈臺 2호.

1926#권덕규(1926ㄱ), 정음반포 이후의 개력(槪歷), 신민 13.

1926#권덕규(1926ㄴ), 훈민정음의 연혁, 신민 20.

1926#사공환(1926), 조선문의 사적연구, 신민 13.

1926#안자산(1926ㄱ), 언문 발생 전후의 기록법, 신민 13.

1926#안자산(안확)(1926ㄴ), 언문의 출처, 동광 6, 65~67쪽.

1926#안 확(1926ㄷ), 諺文の淵源, 조선학사 1호.

1926#어윤적(1926), 정음의 사적 고찰, 신민 20호(2권 12호).

1926#이윤재(1926), 정음의 기원, 眞生 9호.

1926#임헌도(1926), 정음소장사관견(正音消長史管見), 신민 13

1927#권덕규(1927ㄱ), 잘못 고증된 정음 창조자, 한글 4, 조선어학회. 6~8쪽.6)

1927#권덕규(1927ㄴ), 정음 이전의 조선글, 한글 1, 조선어학회. 48~52쪽.

1927#신명균(1927ㄱ), 훈민정음 원본에 대하여, 동아일보 1927. 10. 24. 3쪽.

1927#신명균(1927ㄴ), 훈민정음 창간에 제하여, 한글 창간호 5~7쪽, 조선어학회.

1927#이중건(1927), 세종대왕과 훈민정음, 한글 1, 조선어학회. 41~47쪽.

1927#정열모(1927ㄱ), 성음학상으로 본 정음, 한글 1, 조선어학회.

1927#정열모(1927ㄴ), 언어와 문자 (1)-(4), 한글 4-7, 조선어학회. 2~4쪽(1-3호), 2~3
　　　쪽(4호).

1927#최현배(1927), 우리 한글의 세계 문자상 지위, 한글 1권 1호, 한글 학회 54~56쪽.
　　　<이기문 편(1977)에 재수록: 235~248쪽.>.

1928#신명균(1928), 문자중의 패왕(覇王) 한글, 별건곤.

1928#이병기(1928), 세종대왕과 훈민정음 반포, 별건곤.

1928#최현배(1928), 조선문자사, 현대평론 10, 현대평론사.

1929#김윤경(1929ㄱ), 한글의 기원, 별건곤 4권 7호.

1929#김윤경(1929ㄴ), 훈민정음, 배화 1(배화여고보), 배화여고 교우회.

1931#김윤경(1931), 훈민정음 창작에 대한 이설, 연희 7, 연희전문학교 23~35쪽.

1931#김윤경(1931-33), 조선문자의 역사적 고찰, 동광 17·18·19.

1932#김윤경(1932), 한글 기원 제설, 한글 5, 조선어학회. 201~205쪽.

1932#이극로(1932), 훈민정음의 독특한 성음 관찰, 한글 5, 조선어학회. 390~393쪽.

---

6) 김슬옹(2007)에는 권덕규(1928)로 기입되어 있다.

1932#이명칠(1932), 한글날의 영력환산, 한글 5.

1932#이병기(1932), 한글의 경과, 한글 6, 조선어학회. 232~235쪽.

1932#이윤신(1932), 훈민정음의 창제, 한글 5, 조선어학회. 179~181쪽.

1932#이윤재(1932), 훈민정음의 창정, 한글 5.

1932#이 탁(1932), ㆆ ㅿ ◇을 다시 쓰자, 한글 4, 한글 학회. 161~167쪽.

1934#김윤경(1934ㄱ), 훈민정음 반포에 대하여(라디오 기념 방송 원고), 한글 10, 조선
    어학회. 413~416쪽.

1934#김윤경(1934ㄴ), 훈민정음 제정의 고심, 중앙 2권 11호, 조선중앙일보사. 685~688쪽.

1934#박승빈(1934), 훈민정음 원서의 고구, 정음 4, 조선어학연구회. 22~25쪽.

1934#이병수(1934), 세종대왕의 위업, 나라사랑, 정음 4, 조선어학연구회. 26~33쪽.

1934#편집자(1934), 훈민정음 반포일에 대한 고증, 정음 4, 조선어학연구회. 34~40쪽.

1935#권덕규(1935), 훈민정음 원본은 아직 얻어 보지 못하였다, 한글 22, 조선어학회.
    31쪽.

1935#김윤경(1935), 훈민정음에 나타난 철자법 규정, 한글 27, 조선어학회. 2~4쪽.

1935#밀아생(1935), 훈민정음 원본에 싸고도는 문제, 한글 22, 조선어학회. 28~31쪽.

1935#박수남(1935), 훈민정음 탄신을 당하야 밀아생(蜜啞生)에 일봉을 가함, 정음 10,
    조선어학연구회. 58~60쪽.

1935#방종현(1935), 한글 연구 도서 해제 1: 훈민정음, 한글 20, 조선어학회.

1935#이윤신(1935), 세종대왕과 문화사업, 신동아 40.

1936#김태준(1936), 세종대왕과 팔도가요 수집 사업, 한글 35, 조선어학회. 5~6쪽.

1936#박승수(1936), 훈민정음 중간발[한문], 정음 16, 조선어학연구회. 31쪽.

1936#이극로(1936), 훈민정음과 용비어천가, 신동아 54호 6권 4호.7)

1936#전몽수(1936), 자모 이름에 대하여, 한글 30, 조선어학회. 30~31쪽.

1937#박승빈(1937), 훈민정음 기념 강화고(講話稿),, 정음 21, 조선어학연구회. 2~6쪽.

1937#이희승(1937), 문자 이야기, 한글 44, 조선어학회 1~6쪽.

1937#정인보(1937), 훈민정음운해 해제, 한글 44, 조선어학회. 7~9쪽.

1938#고재섭(1938), 언문 재인식론, 비판 6권 8호. 301~307쪽.

1938#고재휴(1938ㄱ), 문자의 일반적 발달 형태와 정음의 문화적 의의, 정음 24, 조선어
    학연구회, 5~9쪽.8)

1938#고재휴(1938ㄴ), 언문 기원설과 몽고어학 운동의 개황, 정음 23, 조선어학연구회.

---

7) 김슬옹(2007)에는 '4권 6호(4월호)'로 제시되어 있다.
8) 『正音』은 모두 1983년에 현대사에서 세 권으로 영인하였으나 원본 쪽수를 빠뜨림.

5~9쪽.
1938#안자산(1938), 언문과 문화 급 민족성: 부 언문사, 정음 24, 조선어학연구회. 3~4쪽.
1938#윤정하(역)(1938), '訓民正音後序' 숙종대왕, 정음 22, 조선어학연구회. 2쪽.
1938#이극로(1938), 훈민정음의 '중간ㅅ' 표기법, 한글 61호(6권 10호), 조선어학회.
　　10~11쪽.
1938#이영삼(1938), 조선문자의 유래와 취향, 정음 23, 조선어학 연구회. 10~13쪽.
1939#신태현(1939), 諺文の起源に就いて, 청구학총 30.
1939#이윤재(1939), 세종대왕과 문화사업, 학해 1.
1940#권영달(1940), 조선어문의 합리성, 정음 36, 조선어학연구회. 14~15쪽.
1940#방종현(1940), 원본 훈민정음의 발견, 조선일보 1940. 7. 30.~8. 4.
1940#신태현(1940), 훈민정음 잡고: 제자원리와 모음조화, 정음 36, 조선어학연구회.
　　11~13쪽.
1940#양주동(1940), 신발견 훈민정음에 대하여, 정음 36, 조선어학연구회. 9~10쪽.
1940#정인승(1940), 고본 훈민정음의 연구, 한글 82, 조선어학회. 3~16쪽.
1940#홍기문(1940), 훈민정음의 각종본, 조광 6권 10호. 164~171쪽.
1941#일치인(1941), 훈민정음에서 뽑은 어휘, 한글 83, 조선어학회. 10~11쪽.
1941#홍기문(1941ㄱ), 36자모의 기원, 춘추 2권 7호, 조선춘추사. 162~169쪽.
1941#홍기문(1941ㄴ), 훈민정음과 한자 음운: 한문 반절의 기원과 구성, 조광 7권 5호,
　　7권6호, 66~71쪽.
1942#이극로(1942), 훈민정음과 용비어천가. 반도사화와 낙토만주, 만선학해사, 만주신경.
1945#방종현(1945), 훈민정음의 서문을 읽으며, 민중조선 1.
1946#김윤경(1946ㄱ), 세종대왕과 훈민정음, 한글 94, 한글 학회. 21~24쪽.
1946#김윤경(1946ㄴ), 우리글은 무엇을 본뜨어 만들었나, 한글문화 1, 한글문화보급회
　　3~5. 39쪽.
1946#방종현(1946), 훈민정음 사략, 한글 97, 한글 학회. 37~50쪽. <[이기문 편(1977),
　　137~152쪽]에 재수록>.
1946#이 탁(1946-1949), 언어상으로 고찰한 선사시대의 환하문화의 관계 1~6, 한글 96,
　　97, 98, 105, 106, 한글 학회. 8~12쪽.(96), 10~19쪽.(97), 12~21쪽.(98), 24~36
　　쪽.(100), 19~34쪽.(105), 4~24쪽.(106).
1946#이희승(1946), 문자사상에 있어서 훈민정음의 지위, 한글 94, 한글학회 4~13쪽.9)
1946#정인승(1946ㄱ), 훈민정음의 연혁, 한글 98, 한글 학회. 28~31쪽.

---
9) 김슬옹(2007)에는 '문자사상 훈민정음의 지위'로 잘못 입력되었다.

1946#정인승(1946ㄴ), 훈민정음의 연혁, 한글 98, 한글 학회. 28~31쪽. <[외솔회 나라사
　　랑 95호, 239~245쪽]에 재수록>.
1946#정태진(1946), 세계문화사상으로 본 우리 어문의 지위, 신세대 1.
1946#최현배(1946), 세종대왕의 이상과 한글, 한글 94, 한글 학회. 34~35쪽.
1947#김형규(1947), 훈민정음과 그 전의 우리 문자, 한글 99(12권 1호), 한글 학회 2~11
　　쪽.10)
1947#방종현(1947), 훈민정음과 훈몽자회와의 비교, 국학 2, 10~18쪽.
1947#이숭녕(1947ㄱ), 훈민정음 모음론, 한글 100, 한글 학회. 460~470쪽.
1947#이숭녕(1947ㄴ), 훈민정음과 모음론, 조선문화총설, 東省社.
1947#河野六郎(1947), 新發見訓民正音に就いて, 동양학보 31-2.
1949#김형규(1949), 우리 문자론, 한글 108(14권 2호), 한글 학회 8~18쪽.11)
1949#유홍렬(1949), 세종과 우리 문화, 한글 107, 한글 학회. 5~16쪽.
1949#전몽수·홍기문(1949), 훈민정음 역해, 조선어문고 1, 평양: 조선어문연구회.
1950#김경한(1950), 세종 시대의 문화의식, 성균 3, 성균관대학교.
1950#류　렬(1950), 훈민정음 원본의 발견 및 유래, 홍익 1, 홍익대학교.
1950#이상백(1950), 朝鮮に於ける諺文の起源について, 동양사상연구 4호, 早稻田大學.
1953#이숭녕(1953), 훈민정음 연구의 신제창: 기록면의 인간과 시대성, 자유세계 12월
　　호, 홍문사.
1953#허　웅(1953), 신숙주의 중국어 입성 처리에 대하여, 국어국문학 5, 국어국문학회.
　　69~71쪽.
1954#김윤경(1954), △ㆆㆅㅱㅸㅹ들의 소리값, 최현배 선생 환갑 기념문집, 사상계사.
　　67~90쪽.
1954#이광린(1954), 세종조의 집현전, 최현배 선생 회갑 기념 논문집, 사상계사.
　　157~176쪽.
1954#정　철(1954), 원본 훈민정음의 보존 경위에 대하여, 국어국문학 9, 국어국문학회.
1955#김민수(1955), 한글 반포의 시기: 세종 25년 12월을 주장함, 국어국문학 14, 국어국
　　문학회. <김민수(1957)에 재수록>.
1955#김형규(1955), 한글의 본질, 한글 114호.
1956#강윤호(1956-59), 이두학사연구서설(1)-(5), 국어국문학 15호-20호.
1956#김병제(1956), 조선의 고유 문자 훈민정음, 조선어문 No. 1.

10) 김슬옹(2007)에는 '김형규(1949), 훈민정음과 그 이전의 우리 문자'로 제시되었다.
11) 김슬옹(2007)에는 '한글 100'으로 제시되었다.

1956#김영덕(1956), 훈민정음 서문 고, 호서문학 3호.12)

1956#이강로(1956), 훈민정음 변천의 일단, 한글 119호.

1956#이숭녕(1956), 국어학사(2)-(6), 사상계 4권 6호-12호(통권 36-41).

1956#이홍로(1956), 훈민정음 변천의 일단, 한글 119, 한글 학회, 92~99쪽.

1956#임헌도(1956), 세종대왕과 한글, 조선일보 10, 조선일보사. 8~10쪽.

1956#최남선(1956), 어문 소고, 신세계 1. 8.

1957#김동욱(1957), 정음청 시말, 논문집(인문사회과학) 5, 서울대학교. 109~126쪽.

1957#김민수(1957), 훈민정음 해제, 한글 121, 한글 학회. 393~406쪽.

1957#김윤경(1957), 훈민정음에 대한 몇 가지 고찰, 일석 이희승 선생 송수 기념 논총,
　　　　일조각. 191~202쪽.13)

1957#박병채(1957), 파열음고: 훈민정음 창제의 음성학적 고찰, 국어국문학 17, 국어국
　　　　문학회. 77~93쪽.

1957#서윤범(1957), 훈민정음 연구를 위한 몇 가지 기본 자료, 조선어문.

1957#유창균(1957), 동국정운에 나타난 모음의 특색: 특히 훈민정음 모음조직의 본질을
　　　　구명하기 위하여, 논문집 2, 청구대학교.

1958#김민수(1958), 동국정운 해제, 한글 123호.

1958#김철헌(1958), 동국정운 초성 고, 국어국문학 19, 국어국문학회. 107~132쪽.

1958#류　렬(1958), 훈민정음이란 어떤 책인가, 말과 글 5.

1958#서병국(1958), 음훈차표기체계 연구 서설, 어문학 3.

1958#이숭녕(1958), 세종의 언어정책에 관한 연구: 특히 운서 편찬과 훈민정음 제정과
　　　　의 관계를 중심으로 하여, 아세아연구 2호(1권 2호), 고대 아세아문제연구소.
　　　　29~83쪽.14)

1958#장태진(1958), 방점의 기능: 십오세기 국어 운소 설정을 위한 시도, 어문학 3, 한국
　　　　어문학회.

1959#김철헌(1959), 동국정운 운모고, 국어국문학 21호.

1959#이상백(1959), 朝鮮文字의 起源: 訓民正音解說(三品彰英 譯), 조선연구연보 1호, 조선
　　　　연구회, 京都.

1959#이숭녕(1959), 홍무정운역훈의 연구, 진단학보 20, 진단학회. 115~151쪽.

1959#최현배(1959), "·"자의 소리값 상고, 동방학지 4, 연세대학교 동방학연구소. 1~98쪽.

---

12) 김슬옹(2007)에는 '서호문학'으로 잘못 입력되었다.

13) 신창순(1990)에는 '김윤정'으로 잘못 입력되었다.

14) 김슬옹(2007)에는 '아세아 연구 1·2'로 잘못 입력되었다.

1960#김천명(1960), 훈민정음 고: 훈민정음이 정상적으로 발달하지 못한 이유, 어문론 집 1, 중앙대 국어국문학회. 54~66쪽.

1960#리 영(1960), 우리 글자의 과학성, 말과 글 1.

1960#진두봉(1960), 훈민정음에 대한 소고, 국제대학 논지 1, 국제대학.

1961#김경탁(1961), 훈민정음을 통하여 본 생성철학, 원광문화 3, 원광대학교. 67~72쪽.

1961#김경한(1961), 훈민정음 창제와 민족적 고민, 국어국문학 23, 국어국문학회 117~120쪽.

1961#류 렬(1961ㄱ), 훈민정음(해례)에 대하여, 조선어학 4.

1961#류 렬(1961ㄴ), 훈민정음에 반영된 주체적 입장과 주체적 태도, 말과 글 1.

1961#이기문(1961), 십오세기 표기법의 일특징, 언어학 5, 고려대학교.

1961#卓憙鍫(1961), 朝鮮文字の起源, 新しい世代 4月號

1962#김광익(1962), 훈민정음의 자모수와 자모 차례의 변천, 말과 글 1.

1962#원응국(1962), 훈민정음에 대한 음운론적 고찰, 조선어학 1.

1962#유창돈(1962), 15세기 국어의 음운체계, 국어학 1, 국어학회.

1962#정용호(1962), 훈민정음을 반대한 최만리 일파, 말과 글 4.

1963#강신항(1963ㄱ), 연산군의 언문금압에 대한 삽의, 진단학보 24, 진단학회.

1963#강신항(1963ㄴ), 훈민정음 해례 이론과 성리대전과의 관련성, 국어국문학 26, 국 어국문학회. <[고영근 편(1985), 국어학 연구사: 흐름과 동향, 학연사. 221~231 쪽.]에 재수록>.

1963#렴종렬(1963), 우리의 고유문자 '훈민정음'의 창제, 조선어학 4, 조선민주주의인민 공화국 과학원 언어문학연구소, 3~6쪽.15)

1963#류 렬(1963), 민족문자 '훈민정음' 창제의 문자사적 의의, 조선어학 4, 조선민주주 의인민공화국 과학원 언어문학연구소, 7~12쪽.

1963#서완석(1963), 훈민정음 머리말: 중등국어 Ⅲ의 2, 국어교육 5, 한국국어교육연구회.

1963#원응국(1963), 훈민정음의 철자 원칙, 조선어학 4, 조선민주주의 인민공화국 과학 원 언어문학연구소. 23~26쪽.

1963#유창균(1963), 훈민정음 중성체계구성의 근거, 어문학 10.

1963#이동림(1963), 훈민정음의 제자상 형성 문제, 무애 양주동 박사 화갑 기념 논문집, 탐구당. 311~336쪽.

1963#장 효(1963), 훈민정음과 일본의 신대문자, 한양 2권 3호. 97~102쪽.

1963#최정후(1963), 훈민정음 창제자들의 음운에 대한 견해, 조선어학 4, 조선민주주의

15) 김슬옹(2007)에는 '렴종률'로 잘못 입력되었다.

인민공화국 과학원 언어문학연구소. 13~22쪽.

1963#하영순(1963), 훈민정음 창제자들의 음운에 대한 견해, 조선어학 4, 연문사. 13~22쪽.

1963#한원영(1963), 한자종성 ㆆㅇㅱ고(고등국어 Ⅲ 훈민정음을 중심으로), 국어교육 5, 한국어교육학회.

1964#Sejong's Language Policy, 논문집 10, 덕성여자대학교. 127~148쪽.#Vos, F. (1964), Korean Writing: Idu and Han'gul, *Papers of CIC Far Eastern Language Institute*, ed, by J, K, Yamagiwa, The Univ.

1964#김계곤(1964), 훈민정음 원본 발견 경위에 대하여, 보성 3, 보성고등학교, <[한글 새소식 398호(2005. 10. 5)]에 재수록>.

1964#김완진(1964), 중세국어 이중모음의 음운론적 해석, 학술원 논문집(인문사회과학 편) 4, 학술원.

1964#김윤경(1964), 국어학의 기초문헌의 해제, 논문집 1집, 한양대학교.

1964#서병국(1964), 훈민정음 해례본의 '제자해' 연구: 제자원리를 중심으로, 논문집 8, 경북대학교. 13~32쪽.

1964#이숭녕(1964), 최만리 연구, 이상백 박사 회갑 기념 논총. 43~74쪽.

1964#이호우(1964), 한글과 세종대왕, 약진 경북 14.

1964#지춘수(1964), 종성 8자 제한에 있어서 'ㄷ·ㅅ' 설정에 대한 고찰, 국어국문학 27, 국어국문학회. 145~165쪽.

1964#최장수(1964), 훈민정음 창제에 대한 일고찰, 강원교육 35, 강원도 교육연구소.

1965#김경탁(1965), '훈민정음'을 통하여 본 생성학적 '易'의 사상, 중국화보 4, 한국중국 학회. <[김경탁(1977), 중국철학개론, 범학도서]에 재수록>.

1965#김선기(1965), 문자 정책론, 한글 134, 한글 학회. 20~32쪽.

1965#김영황(1965), 훈민정음의 음운리론, 조선어학 1호<이득춘 편(2001), 조선어 력사 언어학연구: 김영황 교수 논문집, 연변대학교 동방문화연구원>, 도서출판 역 락 영인본. 65~87쪽.

1965#마샬·필(1965), 극동의 알파벳: 훈민정음의 세계성, 사상계 13권 6호, 사상계사.

1965#서병국(1965), 훈민정음 해례본 이후의 이조국어학사 시비: 훈몽자회에서 언문지 까지를 중심으로, 논문집 9, 경북대학교.

1965#유창균(1965), 중성 체계 구성의 근거를 재론함, 국어국문학 30, 국어국문학회. 51~83쪽.

1966#G, K, Ledyard(1966), *The Korean Language Reform of 1446: The Origin, Background, and Early History of the Korean Alphabet, Dissertation,*

University of California, Berkeley. Cat, No.: 6608333, University Microfilms International, Ann Arbor.

1966#강신항(1966), 사성통해 권두의 자모표에 대하여, 가람 이병기 박사 송수 기념 논문집.

1966#김방한(1966), 중세국어모음체계의 재구에 관하여, 가람 이병기 박사 송수 기념 논문집.

1966#유창균(1966), '상형이자방고전(象形而字倣古篆)'에 대하여, 진단학보 29 · 30, 진단학회. <[이기문 편(1977), 국어학논문선 7(문자), 민중서관 153~179쪽]에 재수록>

1966#이동림(1966), 국문자 책정의 역사적 조건, 명지어문학 3, 명지대학교. 51~56쪽.

1966#이숭녕(1966ㄱ), 세종의 개성의 고찰, 대동문화연구 3, 성균관대 대동문화연구원. 19~82쪽. <[이숭녕(1978), 국어학 연구, 형설출판사]에 재수록>.

1966#이숭녕(1966ㄴ), 한글 제정의 시대 환경, 교육평론 96, 교육평론사. 14~17쪽.

1966#이숭녕(1966ㄷ), 한글제정의 시대 환경, 교육평론 96, 교육평론사. 14~69쪽.

1966#최승희(1966), 집현전연구(상), 역사학보 32집, 역사학회. 1~58쪽.

1967#강신항(1967), 한국어학사(상), 한국문화사 대계 5, 고려대학교 민족문화연구소

1967#공재석(1967), 한글 고전 기원설에 대한 한 고찰, 중국학보 7, 한국중국학회. <[공재석(2002), 중국 언어학, 신서원. 45~54쪽.]에 재수록>.

1967#김동구 편(1967), 훈민정음: 원전과 그 현대역, 명문당.16)

1967#문선규(1967), 자음의 차청고, 대동문화연구 4집.

1967#박병채(1967), 한국문자 발달사, 한국문화사 대계 5, 고려대 민족문화연구소

1967#이숭녕(1967), 세종대왕 연구에의 의의 제기, 김석재 신부 금양 경축 기념 논총.

1967#최승희(1967), 집현전 연구(하), 역사학보 33집, 역사학회. 39~80쪽.

1968#공재석(1968), 한글 고전 기원설의 근거가 되는 기일성문설(起一成文說), 우리문화 2, 우리문화연구회.

1968#유정기(1968), 훈민정음의 철학적 체계, 동양문화 6 · 7, 영남대학교. 179~197쪽.

1968#中村 完(1968), 訓民正音における文化の意識について, 朝鮮學報 47.

1969#강길운(1969), 세종조의 운서 간행에 대하여, 도남 조윤제 박사 회갑 기념 논문집.

1969#김민수(1969), 훈민정음 창제의 시말: 세종의 국권 확립책을 중심으로 하여, 김재원 박사 회갑 기념 논총, 을유문화사. 775~795쪽.

1969#김선기(1969), 한글의 새로운 기원설, 논문집 3, 명지대학교. 11~81쪽.

---

16) 김슬옹(2007)에는 '현대학'으로 잘못 입력되었다.

1969#성원경(1969ㄱ), 절운지장도 여 훈민정음 별자해례지이론 관계 고: 이오음여오성 배합상지차이위근거, 반공 323, 대북: 국립편역관.

1969#성원경(1969ㄴ), 훈민정음 성모와 중국성모의 비교 연구, 우정 328, 중화민국 국립 편역관.17)

1969#이기문(1969), 중세국어 음운론의 제문제, 진단학보 32, 진단학회.

1969#이숭녕(1969ㄱ), 세종대왕 연구에의 의의제기, 전석재 신부 은경축 기념 논총.

1969#이숭녕(1969ㄴ), 훈민정음, 한국의 명저 1(문학편), 현암사.

1969#조영진(1969), 훈민정음 자형의 기원에 대하여, 국어국문학 44 · 45, 국어국문학회. 195~207쪽.

1970#Lee Sangbaek, Litt, D(1970), *A History of Korean Alphabet and Movable Types*, Ministry of Culture and Information Republic of Korea.

1970#김민수(1970), 訓民正音の創製經緯(中川清 역), 조선연구연보 12호, 京都.

1970#성원경(1970), 훈민정음 제자이론과 중국 운서와의 관계, 학술지 11, 건국대학교. 131~150쪽.

1970#안병희(1970), 숙종의 '訓民正音後序', 낙산어문 2, 서울대학교, <안병희(1992), 안 병희(2007)에 재수록>.

1970#왕한석(1970), 훈민정음에 보이는 우리말 어록의 변천시고, 선청어문 1, 서울대학 교 사범대학. 79~87쪽.

1970#유정기(1970), 철학적 체계에서 본 훈민정음 고, 현대교육 3-2, 현대교육사. 28~40쪽.

1970#정연찬(1970), 세종대의 한자사성표기법, 국어국문학 49 · 50 합병호.

1971#강길운(1971ㄱ), 최만리의 반대상소의 동기에 대하여, 운현 3, 덕성여자대학교 7~12쪽.<강길운(1992)에 재수록>.

1971#강길운(1971ㄴ), 훈민정음 창제의 당초 목적에 대하여, 국어국문학 55 · 56 · 57 합본호, 국어국문학회, 1~21쪽.<강길운(1992), 서병국(1983)에 재수록>.

1971#김석득(1971), 훈민정음 해례의 언어학적 분석: 이원론적인 변별적 자질론 및 언 어학적 이해, 한글 학회 50돌 기념 논문집, 한글 학회. 291~310쪽.18)

1971#김선기(1971ㄱ), The Sound Value of the Letter 'ㅓ' in HUNMINJEONGEUM (훈민정음의 중성자 'ㅓ'의 음가), 동방학지 12, 연세대 동방학연구소.

---

17) 신창순(1990)에는 한자어 제목 '訓民正音 二三 聲母與中國聲母之比較研究'으로 잘못 입 력되었다.

18) 김슬옹(2007)에는 '훈민정음 해례의 언어학적 분석: 이원론적인 변별적 자질론 및 언어철학적 이해'로 잘못 입력되었다.

1971#김선기(1971ㄴ), 훈민정음 중성자 'ㅓ'의 음가, 동방학지 12, 연세대학교. 323~340쪽.

1971#김완진(1971), 세종의 어문정책에 대한 연구: 훈민정음을 위요한 수삼의 문제, 성곡논총 3, 성곡학술문화재단. 185~215쪽.<김완진(1996)에 재수록>.

1971#안병희(1971), 15세기의 한자음 한글 표기에 대하여, 김형규 박사 송수 기념 논총.

1971#이동준(1971), 세종대왕의 정음 창제와 철학 정신, 세종문화 47·48·49, 세종대왕 기념사업회.

1971#이숭녕(1971), 주자소·책방, 정음청의 상호관계에 대하여, 조용욱 박사 석수 기념 논총.

1971#이익섭(1971), 문자의 기능과 표기법의 이상, 김형규 박사 송수 기념 논총.

1971#이현복(1971), 한글 음성 문자 시안, 한글 학회 50돌 기념 논문집, 한글 학회. 11~18쪽.

1972#강길운(1972), 훈민정음창제의 당초목적에 대하여, 국어국문학 55~57 합병호.

1972#김완진(1972), 세종대의 어문정책에 대한 연구: 훈민정음을 圍繞한 數三의 과제, 성곡논총 3집.

1972#안병희(1972), 해제(세종어제 훈민정음), 국어학 자료 선집(II)(국어학회 편), 일조각.

1972#이기문(1972), 국어음운사 연구, 서울대 한국문화연구소(1977, 탑출판사 재간)

1972#이동림(1972), 훈민정음과 동국정운, 문화비평 4권 1호, 아한학회. 73~82쪽.

1972#이숭녕(1972), 성리대전과 이조언어의 연구, 동양학 제2집, 단국대학교 동양학연구소. 5~9쪽.

1972#이승욱(1972ㄱ), 국어문자의 연구사, 국어국문학 58-60, 국어국문학회.

1972#이정호(1972ㄴ), 훈민정음도에 대하여, 백제연구 3, 충남대학교 백제연구소. 99~110쪽.

1972#이정호(1972ㄷ), 훈민정음의 역학적 연구, 논문집(인문·사회과학 편) 11, 충남대학교. 5~42쪽.

1973#김석득(1973), 한국어 연구사에 나타난 동양철학, 성곡논총 4, 성곡학술문화재단. 111~150쪽.

1973#서병국(1973), 중국 운학이 훈민정음 제정에 미친 영향에 관한 연구, 교육연구지 15, 경북대학교. 25~52쪽. <서병국(1983)에 재수록>.

1973#이남덕(1973), 훈민정음과 "방격규구사신경(方格規矩四神鏡)"에 나타난 고대 동방사상, 국어국문학 62·63, 국어국문학회. 221~239쪽.

1973#이동림(1973), 언문 자모속 소위 '반절 이십칠자' 책정 근거: 훈민정음 제정은 '예

부운략' 속음 정리로부터, 양주동 박사 고희 기념 논문집. 탐구당.

1973#이재철(1973), 집현전의 기능에 대한 연구, 인문과학 30, 연세대학교 인문과학연구소. 127~168쪽.

1974#김영신(1974), 고등학교 고전 교재에 대한 어학적 고찰, 한글 154, 한글 학회. 39~61쪽.

1974#김용경(1974), 이조시대의 어학기관 연구, 논문집 13, 충남대학교.

1974#문효근(1974), 정음 초기 문헌의 역리적 직관적 성점 설명, 인문과학 31, 연세대 인문과학연구소. 1~45쪽.

1974#박병채(1974), 한글과 일본의 신대문자, 유네스코 뉴스지 169,

1974#서재극(1974), '한글갈': '훈민정음'의 두루풀이(외솔 선생의 학문), 나라사랑 14, 외솔회.

1974#성원경(1974), 훈민정음 제자해 초성고, 문리논총 3권 1호, 건국대학교. 26~38쪽.

1974#신석호(1974), 학문의 발전과 편찬사업, 한국사 11, 국사편찬위원회.

1974#심재기(1974), 최만리의 언문 관계 반대 상소문의 추의(芻議), 우리문화 5, 우리문화연구회.19)

1974#이기문(1974), 한글의 창제, 한국사, 국사편찬위원회.

1974#이기문(1974), 훈민정음 창제에 관련된 몇 문제, 국어학 2, 국어학회. 1~15쪽. <[이기문 편(1977), 180~200쪽]에 재수록>.

1974#이동림(1974), 훈민정음 창제 경위에 대하여: 속소위 반절 27자와 상관해서, 국어국문학 64, 국어국문학회. 59~62쪽. <이기문 편(1977)에 재수록, 180~200쪽.>.

1974#임영천(1974), 정음 형성의 배경적 제여건에 관하여, 사대논문집 5, 조선대학교 61~76쪽.

1974#정재도(1974), 한글 이전의 글자, 신문연구 20, 관훈클럽. 170~186쪽.

1974#최승희(1974), 양반 유교정치의 진전, 한국사 9, 국사편찬위원회.

1975#김규철(1975), 훈민정음 연구: 초성자 제정 과정을 중심으로, 논문집 13집, 육군사관학교. 91~101쪽.

1975#김완진(1975), 훈민정음 자음자와 가획의 원리, 어문연구 7 · 8 합병호, 한국어문교육연구회(일조각). 186~194쪽. <[김완진(1996), 음운과문자, 신구문화사], [고영근편(1985), 국어학연구사: 흐름과 동향, 학연사. 232~242쪽.]에 재수록>.20)

---

19) 김슬옹(2007)에는 '추이'로 잘못 입력되었다.
20) 김슬옹(2007)에는 '훈민정음의 자음자와 가획의 원리'로 되어 있다.

1975#김종택(1975), 한글의 문자론적 위상: 그 개선점을 중심으로, 강복수 박사 회갑 기념 국어학 논총(김민수 외 편, 1984).

1975#남풍현(1975), 한자차용표기법의 발달, 국문학논집 7·8합집, 단국대 국어국문학과.

1975#신창순(1975), 훈민정음에 대하여: 그 문자론적 고찰, 국어국문학 12, 부산대학교 국어국문학회. 5~22쪽.

1975#이동림(1975), 훈민정음 창제 경위에 대하여: '언문 자모 27자'는 최초 원안이다, 국어국문학 논문집 9·10, 동국대학교. 7~22쪽.

1975#이숭녕(1975), 세종대왕과 훈민정음 제정, 어문연구 10, 한국어문교육연구회(일조각). 665~666쪽.

1975#이정호(1975), 훈민정음의 올바른 자체(字體), 국제대학 논문집 3, 국제대학교. 83~100쪽.

1976#김영송(1976), 훈민정음의 홀소리 체계, 논문집 15, 부산대학교.

1976#안병희(1976), 훈민정음의 이본, 진단학보 42, 진단학회. <안병희(1992), 안병희(2007)에 재수록>.

1976#이근수(1976), 국어학사상의 정립을 위한 훈민정음 창제 문제, 어문론집 17, 고려대학교.

1976#이기문(1976), 최근의 훈민정음 연구에서 제기된 몇 문제, 진단학보 42, 진단학회. 187~190쪽. <[이기문 편(1977), 228~234쪽]에 재수록>.

1976#이우성(1976), 조선왕조의 훈민정책과 정음의 기능, 진단학보 42, 진단학회. <[이우성(1982), 한국의 역사상: 이우성 역사 논집, 창작과비평사, 223~230쪽.]에 재수록>.

1976#이현규(1976), 훈민정음 자소체계의 수정, 조선 전기의 언어와 문학, 한국어문학대계 3, 형설출판사.

1977#강만길(1977), 한글 창제의 역사적 의미, 창작과 비평 44, 창작과 비평사<[강만길(1978), 분단시대의 역사 인식, 창작과 비평사]에 재수록(세부 항목 제목 부여)>, <[김동언 편(1993), 국어를 위한 언어학, 태학사(261~272쪽.]에 1977년판 재수록>.

1977#강신항(1977), 훈민정음 창제 동기의 일면, 언어학 2, 한국언어학회 57~63쪽.

1977#管野 裕臣(1977), ハングルとその構7造と成立, 언어 6-10, 일본: 동경

1977#김영송(1977ㄱ), '설축'의 본질, 국어국문학 13·14, 부산대학교 국어국문학과. 47~59쪽.

1977#김영송(1977ㄴ), 훈민정음의 '설축' 자질, 언어학 2, 한국언어학회.

1977#김창근(1977), 한글과 훈민정음, 부산교육 191.

1977#박지홍(1977), 언해본 훈민정음 연구, 성봉 김성배 박사 회갑 기념 논문집, 형설출판사.

1977#유창균(1977ㄱ), 訓民正音の解題, 동경한국연구원.

1977#유창균(1977ㄴ), 훈민정음과 팔사파자(八思巴字)와의 상관성: 훈민정음 기원의 측면, 석계 조인제 박사 환력 기념 논총.

1977#유홍렬(1977), 세종대왕과 집현전, 어문연구 15 · 16 합병호, 한국어문교육연구회 (일조각). 21~23쪽.

1977#이근수(1977ㄱ), 국어학 사상의 정립을 위한 훈민정음 창제 문제, 어문논집 17, 고려대학교. 137~165쪽.21)

1977#이근수(1977ㄴ), 몽고의 어문정책과 훈민정음, 어문논집 19 · 20 합집(월암 박성의 박사 환갑 기념 논총), 고려대학교. 569~586쪽.

1977#이근수(1977ㄷ), 북방민족의 어문정책과 훈민정음, 논문집 1, 한성여자대학교. 1~29쪽.

1977#이기문 편(1977), 문자, 국어학 논문선 7, 민중서관.

1977#이숭녕(1977), 세종의 언어정책과 그 은밀주의적 태도에 대하여, 한국학논총(하성 이선근 박사 고회 기념 논문집).

1977#이재면(1977), 훈민정음과 음양오행설의 관계, 동국 13, 동국대학교.

1977#허 웅(1977), 훈민정음 창제의 동기와 그 역사적 의의, 수도교육 29, 서울시 교육연구원. 4~7쪽.

1978#강신항(1978), 중국자음과 대음(對音)으로 본 국어 모음체계, 국어학 7, 국어학회.

1978#김석득(1978), 훈민정음: 참 이치와 생성의 힘, 세종문화 13, 연세대학교 대학원.

1978#남풍현(1978), 훈민정음과 차자 표기법과의 관계, 국문학 논집 9, 단국대학교 국어국문학과. 3~26쪽.

1978#문효근(1978), 훈민정음의 'ㅇ'와 'ㅇㅇ' 음가에 대한 몇 가지 문제, 한글 162, 한글학회. 109~139쪽.

1978#유창균(1978), 조선시대 세종조 언어정책의 역사적 성격(일본어), 동양학보 59,

1978#유창균 · 최현배(1978), 훈민정음(특집: 훈민정음해례, 훈민정음해제; 유창균, ハングルの起源: 최현배), 韓 Vol. 7. No. 4. 동경 한국연구원.

1978#이기문(1978), 15세기 표기법의 일고찰, 언어학 3, 한국언어학회. 201~209쪽.

---

21) 김슬옹(2007)에는 '이관수(1977)'로 잘못 입력되었다.

1978#이숭녕(1978), 세종대왕의 개성의 고찰, 국어학연구, 형성출판사.

1978#이태극(1978), 세종대왕과 정음반포, 세종문화 12, 세종대왕 기념사업회.

1979#김석환(1979), 한글의 밑뿌리(起源)는 무엇인가(유인물).

1979#남성우(1979), 중국운학과 성리학이 훈민정음 창제에 미친 영향, 중국연구 4, 한국
    외국어대학교. 159~187쪽.

1979#박지홍(1979), 한문본 훈민정음의 번역에 대하여, 한글 164, 한글 학회. 61~86쪽.

1979#신기철(1979), 한글 반포와 그 걸어온 길, 통일세계 107, 세계 기독교통일신령협
    회. 90쪽.

1979#안병희(1979), 중세어의 한글 자료에 대한 종합적인 고찰, 규장각 3, 서울대학교
    도서관.

1979#이근수(1979), 조선조의 국어정책사, 논문집 3, 한성대학교. 1~51쪽.

1979#이동림(1979), 언문과 훈민정음 관계: 재인식된 가획 원리를 중심으로, 어문연구
    21, 한국어문교육연구회(일조각). 79~89쪽.

1979#이숭녕(1979), 한글 제정의 배경과 해석, 수도교육 49, 서울시 교육연구원. 2~7쪽.

1979#池凌模(1979), 15세기 성조방점의 허상과 실상, 여천 서병국 박사 화갑 기념 논문집.

1979#허 웅 외(1979), 훈민정음의 우수성과 그 나아갈 길 외, 한글새소식 86, 한글학회.

1980#강신항(1980), 세종대 언어관의 성립, 동양학 10, 단국대 동양학연구소 373~
    387쪽.

1980#남풍현(1980), 훈민정음의 창제 목적과 그 의의, 동양학 10, 단국대학교 동양학연
    구소. 365~372쪽.

1980#이기문(1980), 훈민정음 창제의 기반, 동양학 10, 단국대학교. 388~396쪽.

1980#이동림(1980ㄱ), 언문과 훈미정음 관계: 재인식된 가획원리를 중심으로, 연암 현
    평효 박사 회갑 기념 논총.

1980#이동림(1980ㄴ), 훈민정음 전탁자는 왜 만들지 않았는가, 경기어문학 1, 경기대학교.

1980#이성구(1980), 훈민정음해례의 역학적 고찰, 명지실업전문대학논문집 5집.

1980#이성연(1980), 세종의 언어정책에 대한 연구, 한국언어문학 19, 한국언어문학회.[22]

1980#허 웅(1980), 세종의 언어정책과 국어순화 정신, 교육문제 연구 1, 동국대학교
    교육문제연구소. 53~60쪽.

1981#강귀수(1981), 전통과 훈민정음의 연구 과제, 공주사대 논문집 19, 공주사범대학
    교. 27~33쪽.

1981#김영국(1981), 훈민정음의 자모체계에 대하여: 복합자형의 생성과 그 음가를 중심

---

22) 김슬옹(2007)에는 '세종의 언어정책에 관한 연구'로 잘못 입력되었다.

으로, 경기어문학 2, 경기대학교.

1981#김영욱(1981), 조음음성학 측면에서 본 '훈민정음 해례'의 자음체계 연구, 홍익 23, 홍익대학교. 152~164쪽.

1981#김운태(1981), 세종조 정치문화: 세종의 정치적 이념과 실용주의적 개혁을 중심으로, 논문집(인문사회) 20, 학술원. 113~162쪽.

1981#陶山 信男(1981-1982), 훈민정음 연구(其一—其四),, 愛知大學 文學論叢 66~69, 일본: 愛知大學.

1981#문효근(1981), 훈민정음의 음절 생성 규정의 이해, 국어교육논총 1, 연세대 교육대학원.

1981#박지홍(1981), 어제 훈민정음의 연구: 한문본과 한글본의 비교에서, 한글 173 · 174, 한글 학회.

1981#박지홍(1981), 훈민정음 제자해의 연구, 송천 김용태 선생 회갑 기념 논문집, 소문출판사.

1981#이근수(1981), 조선조의 문자 창제와 그 문제점, 홍익 23, 홍익대학교. 88~99쪽.

1981#이기문(1981), 동아세아 문자사의 흐름, 동아연구 1, 서강대학교 동아연구소. 1~17쪽.

1981#이동준(1981), 세종대왕의 정음 창제와 철학정신, 세종문화 47~49호.

1981#이숭녕(1981), 세종대왕의 학문과 사상: 학자들과 그 업적, 아세아문화사.

1981#이현복(1981), 국제 음성 문자와 한글 음성 문자: 원리와 표기법, 과학사.

1981#작자미상(1981), 한글의 기원, '한국교육 200년사' 제6장.

1981#정 광(1981), The Hunmin Chungum and the Cause of King Sejong's Language Policy, 논문집 10, 덕성여자대학교. 127~148쪽.

1981#정병우(1981ㄱ), 훈민정음 연구: 제자해 중심으로, 국어국문학연구 7, 원광대학교 문리과대학 국어국문학과. 15~30쪽.

1981#정병우(1981ㄴ), 훈민정음 연구: 제자해 중심으로, 학위논총 6, 원광대학교 대학원. 103~118쪽.

1981#정병우(1981ㄷ) 훈민정음 연구: 제자해 중심으로, 논문집 21, 광주교육대학. 183~195쪽.

1982#고영근(1982), 한글의 유래에 대하여, 백석 조문제 교수 회갑 기념 논문집.

1982#권성기(1982), 훈민정음 자형기원에 관한 일고찰: 초성 5자를 중심으로, 한성어문학 1, 한성대학교 한국어문학부.23)

1982#렴종률 · 김영황(1982), 훈민정음에 대하여, 김일성종합대학 출판사.

---

23) 김슬옹(2007)에는 '훈민정음 자형에 관한 일고찰'로 잘못 입력되었다.

1982#유창균(1982), 한국한자음연구의 동향, 궁포 조규와 교수 화갑 기념 국어학논총.

1982#이숭녕(1982ㄱ), 세종대왕의 언어정책과 그 업적, 아세아공론 11권 8호, 한국국제 문화협회.

1982#이숭녕(1982ㄴ), 세종조의 시대적 배경, 세종조문화의 재인식, 정문연.

1982#허 웅(1982), 세종조의 언어정책과 그 정신을 오늘에 살리는 길, 세종조 문화의 재인식, 보고 논총 '82-2, 한국정신문화연구원.

1983#권재선(1983), 한글의 기원, 한국어 계통론 훈민정음 연구(추강 황희영 박사 송수 기념 논총 간행위원회 편), 집문당 19. 7~226쪽.

1983#김영송(1983), 훈민정음 중성의 조음적 특징과 그 체계, 한국어 계통론 훈민정음 연구(추강 황희영 박사 송수 기념 논총 간행위원회 편), 집문당. 227~242쪽.

1983#김완진(1983), 훈민정음 제자 경위에 대한 새 고찰, 김철준 박사 회갑 기념 사학논 총, 지식산업사. 353~366쪽. <[김완진(1996), 음운과 문자, 신구문화사]에 재 수록>.

1983#문선규(1983), 훈민정음 해례의 자음상의 의의, 한국어 계통론 훈민정음 연구(추 강 황희영 박사 송수 기념 논총 간행위원회 편), 집문당. 243~258쪽.

1983#박종국(1983), 훈민정음 이본 간에 나타난 '예의'의 몇 가지 문제, 문호 8, 건국대 국어국문학연구회.

1983#박지홍(1983), 원본 훈민정음의 연구: 어제 훈민정음 편, 동방학지 36·37, 연세대 학교. 217~244쪽.

1983#성원경(1983), 훈민정음 해례 중 '韻書疑與喩多相混用' 고, 한국어 계통론 훈민정음 연구(추강 황희영 박사 송수 기념 논총 간행위원회 편), 집문당. 275~294쪽.

1983#안춘근(1983), 훈민정음 해례본의 서지학적 고찰, 한국어 계통론 훈민정음 연구 (추강 황희영 박사 송수 기념 논총 간행위원회 편), 집문당. 295~306쪽.

1983#우민섭(1983), ㆆ의 기능과 음가에 대하여, 한국어 계통론 훈민정음 연구(추강 황 희영 박사 송수 기념 논총 간행위원회 편), 집문당. 307~318쪽.

1983#유목상(1983), 훈민정음 자모 고, 한국어 계통론 훈민정음 연구(추강 황희영 박사 송수 기념 논총 간행위원회편, 집문당. 319~332쪽.

1983#이근수(1983), 훈민정음 창제와 그 정책, 한국어 계통론 훈민정음 연구(추강 황희 영 박사 송수 기념 논총 간행위원회 편). 집문당. 333~356쪽.

1983#이성구(1983), 훈민정음과 태극사상, 난대 이응백 박사 회갑 기념 논문집, 보신재.

1983#이주근(1983), 한글의 생성조직과 뿌리의 논쟁, 한국어 계통론 훈민정음 연구(추 강 황희영 박사 송수 기념 논총 간행위원회 편), 집문당. 357~370쪽.

1983#이현규(1983), 훈민정음 해례의 언어학적 연구: 형태소 표기론, 한국어 계통론 훈
　　민정음 연구(추강 황희영 박사 송수 기념 논총 간행위원회 편), 집문당.
　　371~386쪽.
1983#장태진(1983ㄱ), 세종조 국어 문제론의 연구, 국어국문학 5, 조선대학교 국어국문
　　학과.
1983#장태진(1983ㄴ), 훈민정음 서문의 언어계획론적 구조, 김판영 박사 회갑 기념 논
　　문집. 199~222쪽.
1983#정병우(1983), 훈민정음 연구: 초·중·종성해 중심, 논문집 24, 광주교육대학.
　　91~103쪽.
1983#주상대(1983), 훈민정음의 초성 자질 '려'에 대하여, 국문학연구 7, 효성여대 국어
　　국문학 연구실.
1983#최기호(1983), 훈민정음 창제에 대한 연구: 집현전과 언문 반대 상소, 동방학지
　　36·37, 연세대학교. 531~557쪽.24)
1983#한태동(1983), 훈민정음의 음성 구조, 537돌 한글날 기념 학술 강연회 자료집, 세
　　종대왕 기념사업회.
1984#강신항(1984), 세종조의 어문 정책, 세종조문화 연구 II, 한국정신문화연구원 3~
　　59쪽.
1984#김석득(1984ㄱ), 15세기 된소리 체계의 기능부담량: 훈민정음 각자병서와 형태적
　　자질과의 관계에서, 말소리 7·8, 대한음성학회. 40~52쪽.
1984#김석득(1984ㄴ), 훈민정음(해례)의 각자병서와 15세기 형태 자질과의 관계: 15세
　　기 된소리 음소의 기능부담량 측정을 위하여, 동방학지 42, 연세대학교. 1~32쪽.
1984#김완진(1984ㄱ), 훈민정음 창작의 목적, 국어와 민족문화(김민수 외 편), 집문당.
1984#김완진(1984ㄴ), 훈민정음 창제에 관한 연구, 한국문화 5, 서울대학교. 1~19쪽.
　　<김완진(1996)에 재수록>.
1984#김웅배(1984), 병서음가 고찰을 위한 훈민정음의 재검토, 인문과학 1, 목포대학교.
　　51~71쪽.
1984#김윤주(1984), 訓民正音 子音字와 加劃의 원리, 한성어문학 3, 한성어문학회. 87~98쪽.
1984#김차균(1984), 15세기 국어의 음운체계, 논문집 11-12, 충남대학교 인문과학연구소.
1984#리의도(1984), 훈민정음의 중성에 대한 새로운 해석, 한글 186, 한글 학회. 151~172쪽.
1984#송호수(1984ㄱ), 한글은 세종 이전에도 있었다, 광장 125, 세계교수평화협의회.
　　147~156쪽.

24) 김슬옹(2007)에는 '훈민정음 창제에 관한 연구'로 잘못 입력되었다.

1984#송호수(1984ㄴ), 한글은 세종 이전에도 있었다 2, 광장 127, 세계평화교수협의회. 96~107쪽.
1984#송호수(1984ㄷ), 한글의 뿌리: 한글은 세종 이전에도 있었다, 정우 4권 5호, 국회의원 동우회. 74~81쪽.
1984#송호수(1984ㄹ), 속 한글의 뿌리: 한글은 세종 이전에도 있었다 2, 정우 4권7호, 국회의원동우회. 124~133쪽.
1984#이경희(1984), 한글 창제와 왕권 강화, 서우연구논집 26, 이화여자대학교 사범대학 사회생활과. 13~23쪽.
1984#이근수(1984ㄱ), 한글과 일본 신대문자: "한글은 세종 이전에도 있었다"는 주장과 관련하여, 홍대논총 16, 홍익대학교. 363~398쪽.
1984#이근수(1984ㄴ), 한글은 세종 때 창제되었다, 광장 2월호, 세계평화교수협의회. 62~83쪽.
1984#이성구(1984), 훈민정음의 철학적 고찰: 해례본에 나타난 제자 원리를 중심으로, 논문집 8, 명지실업전문대학. 7~53쪽.
1984#이성연(1984), 훈민정음 창제에 관한 몇 가지 문제, 한글 185, 한글 학회. 147~170쪽.
1984#이정호(1984), 세종대왕의 철학정신: 인간 존엄사상과 훈민정음의 창제 원리를 중심으로, 세종조 문화연구 Ⅱ, 한국정신문화연구원. 308~343쪽.
1985#강규선(1985), 훈민정음과 성리학·운학과의 관계, 어문론집 4, 청주대학교 국어국문학과. 1~17쪽.
1985#김동언(1985), 훈민정음 국역본의 번역시기 문제, 한글 189, 한글 학회. 123~145쪽.
1985#김민수(1985ㄱ), 중모음 'ㅚ ㅟ'에 대하여, 인문론집 30, 고려대학교 문과대학. 1~8쪽.
1985#김민수(1985ㄴ), 훈민정음 해례의 번역에 대하여, 말 10, 연세대 한국어학당. 19~45쪽.
1985#김석득(1985), 책 소개: 박지홍 지은 '풀이한 훈민정음', 한글새소식 150, 한글학회.
1985#김완진(1985), 훈민정음 제작의 목적, 국어와 민족문화(김민수 외 편), 집문당. <김완진(1996)에 재수록>.
1985#김종택(1985), 한글은 문사 ㄱ ㅣㄹㅣ을 어떻게 채웠나, 멱남 김일근 박사 회갑 기념 어문학 논총.
1985#김차균(1985), 훈민정음 해례의 모음체계, 선오당 김형기 선생 팔질 기념 국어학 논총.
1985#박병채(1985), 문자 발달사상에서 본 한글, 국어생활 3, 국어연구소. 32~40쪽.[25]

25) 신창순(1990)에는 '박병체'로 잘못 입력되었다.

1985#성원경(1985), 숙종어제 '訓民正音後序' 내용 고찰, 멱남 김일근 박사 회갑 기념 어문학 논총, 건국대학교.

1985#송혜숙(1985), 훈민정음을 어떻게 가르칠 것인가, 배달말 가르침 9, 배달말학회.

1985#신방현(1985), 한글 그 우수성과 논리의 독특성: 훈민정음 창제의 배경과 발전과정, 공군 195, 공군본부.

1985#심재기(1985), 훈민정음의 창제, 한국사람의 말과 글, 지학사.

1985#안병희(1985), 훈민정음 사용에 관한 역사적 연구: 창세로부터 19세기까지, 동방학지 46·47·48, 연세대학교. 793~822쪽. <안병희(1992), 안병희(2007)에 재수록>.

1985#이근규(1985), 15세기 국어의 모음조화와 울림도 동화, 언어문학연구 5, 충남대학교 영어영문학과. 253~292쪽.

1985#이근수(1985), 훈민정음 창제와 관련되는 몇 가지 이야기들, 홍익 27, 홍익대학교.

1985#정　광(1985), 훈민정음과 한글표기법, 한일비교문화연구 1집.

1985#정병우(1985), 훈민정음 연구: 합자해·용자례·서를 중심으로, 논문집 26, 광주교육대학. 111~123쪽.

1985#조규태(1985), 훈민정음의 지도 방안에 대하여, 소당 천시권 박사 회갑 기념 국어학 논총, 형설출판사.

1985#한우근(1985), 사료로 본 한국문화사 조선전기편 "제삼장 한글의 창제", 일지사.

1986#강규선(1986), 훈민정음 창제 배경, 인문과학 논총 5, 청주대 인문과학연구소, 3~19쪽.

1986#강신항(1986), 화영편내(畵永編內) 훈민정음 관계 기사에 대하여, 박붕배 박사 화갑 기념 논문집, 배영사. 556~567쪽.

1986#강호천(1986), 훈민정음 제정의 음운학적 배경 1: 중국·몽고 운학을 중심으로, 어문논총 5, 청주대학교 국어국문학과 97~121쪽.

1986#김완진(1986), 훈민정음 이전의 문자생활, 국어생활 6, 국어연구소

1986#김익수(1986), 주자의 역학과 훈민정음 창제와의 관련성 연구, 경기어문학 7, 경기대학교.

1986#문효근(1986), 훈민정음의 '종성부용초성'의 이해: '종성해'와의 관련에서, 한글 193, 한글 학회. 139~162쪽.

1986#박지홍(1986), 원본 훈민정음의 짜임 연구: 예의와 꼬리말의 내용 견줌, 석당논총 12, 동아대학교. 141~156쪽.

1986#박지홍(1986), 훈민정음 제정의 연구: 자모 차례의 세움과 그 제정, 한글 191, 한글 학회. 105~120쪽.

1986#서경미(1986), 한자음표기법과 훈민정음, 덕성어문학 3집, 덕성여대.

1986#안병희(1986), 훈민정음 해례본의 복원에 대하여, 국어학 신연구(유목상 외 편, 김민수 교수 화갑 기념), 탑출판사. <안병희(1992)에 재수록>.

1986#이광호(1986), 훈민정음 해례본의 문자체계에 대한 해석, 어문학 논총 8, 국민대학교 어문학연구소. 109~127쪽.

1986#이근수(1986), 고유한 고대문자 사용설에 대하여, 국어생활 6, 국어연구소. 8~19쪽.

1986#이성구(1986ㄱ), 국어학계의 동양철학이론 적용 및 해석의 문제점, 미원 우인섭 선생 화갑 기념 논문집.

1986#이성구(1986ㄴ), 훈민정음 해례에 나타난 하도 원리와 중성, 국어국문학 95, 국어국문학회.

1986#이성구(1986ㄷ), 훈민정음 해례의 '聲, 音, 字'의 의미, 봉죽헌 박붕배 박사 회갑 기념 논문집, 배영사. 90~608쪽.

1986#이숭녕(1986), '말'과 '말씀'의 의미 식별에 대하여: "나랏말쓰미…"의 해석을 머금고, 동천 조건상 선생 고희 기념 논총, 개신어문연구회.

1986#이익수(1986), 주자의 역학과 훈미정음창제와의 관련성연구, 경기어문학 7집, 경기대.

1986#이현복(1986), 외국인은 한글을 이렇게 본다, 한글 새소식 170, 한글 학회. 4~5쪽.

1986#장영길(1986), 15세기 국어의 자음체계 연구: 그 음소 설정문제를 중심으로, 동악 어문논집 21집.

1986#정기호(1986ㄱ), 우리말과 한자의 음소 변천 비교 1: 훈민정음 해례본과 언해본을 중심으로, 부산한글 5, 한글학회 부산지회.

1986#정기호(1986ㄴ), 한자음소(Phoneme)의 체계 변천 고찰: 언해본 훈민정음에 나오는 한자를 중심으로, 청천 강용권 박사 송수 기념 논총.

1986#지춘수(1986ㄱ), 종성 'ㅇ'의 몇 가지 자질에 대하여, 국어학 신연구(유목상 외 편, 김민수 교수 화갑 기념), 탑출판사. 40~50쪽.

1986#지춘수(1986ㄴ), 훈민정음 초성 체계의 일고찰, 어문논총 2, 경희대 국어국문학과.

1900#최한렬(1986), 서평 훈민정음연구(이성구 저: 1985, 동문사 刊), 국어생활 5호, 국어연구소.

1987#고영근(1987), 서평 '훈민정음 연구'(강신항 저), 국어생활 10, 국어연구소. 121~124쪽.

1987#권택룡(1987), '훈민정음운해' 성모고, 박은용 박사 회갑 기념 논문집, 간행위원회.

1987#김영만(1987), 훈민정음 자형의 원형과 생성체계 연구, 장태진 박사 회갑 기념

국어국문학 논총, 삼영사.

1987#김영환(1987), '해례'의 중세적 언어관, 한글 198, 한글 학회. 131~158쪽.

1987#김용운(1987), 한국인의 자연관과 세종과학, 세종학연구 2, 세종대왕 기념사업회. 55~79쪽.

1987#김정수(1987), 한말[韓語] 목청 터짐소리 /ᅙ/의 실존, 한글 198, 한글 학회. 3~14쪽.

1987#문효근(1987), 훈민정음의 "ㅇ聲淡而虛"는 기(氣)의 있음, 한글 196, 한글 학회. 355~376쪽.

1987#박지홍(1987), 훈민정음을 다시 살핀다: 번역을 중심으로, 한글 196, 한글 학회. 341~353쪽.

1987#심재기(1987), Formation of Korean Alphabet, 어학연구 23-3, 서울대 어학연구소. 527~538쪽.

1987#여찬영(1987), 훈민정음의 언해에 대한 관견, 우정 박은용 박사 회갑 기념 논총, 한국어학과 알타이어학. 효성여대 출판부.

1987#이근규(1987), 정음 창제와 문헌 표기의 정립에 대하여, 언어 8, 충남대학교. 103~121쪽.

1987#이성구(1987), 훈민정음 해례의 하도(河圖) 원리와 중성, 열므나 이응호 박사 회갑 기념 논문집, 한샘. 281~304쪽.

1987#이환묵(1987), 훈민정음 모음자의 제자원리, 언어12-2, 한국언어학회. 347~357쪽.

1987#장태진(1987), 서구의 초기 언어계획 기관과 훈민정음 관계기관에 대하여, 우해 이병선 박사 회갑 기념 논총.

1987#정연찬(1987), 속자초발성(俗字初發聲)을 다시 생각해 본다, 국어학 16, 국어학회.

1988#강신항(1988), 서평 훈민정음 연구(이성구: 1985), 주시경학보 1, 탑출판사.

1988#권재선(1988ㄱ), 세종의 어제동국정운과 신숙주의 반절, 우리 말글 논문집, 우골탑.

1988#권재선(1988ㄴ), 훈민정음연구: 훈민정음의 문장분석에 의한 정음 독자적인 체계의 구명, 우리 말글 논문집, 우골탑.

1988#권재선(1988ㄷ), 훈민정음의 해석방법에 대한 이견(一)(二).

1988#김영송(1988), 훈민정음의 모음체계, 훈민정음의 이해(신상순·이돈주·이환묵 편), 한신문화사. 81~112쪽.

1988#김주원(1988), 모음조화와 설축: '훈민정음 해례'의 설축에 대하여, 언어학 9·10, 한국언어학회. 29~43쪽.

1988#김차균(1988), 훈민정음의 성조, 훈민정음의 이해(신상순·이돈주·이환묵 편),

한신문화사. 113~182쪽.

1988#박지홍(1988), 훈민정음에서 나타나는 역학적 배경, 훈민정음의 이해(신상순·이 돈주·이환묵 편), 한신문화사.

1988#이광호(1988), 훈민정음 '신제 28자'의 성격에 대한 연구, 배달말 13, 배달말학회. 47~66쪽.

1988#이근수(1988ㄱ), [홍기문(1946), '정음발달사'], 주시경학보 2, 주시경연구소.

1988#이근수(1988ㄴ), 한글 창제 과연 단군인가, 동양문학 2, 동양문학사. 276~287쪽.

1988#이돈주(1988ㄱ), 훈민정음의 해설, 훈민정음의 이해(신상순·이돈주·이환묵 편), 한신문화사. 1~40쪽.

1988#이돈주(1988ㄴ), 훈민정음의 중국 음운학적 배경, 훈민정음의 이해(신상순·이돈 주·이환묵 편), 한신문화사. 199~238쪽.

1988#이동림(1988), 훈민정음의 창제경위에 대하여, 이동림 박사 정년 기념 국어학 연 총, 집문당.

1988#이문수(1988), 세종의 복지정책에 관한 연구 4: 훈민정음 창제를 중심으로, 사회문 화 연구 7, 대구대 사회과학연구소. 47~65쪽.

1988#이병근(1988), 훈민정음의 초·종성 체계, 훈민정음의 이해(신상순·이돈주·이 환묵 편), 한신문화사. 59~80쪽.

1988#이응백(1988), 훈민정음 창제의 근본 뜻: 우민·이(耳)를 중심으로, 어문연구 57, 한국어문교육연구회(일조각). 118~124쪽.

1988#이환묵(1988), 훈민정음의 제자원리, 훈민정음의 이해(신상순·이돈주·이환묵 편), 한신문화사. 181~198쪽.

1988#장태진(1988), 훈민정음 서문의 담화구조, 꼭 읽어야 할 국어학 논문집(이동림 편), 집문당. 433~451쪽.

1988#최지훈(1988), 훈민정음 낱글자의 이름에 대하여, 한글 새소식 195, 한글 학회. 13~14쪽.

1988#허 웅(1988), 15세기의 음운 체계, 훈민정음의 이해(신상순·이돈주·이환묵 편), 한신문화사.

1989#강신항(1989), 서평 훈민정음 해석 연구(권재선 저), 국어국문학 101, 국어국문학회.

1989#강창석(1989), 훈민정음의 제작과정에 관한 몇 가지 문제, 울산어논문집 5, 울산대 학교 국어국문학과 21~49쪽.

1989#김광해(1989), 훈민정음과 108, 주시경 학보 4, 주시경연구소.

1989#김승곤(1989), 세종어제 훈민정음의 "ㄱ ㅋ ㆁ …" 들은 어떻게 읽어야 할 것인가?,

한글 새소식 201, 한글 학회. 13~14쪽.

1989#김종규(1989), 중세국어 모음의 연결제약과 음운현상, 국어연구 90, 국어연구회.

1989#남광우(1989), 한글날을 맞아 '훈민정음과 한글'을 생각해 본다, 어문연구 64, 한국
어문교육연구회(일조각). 394~408쪽.

1989#남풍현(1989), 훈민정음의 창제와 문화의 계승, 어문연구 64, 한국어문교육연구회
(일조각). 409~410쪽.

1989#리득춘(1989), 훈민정음 기원의 이설: 하도기원론, 중국조선어문 5, 중국 조선어문
잡지사. 11~17쪽.

1989#박지홍(1989), 훈민정음 제정에 따른 정음 맞춤법의 성립, 한글 새소식 204, 한글
학회. 16~17쪽.

1989#서정범(1989), 훈민정음의 창제와 한자음 개신, 어문연구 64, 한국어문교육연구회
(일조각). 411~412쪽.

1989#성기옥(1989), 용비어천가의 문학적 성격: 훈민정음 창제와 관련된 국문시가로서
의 역사적 의미를 중심으로, 진단학보 68, 진단학회. 143~170쪽.

1989#유창균(1989), 황극경세서가 국어학에 끼친 영향, 석당 논총 15, 동아대학교 석당
전통문화연구소. 69~102쪽.

1989#윤태림(1989), 한국의 문자생활과 교육에 대하여, 어문연구 64, 한국어문교육연구
회(일조각). 413~414쪽.

1989#이광호(1989), 훈민정음 해례본의 문자체계에 대한 해석, 어문학논총 8, 국민대
어문학연구소

1989#이기백(1989), 훈민정음의 운용, 어문연구 64, 한국어문교육연구회(일조각).
415~416쪽.

1989#이병운(1989), 훈민정음 중성자의 제자 원리, 부산한글 8. 한글 학회 부산지회.

1989#이승재(1989), 차자표기 연구와 훈민정음의 문자론적 연구에 대하여, 국어학 19,
국어학회. 203~240쪽.

1989#이웅백(1989), 훈민정음 훈습의 기본자료, 어문연구 64, 한국어문교육연구회(일조
각). 417~419쪽.

1989#정희성(1989), 수학적 구조로 본 훈민정음의 창제 원리, 1989년도 한글날 기념
학술 대회 논문집. 한국 인지과학회 · 정보과학회.

1989#최세화(1989), 세종어제 훈민정음 서문에 대해, 어문연구 64. 한국어문교육연구회
(일조각). 420~421쪽.

1989#河野六郎(1989), ハングルとその起源, 日本學士院紀要 43-3.

1989#홍윤표(1989), 한글 글자모양의 변천사, 폰트 개발과 표준화 워크숍 발표 논문집 한국정보과학회, S/W공학연구회.

1990#김광해(1990), 훈민정음 창제의 또 다른 목적, 강신항 교수 회갑 기념 국어학 논문집, 태학사 27~36쪽.

1990#김영황(1990), 최기의 정음표기법과 'ㅸ', 'ㅿ'의 음운성 문제, 김일성종합대학 학보 4, 6호<이득춘 편(2001), 조선어 력사언어학연구, 김영황 교수 논문집 연변대학교동방문화연구원>, 도서출판 역락 영인본. 105~126쪽.

1990#김홍규(1990), 국어국문학 고전 자료 처리의 전산화를 위한 훈민정음 코드 체계 구성 및 컴퓨터 처리 방안 연구, 민족문화연구 23, 고려대 민족문화연구소.

1990#남광우(1990), 훈민정음과 한글, 기전어문학 4, 수우너대 국어국문학회.

1990#려증동(1990ㄱ), 세종시대 언서책성에 대한 연구, 배달말 15, 배달말학회. 213~234쪽.

1990#려증동(1990ㄴ), 훈민정음을 반포한 일이 없었다. 어문연구 20, 어문연구회.

1990#박병채(1990), '세종대왕의 훈민정음 어제서문 재음미(이응백)'에 대한 논평, 어문연구 68, 한국어문교육연구회(일조각).

1990#신기상(1990), 훈민정음 부서법에 미친 한자 자형의 영향, 박사 이우성 선생 정년퇴직 기념 국어국문학 논총, 간행위원회.

1990#신창순(1990), 훈민정음 연구 문헌 목록, 정신문화 연구 38, 한국정신문화연구원. 213~229쪽.

1990#안병희(1990ㄱ), 훈민정음 언해의 두어 문제, 벽사 이석성 선생 정년퇴임 기념 국어국문학 논집, 여강출판사. 21~33쪽. <안병희(1992), 안병희(2007)에 재수록>

1990#안병희(1990ㄴ), 훈민정음의 제자 원리에 대하여, 강신항 교수 회갑 기념 논집, 태학사. <안병희(1992)에 재수록>.

1990#이돈주(1990), 훈민정음의 창제와 중국음운학적 이론의 수용, 조선어교육 4, 일본: 근기대학교(近畿大學校).

1990#이성구(1990), 훈민정음 해례의 철학사상에 관한 연구, 난정 남광우 박사 고희 기념 논문집, 한국어문교육연구회.

1990#이응백(1990), 세종대왕의 훈민정음 어제서문의 재음미, 어문연구 68, 한국어문교육연구회(일조각). 450~458쪽.

1990#이현복(1990), 자랑스런 우리의 말과 글, 산업디자인 112, 한국디자인포장센터. 6~11쪽.

1990#이현희(1990), 훈민정음, 국어연구 어디까지 왔나(서울대 대학원 국어연구회 편), 동아출판사. 615~631쪽.

1990#정철주(1990), 중세국어의 이중모음과 활음화: 훈민정음 창제 초기 문헌을 중심으로, 계명어문학 5, 계명어문학회. 103~121쪽.

1990#천병식(1990), 언해문학: 번역 문학사의 정립을 위하여, 인문논총 1, 아주대학교 인문과학연구소. 21~40쪽.

1990#한재영(1990), 방점의 성격 규명을 위하여, 강신항 교수 회갑 기념 국어학 논문집.

1991#강신항(1991ㄱ), 왕권과 훈민정음 창제, 겨레문화 5, 한국겨레문화연구원.

1991#강신항(1991ㄴ), 왕권과 훈민정음 창제, 조선학보 138, 조선학회

1991#김광해(1991), 훈민정음과 불교, 인문학보 12, 강릉대 인문과학연구소

1991#김주보(1991), 훈민정음 해례에 나타난 국어 어휘고, 반교어문연구 3, 반교어문연구회.

1991#김주필(1991), 훈민정음 창제의 언어내적 배경과 기반, 국어학의 새로운 인식과 전개(서울대학교 대학원 국어연구회 편, 김완진 선생 회갑 기념 논총), 민음사. 89~107쪽.

1991#김진규(1991), 훈몽자회의 인(引)·범례 소고: 훈민정음 해례와 훈몽자회 범례의 음소배열을 중심으로, 논문집 29, 공주대학교. 67~86쪽.

1991#박지홍(1991), 훈민정음 '제자해'의 짜임 분석: 결의 '음양오행상시종'(陰陽五行相始終)의 뜻을 밝히기 위해, 들메 서재극 박사 환갑 기념 논문집, 간행위원회.

1991#변정용(1991), 훈민정음 창제 원리와 한글코드 제정 원리, 제3회 한글 및 한국어 정보처리 학술논문집, 정보과학회.

1991#서재극(1991), 훈민정음의 '母字之音', 국어의 이해와 인식(갈음 김석득 교수 회갑 기념 논문집), 한국문화사.

1991#송기중(1991), 세계의 문자와 한글, 언어 16권 1호 한국언어학회 153~180쪽.

1991#이광호(1991), 문자 훈민정음의 논리성, 국어의 이해와 인식(갈음 김석득 교수 회갑 기념 논총), 한국문화사.

1991#이승재(1991), 훈민정음의 언어학적 이해, 언어 16권 1호, 한국언어학회. 181~211쪽.

1991#이현희(1991), 훈민정음의 이본과 관련된 몇 문제, 어학교육 21, 전남대학교 언어교육원. 59~74쪽.

1991#임용기(1991), 훈민정음의 이본과 언해본의 간행시기에 대하여, 국어의 이해와 인식(갈음 김석득 교수 회갑 기념 논문집), 한국문화사. 673~696쪽.

1991#정우상(1991), 훈민정음의 통사 구조, 갈음 김석득 교수 회갑 기념 논문집, 한국문화사.

1991#홍윤표 외(1991), 한글 옛글자의 컴퓨터 처리 방안에 대한 연구, 한국어 전산학

창간호, 한국어전산학회.

1992#Byoung-ho Park.(1992), King Sejong's Contributions to the Development of Legal Institutions, *King Sejong the Greatthe light of 15th century Korea* [edited by Young-Key Kim-Renaud], International Circle of Korean Linguistics

1992#Don Baker(1992), King Sejong the Great: Bringing Heaven and Earth into Harmony, *King Sejong the Great-the light of 15th century Korea* [edited by Young-Key Kim-Renaud], International Circle of Korean Linguistics.

1992#Hwi Joon Ahnr(1992), Ceramic Art of Early Choson Dynasty, *King Sejong the Great-the light of 15th century Korea* [edited by Young-Key Kim-Renaud], International Circle of Korean Linguistics.

1992#Mark Peterson(1992), The Sejong Sillok, *King Sejong the Great-the light of 15th century Korea* [edited by Young-Key Kim-Renaud], International Circle of Korean Linguistics.

1992#Martina Deuchler.(1992), Rites in Early Choson Korea, *King Sejong the Great-the light of 15th century Korea* [edited by Young-Key Kim-Renaud], International Circle of Korean Linguistics.

1992#Milan Hejtmanek(1992), Chiphyonjon, *King Sejong the Great-the light of 15th century Korea* [edited by Young-Key Kim-Renaud], International Circle of Korean Linguistics.

1992#Peter H, Lee(1992), King Sejong and Songs of Flying Dragons, *King Sejong the Great-the light of 15th century Korea* [edited by Young-Key Kim-Renaud], International Circle of Korean Linguistics.

1992#Pokee Sohn(1992), King Sejong's Innovations in Printing, *King Sejong the Great-the light of 15th century Korea* [edited by Young-Key Kim-Renaud], International Circle of Korean Linguistics.

1992#Robert C, Provine(1992), King Sejong and Music, *King Sejong the Great-the light of 15th century Korea* [edited by Young-Key Kim-Renaud], International Circle of Korean Linguistics.

1992#S, Robert Ramsey.(1992), The Korea Alphabet, *King Sejong the Great-the light of 15th century Korea* [edited by Young-Key Kim-Renaud], International Circle of Korean Linguistics.

1992#Sang-woon Jeon · ae-jin Yi(1992), *Science, Technology, and Agriculture in Fifteenth Century Korea, King Sejong the Great-the light of 15th century Korea* [edited by Young-Key Kim-Renaud], International Circle of Korean Linguistics.

1992#Won Sik Hong · uae Jung Kim(1992), King Sejong's Contribution to Medicine, *King Sejong the Great-the light of 15th century Korea* [edited by Young-Key Kim-Renaud], International Circle of Korean Linguistics.

1992#Yersu Kim(1992), Confucianism under King Sejong, *King Sejong the Great-the light of 15th century Korea* [edited by Young-Key Kim-Renaud], International Circle of Korean Linguistics.

1992#강신항(1992), 개화기의 훈민정음 연구, 훈민정음과 국어학, 전남대 어학연구소.

1992#김무림(1992), 훈민정음의 후음 고찰, 한국어문교육 6, 고려대학교 사범대학 국어교육학회. 31~58쪽.

1992#김민수(1992), 밀실에서 비밀리에 만들어진 훈민정음, 한국인 11-11, 사회발전연구소.

1992#김주보(1992), 훈민정음 해례에 나타난 국어 어휘고: 어휘소멸과 어의변화를 중심으로, 반교어문연구 3, 반교어문학회. 28~51쪽.

1992#김창주(1992), 중국운서가 훈민정음 창제에 미친 영향 연구, 논문집 29, 예산농업전문대학. 87~92쪽.

1992#김혜영(1992), 훈민정음의 중성 체계와 15세기 국어의 모음 체계, 경남어문논집 5, 경남대 국어국문학과.

1992#문태경(1992), 훈민정음 창제의 배경과 동기, 대신문화 15, 대신문화편집위원회.

1992#박종희(1992), 훈민정음의 후음 체계, 원광대 대학원 논문집 10, 원광대학교 대학원. 7~37쪽.

1992#박지홍(1992), '훈민정음 연구' 분야에 대하여, 한글 216, 한글 학회. 115~142쪽.

1992#변정용(1992), 훈민정음 창제 원리와 한글코드 제정원리: 자소형 제안, 제4회 한글 및 한국어 정보처리 학술발표 논문집, 정보과학회.

1992#이광호(1992ㄱ), 훈민정음 '新制二十八字'의 '신제'에 대하여, 한국어문학 연구 4, 한국외국어대학교. 21~34쪽.

1992#이광호(1992ㄴ), 훈민정음 제자의 논리성, 정신문화연구 48, 한국정신문화연구원. 189~193쪽.

1992#이근수(1992), 훈민정음, 국어학 연구 100년사(Ⅱ)(김민수 교수 정년 퇴임 기념 논

문집), 일조각. 491~500쪽.

1992#이기문(1992), 훈민정음 친제론, 한국문화 13, 서울대학교 한국문화연구소. 1~18쪽.

1992#이윤재(1992), 세종과 훈민정음, 한메 이윤재 선생 기념 문집, 국립국어연구원.

1992#임용기(1992), 훈민정음에 나타난 삼분법의 형성 과정에 대하여, 세종학 연구 7, 세종대왕 기념사업회. 73~97쪽.

1992#전남대 어학연구소 편(1992), 훈민정음과 국어학, 전남대학교 출판부.

1992#황패강(1992), 훈민정음 창제와 장편서사시, 도솔어문 7, 단국대 국어국문학과.

1993#강신항(1993), '한글갈'의 훈민정음, 새국어 생활 3, 국립국어연구원. 100~113쪽.

1993#菅野裕臣(1993), '훈민정음'과 다른 문자 체계의 비교, 국어사 자료와 국어학의 연구(안병희 선생 회갑 기념 논총, 서울대 대학원 국어연구회 편), 문학과 지성사.

1993#김석연(1993), 정음 사상의 재조명과 부흥, 한글 219, 한글학회. 155~217쪽.

1993#김슬옹(1993), 세종과 최만리의 논쟁을 통해 다시 생각해 보는 한글 창제의 역사적 의미, 한글 새소식 255, 한글 학회.

1993#김정수(1993), 훈민정음 'ㅇ'의 소릿값, 한양어문연구 11, 한양대 한양어문연구회.

1993#김혜영(1993), 훈민정음의 중성체계와 15세기 국어의 모음체계, 경남 어문논집 5, 경남대학교 문과대학 국어국문학과. 235~253쪽.

1993#려증동(1993), '집현전 7학사 하옥사건'에 대하여, 한국언어문학 28, 한국언어문학회.

1993#문효근(1993), 훈민정음 제자 원리, 세종학 연구 8, 세종대왕 기념사업회. 3~282쪽.

1993#박동근(1993), 훈민정음에 나타난 예악과 정음·정성 사상과의 관계, 한중 음운학 논총 1(춘허 성원경 박사 화갑 기념 논총 간행위원회), 서광학술자료사. 279~294쪽.

1993#박창원(1993), 훈민정음 제자의 '理'에 대한 고찰, 국어사 자료와 국어학의 연구(안병희 선생 회갑 기념 논총), 서울대 대학원 국어연구회 편, 문학과지성사.

1993#성원경(1993), 훈민정음 해례본에 있어서의 문제점 소고, 인문과학논총 25, 건국대학교. 139~149쪽.

1993#안병희(1993), 북한의 훈민정음 연구: 외국학자가 본 훈민정음과 북한의 훈민정음 연구, 문화체육부 학술회의. <[안병희(2007), 279~291쪽]에 재수록>.

1993#이성구(1993), 훈민정음 해례에 나타난 '천'과 '지'의 의미, 논문집 17, 명지실업전문대학. 1~21쪽. <[춘허 성원경 박사 화갑 기념 논총 간행위원회, 한중 음운학 논총 1권, 123~140쪽]에 재수록>.

1993#정우상(1993), 훈민정음의 통사 구조, 한중 음운학 논총 1권, 춘허 성원경 박사 화갑 기념 논총 간행위원회, 서광학술자료사. 113~121쪽.

1993#조오현(1993), 15세기 모음 체계에 대한 연구 흐름, 한중 음운학 논총 1권, 춘허 성원경 박사 화갑 기념 논총 간행위원회, 서광학술자료사. 177~192쪽.

1993#허재영(1993), 훈민정음에 나타난 성운학의 기본 개념, 한중 음운학 논총(춘허 성원경 박사 화갑 기념 논총 간행위원회) 1권, 서광학술자료사. 295~314쪽.

1994#Diamond, Jared(1994), Writing Right, *Discover* June(이현복 간추려 옮김, 바른 글자살이, 한글 새소식 264), 한글 학회/이광호, 디스커버지의 한글 극찬: ,올바른 표기법, 말글생활 2, 말글사).

1994#김무식(1994), 훈민정음과 하향적 음 분석 방법, 우리말의 연구(외골 권재선 박사 화갑 기념 논문집 간행위원회 엮음, 우골탑).

1994#김미라(1994), 훈민정음 종성 규정 고, 홍익어문 13, 홍익어문연구회.

1994#김민수(1994), 훈민정음 반포와 팔종성의 문제, 어문연구 81 · 82, 한국어문교육연구회(일조각).

1994#김영황(1994), 훈민정음 중성자 ‘ㆍ’와 관련하여 제기되는 몇 가지 문제, 조선어문 2<이득춘 편(2001), 조선어 력사언어학연구: 김영황 교수 논문집, 연변대학교 동방문화연구원>, 도서출판 역락 영인본. 89~104쪽.

1994#리득춘(1994), 훈민정음 창제의 리론적 기초와 중국음운학, 조선어 한자어음 연구, 서광학술자료사.

1994#박창원(1994), 15세기 국어의 자음체계의 변화와 통시적 성격(Ⅰ): ‘ㅸ’의 변화를 중심으로, 인하언문연구 창간호. 571~600쪽.

1994#박흥호(1994), ‘한글의 과학성’ 정밀 분석: 한글 왜 과학적인가, 과학동아 10월호, 동아사이언스. 98~129쪽.

1994#백두현(1994), ‘훈민정음의 표기법과 음운(권재선 저)’ 서평, 영남어문학 23, 영남어문학회.

1994#변정용(1994), 훈민정음 원리의 공학화에 기반한 한글 부호계의 발전 방향, 정보과학회지 12권 8호, 한국정보과학회.

1994#서재극(1994), 훈민정음의 한자 사성 권표, 우리말의 연구(외골 권재선 박사 화갑 기념 논문집 간행위원회 엮음), 우골탑. 39~50쪽.

1994#신경철(1994), 한글 모음자의 형성 변천 고찰, 한국언어문학 3, 한국언어문학회. 375~397쪽.

1994#신창순(1994), 훈민정음의 기능적 고찰, 어문연구 81 · 82, 한국어문교육연구회(일조각). 276~286쪽.

1994#오정란(1994), 훈민정음 초성 체계의 정밀 전사의식, 논문집 23, 광운대학교 기초

과학연구소. 9~24쪽.

1994#이가원(1994), 훈민정음의 창제, 열상고전 연구 7, 열상고전연구회. 5~24쪽.

1994#이근수(1994), 훈민정음의 언어철학적 분석, 인문과학 1, 홍익대학교. 83~102쪽.

1994#이득춘(1994), 훈민정음 창제의 리론적 기초와 중국음운학, 조선어 한자어음연구, 서광학술자료사.

1994#이석주(1994), 문자의 발달과 한글, 한성어문학 13, 한성대학교 한국어문학부. 3~52쪽.

1994#이성구(1994), 훈민정음 해례의 취상(取象)과 취의(取義), 논문집 18, 명지실업전문대학. 1~17쪽.

1994#이성연(1994), 훈민정음 창제 과정에 대한 연구, 한국언어문학 32, 형설출판사 65~80쪽.

1994#이성일(1994), 훈민정음 서문과 King Alfred의 Cura Pastorails 서문, 인문과학 71, 연세대학교. 191~208쪽.

1994#이응백(1994), 훈민정음에 나타난 세종대왕의 생각, 어문연구 81·82, 한국어문교육연구회(일조각).

1994#정병우(1994), 훈민정음 연구: 제자해 중심으로, 국어교육연구 6, 광주교육대학 초등국어교육학회. 1~14쪽.

1994#정희성(1994), 훈민정음의 창제 원리를 위한 과학 이론의 성립, 한글 224, 한글학회. 193~222쪽.

1994#최명재(1994), 훈민정음의 '異乎中國'에 관한 고찰, 어문연구 81·82, 한국어문교육연구회(일조각). 179~185쪽.

1994#최상진(1994), 훈민정음 음양론에 의한 어휘의미 구조 분석, 국어국문학 111, 109~132쪽.

1994#허재영(1994), 한글날 들려주는 훈민정음 이야기, 함께여는 국어교육 21, 전국국어교사모임.

1995#G. 샘슨/서재철 옮김(1995), 자질 문자 체계: 한국의 한글, 초등국어교육 논문집 1, 강원초등국어교육학회. 137~157쪽.

1995#강창석(1995), 훈민정음 연구의 성과와 과제, 광복 50주년 국학의 성과, 정신문화연구원.

1995#권재선(1995), 훈민정음 창제와 세종대왕, 한글사랑 2, 한글사.

1995#김슬옹(1995), 훈민정음 언해본(희방사본)의 희방사를 찾아서, 함께여는 국어교육 25, 전국국어교사모임.

1995#김차균(1995), 현대 언어학과 집현전 음운학파의 전통, 논문집 45, 충남대학교 인문과학연구소. 243~284쪽.

1995#박창원(1995), 15세기 국어의 자음체계의 변화와 통시적 성격(Ⅱ): 치음의 變化를 중심으로, 애산학보 16, 애산학회. 69~102쪽.

1995#송 민(1995), 외국학자의 훈민정음 연구, 어문학 논총 14, 국민대학교 어문학연구소.

1995#伊藤 英人(1995), 신경준의 '운해 훈민정음'에 대하여, 국어학 25. 293~306쪽.

1996#강창석(1996), 한글의 제자 원리와 글자꼴, 새국어 생활 6권 2호, 국립국어연구원. <[문화체육부, 21세기의 한글, 19~35쪽.]에재수록>.

1996#김근수(1996ㄱ), 국역 세종친제 훈민정음서 고, 한국학연구 42, 한국학연구소. 3~4쪽.

1996#김근수(1996ㄴ), 훈민정음 문헌 고, 한국학 연구 42, 한국학 연구소. 5~18쪽.

1996#김동소(1996), 중세 한국어의 종합적 연구: 표기법과 음운 체계, 한글 231, 한글학회. 5~42쪽.

1996#김석연(1996), 한글·한국어 교육의 세계화 시대는 훈민정음의 재조명과 부흥책을 촉구한다, 제5회 국제 한국어 학술대회 발표 자료집, 한글 학회.

1996#김성렬(1996), 훈민정음 창제와 음절 인식에 대하여, 중한 인문과학연구 1, 국학자료원. 71~85쪽.

1996#김영국(1996), 훈민정음 창제 이후의 성조설에 대한 비판적 고찰, 동악어문논집 31, 동악어문학회.

1996#김용경(1996), 훈민정음에 나타난 이원적 언어관, 한말연구 2, 한말연구학회 53~64쪽.

1996#송기중(1996), 세계의 여러 문자와 한글, 새국어 생활 6권 2호, 국립국어연구원 65~83쪽.

1996#심소희(1996), 한글음성문자(The Korean Phonetic Alphabet)의 재고찰, 말소리 31-32, 대한음성학회. 23~50쪽.

1996#안병희(1996), 훈민정음의 '편어일용이(便於日用耳)'에 대하여, 청범 진태하 교수 계칠 송수 기념 어문학 논총, 태학사. 621~628쪽.

1996#염호상(1996), 훈민정음을 국보 1호로, 세계일보 1111, 세계일보사.

1996#왕석천 외(1996), 훈민정음적 영성모, 외국문화연구 19, 조선대 외국문화연구소

1996#이기문(1996), 현대적 관점에서 본 한글, 새국어 생활 6권 2호, 국립국어연구원.

1996#임용기(1996), 삼분법의 형태 배경과 '훈민정음'의 성격, 한글 233호, 한글 학회.

5~68쪽.

1996#정철주(1996), 한음과 현실 한자음의 대응: 15세기 현실 한자음의 치음을 중심으로, 어문학59, 한국어문학회. 481~496쪽.

1996#정화순(1996), 음악에 있어서 훈민정음 성조의 적용 실태: 용비어천가에 기(基)하여, 청예논총 10, 청주대학교 예술문화연구소. 335~396쪽.

1996#조석환(1996), 훈민정음 원리 지키며 쉽고 편하게…, 중앙일보 1010, 중앙일보사

1996#최명재(1996), 훈민정음과 최항 선생: 훈민정음 창제의 주체와 동국정운 및 용비어천가의 선술에 관한 연구, 정문당.

1996#최형인·이성진·박경환(1996), 훈민정음 해례본 글꼴의 기하학적 구성에 관한 기초 연구, 새국어 생활 6권 2호, 국립국어연구원. 36~64쪽.

1996#허 웅(1996), 훈민정음의 형성 원리와 전개 과정, 세계의 문자, 예술의전당.

1997#AINHANG KANG, The Vowel System of the Korean Alphabet and Korean Readings of Chinese Characters(Edited by YOUNG-KEY KIM-RENAUD (1997), *THE KOREAN ALPHABET,* University of Hawaii Press).

1997#CHIN W. KIN. The Structure of Phonological Units in Han'gŭl(Edited by YOUNG-KEY KIM-RENAUD(1997), *THE KOREAN ALPHABET,* University of Hawaii Press).

1997#GARI LEDYARD, The International Linguistic Background of the Correct Sounds for the Instruction of the People(Edited by YOUNG-KEY KIM-RENAUD(1997), *THE KOREAN ALPHABET,* University of Hawaii Press).

1997#HO-MIN SOHN, Orthographic Divergence in South and North Korea: Toward a Unified Spelling System(Edited by YOUNG-KEY KIM-RENAUD(1997), *THE KOREAN ALPHABET,* University of Hawaii Press).

1997#KI-MOON LEE, The Inventor of the Korean Alphabet(Edited by YOUNG-KEY KIM-RENAUD.(1997), *THE KOREAN ALPHABET,* University of Hawaii Press).

1997#PYONG-HI AHN, The Principles Underlying the Invention of the Korean Alphabet(Edited by YOUNG-KEY KIMRENAUD(1997), THE KOREAN ALPHABET, University of Hawaii Press).

1997#ROSS KING, Experimentation with Han'gŭ in Russia and the USSR.(1914-1937(Edited by YOUNG-KEY KIM-RENAUD(1997), THE KOREAN

ALPHABET, University of Hawaii Press).

1997#S, ROBERT RAMSEY, The Invention of the Alphabet and the History of the Korean Language(Edited by YOUNGKEY KIM-RENAUD(1997), *THE KOREAN ALPHABET*. University of Hawaii Press).

1997#SANG-OAK LEE, Graphical Ingenuity tn the Korean Writing System: With New Reference to Calligraphy(Edited by YOUNG-KEY KIM-RENAUD. (1997), *THE KOREAN ALPHABET*. University of Hawaii Press).

1997#Young-Key Kim-Renaud(edited by)(1997), Honolulu: *The Korean Alphabet*, University of Hawai'i Press.

1997#YOUNG-KEY KIM-RENAUD, The Phonological Analysis Reflected in the Korean Writing System(Edited by YOUNGKEY KIM-RENAUD(1997), *THE KOREAN ALPHABET*. University of Hawaii Press).

1997#권재선(1997), 제자해 해석상의 문제점과 그 해명, 한글 235, 한글 학회. 175~203쪽.

1997#김무림(1997), 동국정운의 편운과 훈민정음의 중성, 국어학연구의 새 지평, 태학사.

1997#김민수외(1997), 『외국인의 한글연구』, 태학사.

1997#김상돈(1997), 훈민정음의 삼분적 요소에 대하여, 한국어학의 이해와 전망(일암 김응모 교수 화갑 기념 논총 간행위원회 엮음), 박이정. 717~728쪽.

1997#김석연(1997), 훈민정음의 음성과학적·생성적 보편성에 대하여: 한국어 교육의 세계화 시대는 훈민정음의 재조명과 부흥책을 촉구한다, 교육한글 10, 한글 학회. 181~207쪽.

1997#김석환(1997), 『훈민정음 연구』, 한신문화사.

1997#김슬옹(1997), 세종 탄신 600돌의 진정한 의미 설정을 위하여, 나라사랑 94, 외솔회. 156~159쪽.

1997#김영국(1997), 훈민정음 해례본의 사성 체계와 방침, 동악어문논집 32, 동국대 동악어문학회. 87~110쪽.

1997#남광우(1997), 세종대왕의 훈민정음 창제 정신의 재조명: 현 어문·어문교육 정책 비판과 그 대안 제시, 어문연구 94, 한국어문교육연구회(일조각). 5~23쪽.

1997#남풍현(1997), 훈민정음의 창제 목적, 국어학 연구의 새 지평(성재 이돈주 선생 화갑 기념 논총 간행위원회 편), 태학사.

1997#렴광호(1997), 훈민정음 제자와 관련된 몇 가지 문제, 중국 조선어문 4, 중국 조선어문잡지사. 29~33쪽.

1997#박창원(1997), 훈민정음의 '상형'에 대하여, 연구 발표 대회(1997), 한글학회

1997#송기중(1997), 동북아시아 역사상의 제문자와 한글의기원, 진단학보 84. 진단학회. 203~226쪽.

1997#안병희(1997ㄱ), 훈민정음 해례본과 그 복제에 대하여, 진단학보 84, 진단학회. 191~202쪽. <안병희(2007)에 재수록>.

1997#안병희(1997ㄴ), 훈민정음서의 '便於日用'에 대하여, 어문학논총(청범 진태하 교수 계칠 송수 기념), 간행위원회.

1997#안병희(1997ㄷ), The Principles Underlying the Invention of the Korean Alphabet, The Korean Alphabet: Its History and Structure(ed by Young-key Kim-Renaud), Univ, of Hawaii Press, 89~106쪽.

1997#오 만(1997ㄱ), 훈민정음 기원설, 배달말 22, 배달말학회.

1997#오 만(1997ㄴ), On the Origin of Hun Min Jeong Uem: Focused on Denying and Commending on the Origin of Japanese 'Jin Dai' Letters, Korean Language 22.

1997#우메다 히로유키(1997), 훈민정음의 문자론적 의의, 한글 새소식 297, 한글 학회.

1997#유만근(1997), 15세기 훈민정음 표음력 회복 문제, 어문연구 94, 한국어문교육연구회(일조각).

1997#윤장규(1997), 훈민정음에 치음 'ㅈ'에 대한 두 과제, 성균어문연구 32, 성균관대학교 국어국문학회. 73~82쪽.

1997#이근수(1997), 훈민정음 창제와 조선왕조, 인문과학 4, 홍익대 인문과학연구소. 5~20쪽.

1997#이기문(1997), The Inventor of the Korean Alphabet, The Korean Alphabet: Its History and Structure. Univ. of Hawaii Press, 89~106쪽.

1997#이병기(1997), 세종대왕과 한글, 나라사랑 94, 외솔회. 32~34쪽.

1997#이상혁(1997), 우리 말글 명칭의 역사적 변천과 의미, 한국어학의 이해와 전망(일암 김응모 교수 화갑 기념 논총 간행위원회 엮음), 박이정. 793~812쪽.

1997#이현희(1997), 훈민정음, 새국어 생활 7-4, 국립국어연구원, 237~254쪽.

1997#임용기(1997), 세종대왕과 훈민정음의 창제, 나라사랑 94, 외솔회. 71~103쪽.

1997#조철수(1997), 훈민정음은 히브리문자를 모방했다: 한글의 비밀을 밝힌다, 신동아 452, 동아일보사. 360~373쪽.

1997#진태하(1997), 훈민정음의 창제 연대와 한글날, 어문연구 94, 한국어문교육연구회(일조각).

1997#최명재(1997), 훈민정음과 최항 선생: 훈민정음 창제의 주체와 동국정운 및 용비

어천가의 찬술에 대한 연구, 정문당.

1997#최민홍(1997), 훈민정음은 인류의 문화·정신 유산, 한글새소식 303, 한글학회.

1997#최상진(1997), 훈민정음의 언어 유기체론에 대하여, 논문집 26, 경희대학교. 79~96쪽.

1997#최세화(1997ㄱ), 훈민정음 낙장의 복원에 대하여, 국어학 29, 국어학회. 1~32쪽.

1997#최세화(1997ㄴ), 훈민정음 해례 후서의 번역에 대하여, 동국어문학 9, 동국대 국어교육과. 1~26쪽.

1997#콘체비치(Lev Kontsevich)(1997), '훈민정음'은 한국 전통적인 언어학적 이론의 초석이다: 세종대왕 탄신 600돌에 대하여, 세종대왕 탄신 600돌 기념 유네스코 제8회 세종대왕상 시상 및 국제학술회의 논문초록: 문맹 퇴치와 한글, 문화체육부 유네스코 주최/국제한국어교육학회 주관.

1997#허 웅(1997), 훈민정음과 문맹 퇴치, 한글새소식 302, 한글학회.

1997#홍윤표(1997ㄱ), 훈민정음은 왜 창제하였나?, 함께여는 국어교육 32, 전국국어교사모임. 245~259쪽.

1997#홍윤표(1997ㄴ), 훈민정음의 현대적 의미, 세종시대 문화의 현대적 의미, 정신문화연구원.

1998#Gari Ledyard(1998), *The Korean Language Reform of 1446*, 국립국어연구원 총서 2, 신구문화사.

1998#Young-Key Kim-Renaud(edited by), *King Sejong the Greatthe light of 15th century Korea*, International Circle of Korean Linguistics(김영기 편/한은주 역(1998), 세종대왕, 신구문화사).

1998#권재선(1998), 한글 반포에 대한 고찰, 어문학 64, 한국어문학회. 1~24쪽.

1998#김무식(1998), '훈민정음'에 나타난 음성학 술어의 특징과 의미, 수련어문논집 24, 수련어문학회. 1~16쪽.

1998#김석득(1998), 세종 시대의 국어학, 세종문화사 대계 1(어학·문학), 세종대왕 기념사업회. 91~197쪽.

1998#김승곤(1998), 세종 시대의 어문 정책, 세종문화사 대계 1(어학·문학), 세종대왕 기념사업회. 201~303쪽.

1998#김영배·김무봉(1998), 세종 시대의 언해, 세종문화사 대계 1(어학·문학), 세종대왕 기념사업회. 307~415쪽.

1998#김완진(1998), *A Dual Theory in the Creation of the Korean Alphabet*, 아시아의 문자와 문맹, 고려대언어정보연구소.

1998#김혜영(1998), 훈민정음의 유음 검토, 경남어문논집 9·10, 경남대 국어국문학과.

1998#문효근(1998), 훈민정음의 형체학적 풀이: 'ㅇ'의 형체를 밝히기 위하여, 동방학지 100, 연세대학교 국학연구원. 185~238쪽.

1998#박지홍(1998), 훈민정음 해례에 나타나는 수수께끼 하나, 한글 새소식 308, 한글 학회. 4~6쪽.

1998#박창원(1998), 한국인의 문자생활사, 동양학 28, 단국대학교 동양학연구소 57~88쪽.

1998#성철재(1998ㄱ), 훈민정음 1, 한국경제 1201, 한국경제신문사.

1998#성철재(1998ㄴ), 훈민정음 2, 한국경제 1201, 한국경제신문사.

1998#성철재(1998ㄷ), 훈민정음 3, 한국경제 1201, 한국경제신문사.

1998#신경철(1998), 훈민정음의 모음자와 모음체계 신고, 한국어교육 9-1, 국제한국어 교육학회. 149~162쪽.

1998#연호탁(1998), 한글의 기원에 관한 고찰, 논문집 26, 관동대학교. 49~64쪽.

1998#오 만(1998), 훈민정음 기원설: 일본 '신대문자 기원설'을 비판·부정한다, 배달말 22, 배달말학회. 121~135쪽.

1998#이상혁(1998), 언문과 국어 의식: 중세와 실학 시대의 '훈민정음'과 '언문' 개념의 비교를 중심으로, 국어국문학 121, 애플기획.

1998#장수환(1998), 성왕의 훈민정음 정신을 되살려 내자, 한글새소식 309, 한글학회.

1998#정 광(1998), 홍윤표 '훈징정음의 현대적 의미'에 대한 논평, 보고논총 98-2, 정신 문화연구원.

1998#조규태(1998), 훈민정음 창제와 상상력, 인문학 연구 4, 경상대 인문학연구소 <[조규태(2000), 번역하고 풀이한 훈민정음, 한국문화사. 113~136쪽.]에 재 수록>.

1998#조희웅(1998), 세종시대의 산문문학, 세종문화사 대계 1(어학·문학), 세종대왕 기념사업회 501~607쪽.

1998#진태하(1998), 훈민정음에 대한 남북한의 오류와 통일안, 새국어 교육 55, 한국국 어교육학회. 165~183쪽.

1998#최 철(1998), 세종 시대의 시가 문학, 세종문화사 대계 1(어학·문학), 세종대왕 기념사업회. 419~498쪽.

1998#최민홍(1998), 훈민정음이 말한 세 가지 정신, 한글 새소식 311, 한글 학회.

1998#한국정신문화연구원 편집부(1998), 세종 시대 문화의 현대적 의미, 한국정신문화 연구원.

1998#허 웅(1998ㄱ), 세종 시대 우리 옛말본 체계, 세종문화사 대계 1(어학·문학), 세종대왕 기념사업회. 49~87쪽.

1998#허 웅(1998ㄴ), 세종 시대 우리말의 음운체계, 세종문화사 대계 1(어학·문학), 세종대왕 기념사업회. 7~48쪽.

1998#허 웅(1998ㄷ), 훈민정음은 제 구실을 다했는가? 1, 한글새소식 312, 한글학회.

1998#허 웅(1998ㄹ), 훈민정음은 제 구실을 다했는가? 2, 한글새소식 313, 한글학회.

1998#허 웅(1998ㅁ), 훈민정음이 말한 세 가지 정신, 한글새소식 311, 한글학회.

1998#현용순(1998), 훈민정음 서체의 조형적 특성에 관한 연구, 생활문화예술론집 21, 건국대학교 생활문화연구소.

1999#강규선(1999), 훈민정음 기원설 연구, 인문과학 논총 19, 청주대 인문과학연구소. 47~76쪽.

1999#김경수(1999), 박팽년의 생애와 현실 의식, 조선시대 사학보 11. 31~64쪽.

1999#김남돈(1999), 훈민정음 창제 동기와 목적에 관한 국어학사적 고찰, 한국초등교육 41, 서울교육대학교 27~51쪽.

1999#김영숙(1999), 훈민정음 연구, 논문집(인문사회과학 편) 22, 신흥전문대학.

1999#김주필(1999), 한글의 과학성과 독창성, 논문집 1, 국제고려학회. 191~230쪽.

1999#김차균(1999), 훈민정음 시대 우리말 성조체계와 방언들에서 비성조체계로의 변천 과정, 언어의 역사(성백인 교수 정년 퇴임 기념 논문집), 간행위원회.

1999#리득춘(1999), 훈민정음 창제설과 비창제설, 중국 조선어문 2, 중국 조선어문잡지사. 14~16쪽.

1999#박지홍(1999ㄱ), 원본 훈민정음의 월점에 대한 연구, 부산한글 18, 한글 학회 부산지회. 155~164쪽.

1999#박지홍(1999ㄴ), 훈민정음 창제와 정의공주, 세종성왕 육백돌, 세종대왕 기념사업회. 138~139쪽.

1999#박지홍(1999ㄷ), 훈민정음을 만든 원리, 한글 새소식 322, 한글 학회.

1999#배영환(1999), 훈민정음 제자의 원리에 대하여, 청계논총 1, 29~60쪽.

1999#배희임(1999), 훈민정음과 가림토문에 관한 소고, 배재논총 3. 7~19쪽.

1999#손인수(1999), 세종의 교육 행정과 교육 사상, 세종문화사 대계 4(윤리·교육·철학·종교 편), 세종대왕 기념사업회. 131~337쪽.

1999#심소희(1999), 정음관의 형성 배경과 계승 및 발전에 대하여, 한글 234, 한글 학회. 191~224쪽.

1999#심재기(1999), '훈민정음 서문'을 노래로, 평화신문 0110, 평화방송·평화신문.

1999#이광호(1999), 훈민정음 '新制二十八字'의 '신제', 문헌과 해석 9, 문헌과해석사 88~114쪽.

1999#이득춘(1999), 훈민정음 창제설과 비창제설, 중국조선어문 2, 중국조선어문잡지사.

1999#이성구(1999), 훈민정음 수업 유감, 새국어소식 15, 국립국어연구원.

1999#장희구(1999), 훈민정음 창제의 참뜻 I II, 한글+한자문화 6 · 7, 전국 한자교육 추진총연합회. 104~108쪽., 122~125쪽.

1999#전영숙(1999), 훈민정음 연구, 논문집 22, 신흥대학. 113~122쪽.

1999#조남욱(1999), 세종조의 철학 사조와 세종의 철학 사상, 세종문화사 대계 4(윤리 · 교육 · 철학 · 종교 편), 세종대왕 기념사업회. 339~495쪽.

2000#Déret de promulgation de han-gǔ par le roi Sejong, Des sons corrects pour l'instruction du peuple(Textes rénis et préenté par Jean-Paul Desgoutte (2000), L'ÉRITURE DU CORÉN: Genèe et avèement, L'Harmattan).

2000#Jean-Paul Desgoutte[et, al](2000), L'ecriture du coreen: genese et avenement : la prunelle du dragon = 훈민정음, Paris: Harmattan.

2000#par Chǒg Inji, ministre des cultes du roi Sejong, Commentaires et exemples (Textes rénis et préenté par Jean-Paul Desgoutte(2000), L'ÉRITURE DU CORÉN: Genèe et avèement, L'Harmattan).

2000#par Jean Doneux, professeur ééite de l'universitéde Provence, Une leçn d'ériture (Textes rénis et préenté par Jean-Paul Desgoutte(2000), L'ÉRITURE DU CORÉN: Genèe et avèement, L'Harmattan).

2000#par Kim Jin-Young et Jean-Paul Desgoutte, Une lente maturation(Textes rénis et préenté par Jean-Paul Desgoutte(2000), L'ÉRITURE DU CORÉN: Genèe et avèement. L'Harmattan).

2000#par Kin Jin-Young et Jean-Paul Desgoutte, Les enjeux séiologuques(Textes rénis et préenté par Jean-Paul Desgoutte(2000), L'ÉRITURE DU CORÉN: Genèe et avèement, L'Harmattan).

2000#par Lee Don-Ju, professeur de l'universitéde Chǒnam, Les sources phnologiques chinoises(Textes rénis et préenté par Jean-Paul Desgoutte,(2000), L'ÉRITURE DU CORÉN: Genèe et avèement, L'Harmattan).

2000#강규선(2000), 훈민정음 제자해 소고, 어문논총 15, 동서어문학회. 1~35쪽.

2000#김 원(2000), 훈민정음 머리말의 건축적 해석, 한글 새소식 339, 한글 학회. 10~12쪽.

2000#심 원(2000), 훈민정음에 나타난 중국운학의 창조적 수용, 목포어문학 2, 목포대 국어국문학과.

2000#김광해(2000), 풀리지 않는 한글의 신비, 새국어 소식 27, 국립국어연구원.

2000#김석득(2000), 훈민정음과 우리 글자살이의 역사, 한인교육 연구 17, 재미한인학 교협의회.

2000#김석연·송용일(2000), 훈민정음의 재조명과 조음 기관의 상형관계, 한국어정보 학 2, 국어정보학회. 34~56쪽.

2000#김영배(2000), 연구 자료의 영인: 훈민정음의 경우, 새국어 생활 10-3, 국립국어연 구원. 161~169쪽.

2000#김웅배(2000), 훈민정음에 나타난 중국 운학의 창조적 내용, 목포어문학 2, 목포대 학교 국어국문학과. 225~233쪽.

2000#리득춘(2000), 훈민정음 여 중국음운학, 한국학론문집 8, 북경대 한국학연구중심.

2000#박병천(2000), 조선 초기 한글 판본체 연구 훈민정음·동국정운·월인천강지곡, 일 지사.

2000#박창원(2000), 문자의 수용과 변용 그리고 창제, 인문학 논총 2, 이화여자대학교.

2000#배대온(2000), 훈민정음 창제와 관련하여, 경상어문 5·6, 경상대학교 국어국문학 과 경상어문학회. 11~23쪽.

2000#손보기(2000), 세종 시대의 인쇄 출판, 세종문화사 대계 2(과학), 세종대왕 기념사 업회. 83~232쪽.

2000#신지연(2000), 훈민정음의 두 서문의 텍스트성, 언어 25-3, 한국언어학회. 367~382쪽.

2000#안대회·김성규(2000), 이사질이 제시한 훈민정음 창제 원리 1, 문헌과 해석 12, 문헌과해석사. 267~278쪽.

2000#안병희(2000), 한글의 창제와 보급, 겨레의 글 한글(새천년 특별전 도록, 국립중앙 박물관. 174~183쪽. <안병희(2007)에 재수록>.

2000#연호탁(2000), 훈민정음의 제자 기원 재론: '고전(古篆)'의 정체 파악을 중심으로, 사회언어학 8권 2호, 사회언어학회. 281~300쪽.

2000#이상혁(2000), 훈민정음 해례 '용자례' 분석, 21세기 국어학의 과제, 월인. 613~ 632쪽.

2000#임용기(2000), 훈민정음, 문헌과 해석 12, 문헌과해석사 312~335쪽.

2000#장희구(2000ㄱ), 훈민정음 창제의 참뜻 1, 한글+한자문화 6, 전국한자교육추진총 연합회.

2000#장희구(2000ㄴ), 훈민정음 창제의 참뜻 2, 한글+한자문화 7, 전국한자교육추진총

연합회.

2000#정우영(2000ㄱ), 훈민정음 언해 이본과 원본 재구에 관한 연구, 불교어문논집 5, 불교어문학회. 25~58쪽.

2000#정우영(2000ㄴ), 훈민정음 한문본의 원문 복원에 대한 연구, 동악어문논집 36, 동악어문학회. 107~135쪽.

2000#허재영(2000), 훈민정음 해례 합자해의 '아동·변야지언(兒童邊野之言)', 한말연구 6, 한말연구학회. 217~225쪽.

2000#허춘강(2000), 성삼문의 훈민정음 창제와 문화정책, 한국행정사학지 8, 한국행정사학회. 119~136쪽.

2001#Sek Yen Kim-Cho(2001), The Korean Alphabet of 1446, Hwun Min Ceng Um, Humanity Books & AC Press(아세아문화사).

2001#김 일(2001), 신경준의 훈민정음운해와 그의 역학적 언어관, 중국조선어문113, 동북 3성 조선어문사업협의 소조.

2001#김슬옹(2001), 훈민정음과 한글 과학성에 대한 교육 전략, 교육한글 14, 한글 학회. 31~66쪽.

2001#박동규(2001), 샤오 용의 사상이 한글 제정에 끼친 영향, 한글 253, 한글 학회. 103~133쪽.

2001#장영길(2001), 훈민정음 자소체계와 음성자질 체계의 조응 관계, 동악어문 논집 37, 동악언문학회. 1~22쪽.

2001#정우영(2001), 훈민정음 한문본의 낙장 복원에 대한 재론, 국어국문학 129, 국어국문학회. 191~227쪽.

2001#조두상(2001ㄱ), 세종임금이 훈민정음 창제 때 참고한 문자 연구: 인도글자가 한국글자에 미친 영향에 대하여, 인문논총 57, 부산대 인문학연구소.

2001#조두상(2001ㄴ), 훈민정음의 원조를 발견하다, 부산일보 1221, 부산일보사.

2001#조흥욱(2001), 용비어천가의 창작 경위에 대한 연구, 어문학논총 20, 국민대학교. 143~162쪽.

2001#진용옥·안정근(2001), 악리론으로 본 정음 창제와 정음소 분절 알고리즘, 음성과학 8권 2호, 한국음성과학회. 49~60쪽.

2001#최종민(2001), 우리말과 음악의 소리울림틀 (5): 훈민정음과 세종실록 32칸 악보의 소리묶임틀, 한국음악 연구31, 한국국악학회. 451~474쪽.

2002#강리항(2002), 훈민정음의 창제년원일확정과 민족글자사용에서 나서는 몇가지 문제, 남북 언어 동질성 회복을 위한 제1차 국제학술회의 논문집, 국립국어연

구원.

2002#강신항(2002), 신숙주와 운서, 신숙주의 학문과 인간(새국어 생활 12권 3호), 국립
국어연구원.

2002#김석연(2002), 몽골어의 누리글 표기의 의의: 정음이 왜 누리글인가?: 정음의 미래
응용성을 중심으로: 몽골어의 표기 시안 제시, 몽골학 12, 한국몽골학회.
289~317쪽.

2002#나채운(2002), 우리 말글과 기독교: 세종의 '훈민정음'과 예수의 '구민복음', 한글
새소식 362, 한글학회.

2002#민현구(2002), 신숙주와 집현전 학자들, 신숙주의 학문과 인간, 국립국어연구원.

2002#박성종(2002), 문자연구 50년, 국어학 연구 50년(이화여대한국문화연구원 편), 혜
안.

2002#박지홍(2002), 우리말 연구의 흐름 2: 조선조의 건국과 훈민정음의 반포, 한글새소
식 356, 한글학회.

2002#안병희(2002ㄱ), 신숙주의 생애와 학문, 신숙주의 학문과 인간, 국립국어연구원.

2002#안병희(2002ㄴ), 훈민정음(해례본) 3제, 진단학보 93, 진단학회. <안병희(2007)에
재수록>.

2002#이강로(2002), 보한재 신숙주 선생의 생애, 한힌샘 주시경 연구 제14·15호, 한글
학회. 17~42쪽.

2002#이돈주(2002), 신숙주와 훈민정음, 신숙주의 학문과 인간, 국립국어연구원.

2002#이상억(2002), 훈민정음의 자소적(字素的) 독창성, 문법과 텍스트, 서울대 출판부.

2002#임용기(2002), 삼분법의 형성 과정에 대한 이해와 중성체계 분석의 근거에 관한
몇 가지 문제, 애산학보 27, 애산학회. 65~90쪽.

2002#정 광(2002ㄱ), 성삼문의 학문과 조선 전기의 역학, 어문연구 30권 3호, 한국어문
교육연구회(일조각). 259~291쪽.

2002#정 광(2002ㄴ), 훈민정음 중성자의 음운대립, 문법과 텍스트, 서울대 출판부.

2002#정달영(2002), 국제 정음 기호의 제정에 관한 연구, 한국민족문화연구 10, 한민족
문화학회. 29~58쪽.

2003#강신항(2003), 정음에 대하여, 한국어 연구 1.

2003#김지형(2003), 훈민정음에서의 소실문자 'ㅿ'의 음가 추정 시론, 경희어문학 23,
경희대 국어국문학과.

2003#리의도(2003), 한글 낱자에 관한 통시적 고찰, 한글 259, 한글 학회. 65~114쪽.

2003#박지홍(2003), 훈민정음의 연구 1, 한겨레말 연구 1, 두메 한겨레말 연구실.

2003#심재기(2003), 한국의 명문순례 3: 정인지의 훈민정음서, 한글+한자문화 48, 전국 한자교육추진총연합회.

2003#안병희(2003), 해례본의 8종성에 대하여, 국어학 41, 국어학회. 3~24쪽.

2003#이상혁(2003), 훈민정음 창제 목적에 대한 인문학적 시론과 15세기 국어관, 국어 학의 새로운 조명(이광정 편), 역락. 637~654쪽.

2003#홍윤표(2003), 훈민정음 명칭과 제자원리에 대한 새로운 해석, 2003 북경 국제학 술대회 발표문, 이중언어학회.

2004#경향신문사(2004), 국어사전 '훈민정음' 출간, 경향신문 040217:19, 경향신문사.

2004#권오성(2004), 세종실록 악보상에 나타난 국어 관련 사항, 세종 탄신 607돌 기념 학술대회 자료집: 우리의 소리와 말은 어떻게 만났는가, 한국국악학회 · 한국 어정보학회.

2004#김민수(2004), 훈민정음 창제와 최항: 그 새로운 사실의 규명을 위하여, 새국어 생활 14-3, 국립국어연구원. 105~114쪽.

2004#김세종(2004), 정음 창제와 율려론의 수용, 세종 탄신 607돌 기념 학술대회 자료 집: 우리의 소리와 말은 어떻게 만났는가, 한국국악학회 · 한국어정보학회.

2004#김슬옹(2004), 조선시대 '언문'의 비칭성과 통칭성 담론, 겨레어문학 33, 겨레어문 학회. 5~30쪽.

2004#김정대(2004), 외국학자들의 한글에 대한 평가 연구, 국어학 43, 국어학회. 329~383쪽.

2004#김주필(2004), 차자표기와 훈민정음 창제의 관련성 재고, 한국어의 역사(편찬위원 회 편), 보고사. 119~148쪽.

2004#서정수(2004), 소리와 글자의 관련 문제, 세종 탄신 607돌 기념 학술대회 자료집: 우리의 소리와 말은 어떻게 만났는가, 한국국악학회 · 한국어정보학회.

2004#안명철(2004), 훈민정음 자질문자설에 대하여, 어문연구 123, 한국어문교육연구 회(일조각). 43~60쪽.

2004#안병희(2004), 세종의 훈민정음 창제와 그 협찬자, 국어학 44, 국어학회. 3~38쪽. <안병희(2007)에 재수록>.

2004#오정란(2004), 훈민정음 재출자(再出字)와 상합자(相合字)의 거리와 재음절화

2004#이동룡(2004), 훈민정음 해례본의 '한음치성(漢音齒聲)'에 대한 관견, 인문과학 34, 성균관대학교. 153~168쪽.

2004#임동철(2004), 보한재 신숙주의 생애와 업적, 충북향토문화 제16집, 충북향토문화 연구소

2004#전인초(2004), 최항과 '용비어천가', 어문연구 124, 한국어문교육연구회(일조각). 449~474쪽.

2004#진용옥(2004), 악률에 기초한 다국어 정음 표기와 정보화 문제, 세종 탄신 607돌 기념 학술대회 자료집: 우리의 소리와 말은 어떻게 만났는가, 한국국악학회・한국어정보학회.

2004#최기호(2004), 훈민정음 창제와 정의공주의 변음토착 문제, 세종 탄신 607돌 기념 학술대회 자료집: 우리의 소리와 말은 어떻게 만났는가, 한국국악학회・한국어정보학회.

2004#최용호(2004), 한글과 알파벳 두 문자체계의 기원에 관한 기호학적 고찰, 불어불문학연구 59, 한국불어불문학회. 337~353쪽.

2004#최종민(2004), 훈민정음 오음과 음악 용비어천가의 율정 묶음틀, 세종 탄신 607돌 기념 학술대회 자료집: 우리의 소리와 말은 어떻게 만났는가, 한국국악학회・한국어정보학회.

2004#허호익(2004), 훈민정음의 천지인 조화의 원리와 천지인 신학의 가능성 모색, 신학과 문화 13, 대전신학대학교. 226~252쪽.

2004#황선엽(2004), 최만리와 세종, 문헌과 해석 26호, 문헌과해석사. 87~98쪽.

2005#강신항(2005), 훈민정음과 중세국어 음운체계, 국어사 연구 어디까지 와 있는가(국어사 학술 발표대회 발표 요지), 연세대학교 국학연구원.

2005#김상태(2005ㄱ), 15세기 국어의 자소체계 연구: 훈민정음을 중심으로, 한국어학 26, 한국어학회. 1~23쪽.

2005#김상태(2005ㄴ), 중세국어 자절 구조 연구, 인문과학논집 31, 청주대학교 학술연구소. 453~470쪽.

2005#김슬옹(2005), 한글의 우수성에 대한 각계 전문가의 기고(가상 인터뷰), 한글 새소식 398, 한글 학회.

2005#김영환(2005), 전통적 말글 의식에 대한 연구: 한글 창제를 중심으로, 민족문화논총 31, 영남대학교 민족문화연구소. 463~487쪽.

2005#김주원(2005ㄱ), 세계 기록유산 훈민정음 1: 우리가 자랑할 수 있는 문화유산, 대한토목학회지 299, 대한토목학회. 86~89쪽.

2005#김주원(2005ㄴ), 세계 기록유산 훈민정음 4: 훈민정음 해례본의 구성, 대한토목학회지 302호, 대한토목학회. 112~115쪽.

2005#김주원(2005ㄷ), 훈민정음 해례본의 뒷면 글 내용과 그에 관련된 몇 문제, 국어학 45, 국어학회.

2005#김주원(2005ㄹ), 훈민정음 해례본의 뒷면, 대한토목학회지 306, 대한토목학회. 181~185쪽.

2005#김태완(2005), 훈민정음과 중국 운서와의 분합관계, 중국인문과학 31, 중국인문학회. 19~35쪽.

2005#박영진(2005), 훈민정음 해례본의 발견 경위에 대한 재고, 한글 새소식 395, 한글학회.

2005#박종덕(2005ㄱ), 훈민정음 해례본의 원형과 유출 과정, 제7차 한국어학회 전국학술대회 논문집, 한국어학회.

2005#박종덕(2005ㄴ), 훈민정음 해례본의 출처 연구, 국어학회 32회 전국학술대회 발표지, 국어학회.

2005#반재원(2005), 새로 밝혀지는 훈민정음 창제 기원과 중국이 표기의 예, ICMIP 2005 논문자료집, 국어정보학회.

2005#베르너 삿세(Werner Sasse)(2005), *Hangeul: Combining Traditional Philosophy and a Scientific Attitude*, 제2회 한글문화 정보화 포럼 자료(559돌 한글날 기념), 한글 인터넷주소 추진총연합회, 24~29쪽.26)

2005#우메다 히로유키(梅田博之)(2005), 훈민정음의 문자론적 의의와 현대 일본 사회에서의 사용 실태, 제2회 한글문화 정보화 포럼 자료(559돌한글날기념), 한글 인터넷주소 추진총연합회 14~22쪽.

2005#유미림(2005), 세종의 훈민정음 창제의 정치, 동양정치사상사 4권 1호, 한국동양정치사상학회. <[정윤재 외(2005), 세종의 국가경영, 지식산업사]에 세종의 한글 창제의 정치'라는 제목으로 재수록. 131~153쪽.>.

2005#윤국한(2005), 훈민정음 친제설에 대하여, 문법교과서의 진술을 중심으로, 한국어문교육 14집, 한국교원대학교 한국어문교육연구소. 193~218쪽.

2005#이봉원(2005), 세종대왕의 영정을 바꿔라, 한글 새소식 396, 한글 학회.

2005#이상혁(2005), 홍기문과 원본 훈민정음의 번역에 대하여, 한국학 연구 23, 고려대학교 한국학연구소. 235~254쪽.

2005#이영일(2005), 후민정음의 중국음운학적 조명, 중국어문학 논집 35, 중국어문학연구회. 7~26쪽.

2005#정 광(2005), 신숙주와 훈민정음 창제, 논문집 5, 국제고려학회 서울지회. <정광(2006)에 재수록>.

2005#정우영(2005), 훈민정음 언해본의 성립과 원본 재구, 국어국문학 139, 국어국문학

---

26) 본문은 한글로 되어 있다.

회. 75~113쪽.

2005#진용옥(2005), 존경하는 음성언어학자 이도 선생님(세종)께, 한글 새소식 400, 한글 학회.

2005#채영현(2005), 훈민정음 해례본의 진실은, 한글 새소식 397, 한글 학회.

2005#홍윤표(2005), 국어와 한글, 영남국어교육 9, 영남대 국어교육과. 167~198쪽.

2006#구법회(2006), '국보 제1호'에 대한 재론: 훈민정음을 '으뜸국보'로, 한글 새소식 403, 한글 학회.

2006#김동소(2006), 한국어 변천사 연구의 문제점: 시대 구분 문제와 비음소적 과잉 문자 아래아('·') 문제에 한정하여, 배달말 39, 배달말학회. 31~71쪽.

2006#김두루한(2006), 훈민정음을 제대로 알자, 나라사랑 111, 외솔회.

2006#김무봉(2006), 훈민정음 원본의 출판 문화재적 가치, 세종학 연구 14, 세종대왕 기념사업회. 45~70쪽.

2006#김슬옹(2006ㄱ), '훈민정음'의 명칭 맥락과 의미, 한글 272, 한글 학회. 165~196쪽.

2006#김슬옹(2006ㄴ), 훈민정음 해례본의 '우리나라와 말글' 명칭 번역 담론: 표준공역을 제안하며, 언어과학 연구 39, 언어과학회. 27~54쪽.

2006#김슬옹(2006ㄷ), 훈민정음(해례본)의 간행 책으로서의 담론과 교육전략, 한국어문학 연구 47, 한국어문학연구학회. 119~147쪽.

2006#김주원(2006), 훈민정음 해례본의 겉과 속, 새국어 생활 16권 3호 국립국어원, 35~49쪽(김주원 2005ㄱ, ㄴ, ㄷ의 일부를 정리한 글).

2006#김진규(2006), 참 놀라운 훈민정음의 창제 원리, 나라사랑 111, 외솔회.

2006#문중량(2006), 세종대 과학기술의 '자주성' 다시 보기, 역사학보 189, 39~72쪽.

2006#박병천(2006), 훈민정음 해례본의 한글 자형 수정 방안에 대한 연구: 사진본과 영인본의 한글 문자를 대상으로, 세종학연구 14, 세종대왕 기념사업회. 19~44쪽.

2006#박종덕(2006ㄱ), 문화콘텐츠로서의 훈민정음의 활용 방안, 한민족문화연구 18, 한민족문화학회. 49~62쪽.

2006#박종덕(2006ㄴ), 훈민정음 해례본의 유출 과정 연구: 학계에서 바라본 '발견'에 대한 반론의 입장에서, 한국어학31, 한국어학회. 171~194쪽.

2006#성낙수(2006), 훈민정음의 창제 동기에 대하여, 나라사랑 111, 외솔회.

2006#정 광(2006), 새로운 자료와 시각으로 본 훈민정음의 창제와 반포, 언어정보 7, 고려대학교 언어정보연구소. 5~37쪽.

2006#최기호(2006), 훈민정음 원본의 발견 경위와 언어학적 가치, 세종학 연구 14, 세종대왕 기념사업회. 5~18쪽.

2006#후쿠이 레이(2006), 훈민정음의 문자론적 성격, 세종학 연구 14, 세종대왕 기념사
　　업회. 121~131쪽.
2007#강길부, 국립국어원(2007), 훈민정음의 창제 원리와 한글 자모 순서, 강길부의원실.
2007#김슬옹(2007ㄱ), '훈민정음'은 과학이다, 문예와비평 17, 글벗사, 20~50쪽
2007#김슬옹(2007ㄴ), '훈민정음' 문자 만든 원리와 속성의 중층 담론, 한민족문화연구
　　21, 민족문화학회, 95~135쪽
2007#김슬옹(2007ㄷ), '훈민정음' 영인본과 연구 문헌 목록 구성, 한글 278, 한글학회,
　　139~224쪽
2007#김슬옹(2007ㄹ), 훈민정음 창제 동기와 목적에 대한 중층 담론, 사회언어학15-1,
　　한국사회언어학회, 21~45쪽
2007#김유범(2007), 문헌어의 음성적 구현을 위한 연구(1) -15세기 문헌자료 언해본
　　『훈민정음』의 "어제서문"을 대상으로-, 한국어학 34, 한국어학회, 169~207쪽
2007#김종명(2007), 세종의 불교신앙과 훈민정음 창제, 동양정치사상사 6, 한국동양정
　　치사상사학회, 51~68쪽
2007#김주원외 5명(2007), 훈민정음 언해본의 정본 제작에 관한 연구, 국어사연구 7,
　　국어사학회, 7~40쪽
2007#김지형(2007), 훈민정음의 창제 원리를 활용한 한국어 자모 및 발음 교육방안,
　　국어국문학 147, 국어국문학회, 221~258쪽
2007#박현모(2007), 정인지가 본 세종의 학문・언어 정책: 이 땅의 사대 지식인들아,
　　세종에게서 배우라, 신동아 573, 동아일보사. 624~635쪽.
2007#시정곤(2007), 훈민정음의 보급과 교육에 대하여, 우리어문연구 28, 우리어문학회,
　　33~65쪽
2007#양근용(2007), 일반논문 : 언문일치의 관념과 국문연구소의 훈민정음 변용 논리,
　　동아시아 문화연구 42, 한양대학교 한국학연구소, 189~212쪽
2007#이경희(2007), 八思巴字와 訓民正音의 공통특징 : 편찬배경과 표음문자 중심으로,
　　중국어문학논집 43, 중국어문학연구회, 169~186쪽
2007#이근용(2007), 언문일치의 관념과 국문연구소의 훈민정음 변용 논리, 한국학논집
　　42, 한양대학교출판부, 189~210쪽
2007#이상혁(2007), 훈민정음에 대한 문화콘텐츠적 접근과 그 방향, 한국어학 36, 한국
　　어학회. 195~220쪽.
2007#이영월(2007), 훈민정음 초성체계 재해석, 중국학연구 42, 중국학연구회, 69~90쪽
2007#정달영(2007), 세종시대의 어문정책과 훈민정음 창제 목적, 한민족 문화연구 22,

한민족문화학회. 7~30쪽.

2007#조규태 외 4명(2007), 훈민정음 언해본 이본 조사 및 정본 제작 연구, 국어사연구 7, 국어사학회, 7~40쪽.

2007#조두상(2007), 원전 '훈민정음'에 나타난 몇 가지 문제, 헤밍웨이와 세계어문학 연구 10, 헤밍웨이와 세계어문학회, 113~139쪽.

2007#황경수(2007), 훈민정음 중성의 역학사상, 언어학 연구 11, 한국중원언어학회, 207~226쪽.

2008#김세환(2008), 中國文字의 收容과 《訓民正音》, 중국학 30, 대한중국학회, 35~58쪽

2008#김슬옹(2008ㄱ), '訓民正音(해례본)'의 고전 가치와 다중 읽기용 음토달기 텍스트 구성론, 한민족문화연구 24, 한민족문화학회, 5~44쪽.

2008#김슬옹(2008ㄴ), 세종의 언어정책 담론 : 훈민정음의 통합과 통섭 전략, 한국행정 학회 학술대회 발표논문집, 한국행정학회, 21~38쪽.

2008#김슬옹(2008ㄷ), 訓民正音 세종 '서문'의 현대 번역 비교와 공역 시안, 한국어의미 학 25, 한국어의미학회, 1~25쪽.

2008#김혜영(2008), 훈민정음 해례본에 대하여, 인문과학연구 31, 대구대학교 인문과학 예술문화연구소, 23~41쪽.

2008#남경완(2008), 훈민정음의 제자 원리를 통해서 살펴본 핸드폰 한글입력방식에 대 한 연구, 한국어학 41, 한국어학회, 325~355쪽.

2008#박형우(2008), 訓民正音 '象形而字倣古篆'의 의미, 한민족어문학 53, 한민족어문학 회, 153~180쪽.

2008#오종록(2008), 훈민정음 창제와 반대 상소, 내일을 여는 역사 32, 내일을 여는 역 사, 57~65쪽.

2008#이근우(2008), 금속활자, 청자, 그리고 훈민정음에 대한 뒷이야기, 인문사회과학 연구 9, 부경대학교인문사회과학연구소, 175~201쪽.

2008#이상규(2008), 《훈민정음》 영인 이본의 권점(圈點) 분석, 어문학 100, 한국어문학 회, 143~172쪽.

2008#이상혁(2008), 훈민정음과 한글의 언어문화사적 접근-문자, 문자 기능의 이데올 로기적 속성을 중심으로-, 한국어학 41, 한국어학회, 61~81쪽.

2008#이영월(2008), 훈민정음 제자원리 재고, 중국언어연구 27, 한국중국언어학회, 453~473쪽.

2008#임용기(2008), 기획논문 : 세종 및 집현전 학자들의 음운 이론과 훈민정음, 한국어 학 41, 한국어학회, 115~156쪽.

2008#정달영(2008), 세종시대의 어문정책과 훈민정음 창제 목적, 한민족문화연구 22, 한민족문화학회, 7~30쪽.

2008#정병규(2008), 훈민정음과 한글타이포그래피의 원리, 새국어생활 18-2, 국립국어원, 177~184쪽

2008#정요일(2008), 『訓民正音』, 「序文」의 '者'·'놈' 意味와 관련한 古典 再檢討의 必要性 論議, 어문연구 36-3, 한국어문교육연구회(일조각), 269~295쪽.

2008#최기호(2008), 문자사에서 훈민정음의 창제와 그 의의(자료), 한국중원언어학회 학술발표회 자료집, 중국중원언어학회.

2009#김규철(2009), 훈민정음에서 찾은 대한민국공공디자인 정신, 디자인 지식 논총 10, 한국디자인지식포럼, 44~54쪽.

2009#김유범(2009), 텍스트 구성 차원에서 바라본 해례본 『훈민정음』 기술 내용의 몇 문제, 한국어학 43, 한국어학회, 105~124쪽.

2009#김진규(2009), 훈민정음 연구의 몇 가지 문제들, 충남한글 2, 한글학회 충남지회, 24~37쪽.

2009#남권희(2009), 새로 발견된 <訓民正音解例>본과 일본판 石峯 <千字文> 소개, 훈민정음학회 2009전국 학술대회 발표눈문집, 훈민정음학회, 1~13쪽.

2009#류은종(2009), 훈민정음과 음양오행설, 동방학술논단 14, 한국학술정보, 159~164쪽.

2009#박대종(2009), 『훈민정음(訓民正音)』내 "응(凝)"자(字) 오역 및 정정, 한글한자문화 124, 전국한자교육추진총연합회, 78~79쪽.

2009#박선우(2009), 음성 부호로서의 훈민정음 -훈민정음과 일반적 음성 부호의 비교-, 한국어학 43, 한국어학회, 125~150쪽.

2009#백두현(2009ㄱ), 『훈민정음』 해례본의 텍스트 구조 연구, 국어학 54, 국어학회, 75~107쪽.

2009#백두현(2009ㄴ), 훈민정음을 활용한 조선시대의 인민 통치, 진단학보 108, 진단학회, 263~297쪽.

2009#송기중(2009), 곽바('Phags-pa 八思巴) 문자와 訓民正音, 국어학 54, 국어학회, 17~74쪽.

2009#양창섭(2009), 세계 언어 표기를 위한 훈민정음 사용법 - 세종 온말 한글, 한국어정보학 11, 한국어정보학회, 73~83쪽.

2009#윤석빈(2009), 입말의 훈민정음의 제자원리에서 엿보는 인간의 존재방식, 철학연구 110, 대한철학회, 69~91쪽.

2009#이상규(2009), 『훈민정음』의 첩운(疊韻) 권점 분석, 새국어생활 19-1, 국립국어원, 155~184쪽.

2009#이상혁(2009), 한국학과 훈민정음 -한국어 문화 교육을 기반으로 한 훈민정음 콘텐츠를 중심으로-, 우리어문연구 35, 우리어문학회, 221~246쪽.

2009#이선경(2009), 학산 이정호의 훈민정음(訓民正音)의 역리연구(易理硏究)에 대하여 : 『훈민정음의 구조원리』를 중심으로, 유교문화연구 13, 성균관대학교 유교문화연구소, 229~251쪽.

2009#이영월(2009), 훈민정음에 대한 중국운서의 영향 관계 연구 : 삼대어문정책을 중심으로, 중국학연구 50, 중국학연구회, 255~274쪽.

2009#장선호(2009), 휴대용 통신 기기에서의 훈민정음 원리에 기초한 한글 입력자판, 한글새소식 444, 한글학회.

2009#정 광(2009), "훈민정음의 中聲과 파스파 문자의 모음자," 국어학 56, 국어학회, 221~247쪽.

2009#정다함(2009), 麗末鮮初의 동아시아 질서와 朝鮮에서의 漢語, 漢吏文, 訓民正音, 한국사학보 36, 고려사학회, 269~305쪽.

2009#조성문(2009), "훈민정음의 제자 원리에 의한 휴대 전화 문자판 개선에 관한 연구," 한민족문화연구 31, 한민족문화학회, 219~244쪽.

2009#조성산(2009), "조선후기 소론계의 東音 인식과 訓民正音 연구," 한국사학보 36, 고려사학회, 87~118쪽.

2009#홍주희(2009), "나의 '훈민정음 서문'에 관한 단상," 국립국어원.

2010#김용기(2010), 한결 선생의 '훈민정음 기원설'에 대하여, 애산학보 36, 애산학회, 103~130쪽.

2010#김주원(2010), 훈민정음 해례본의 책 크기, 문헌과 해석 52, 문헌과해석사, 158~161쪽.

2010#김차균(2010), 중세 국어와 창원 방언 성조의 비교 : 『훈민정음』(해례)과 『소학언해』(범례)의 방점 자료에 바탕을 두고 , 한글 290, 한글학회, 5~72쪽.

2010#석주연(2010), 한국어 문자 언어문화의 제도화와 훈민정음: 문자 '훈민정음'의 창제와 해례본 『훈민정음』의 간행을 중심으로, 한국언어문화학회, 197~218쪽.

2010#신부용(2010), 제3기 맞는 훈민정음, 한글새소식 459, 한글학회.

2010#심재기(2010), 기획 특집(企劃特輯): 훈민정음(訓民正音)의 수난(受難), 한글+한자문화 129, 전국한자교육추진총연합회.

2010#여찬영(2010), <훈민정음 언해본>의 번역학적 연구, 언어과학연구 54, 언어과학

회, 105~122쪽.

2010#이영월(2010ㄱ), 『훈민정음』을 통한 근대한어관화의 음운층위 탐구, 중국언어연구 31, 한국중국언어학회, 15~37쪽.

2010#이영월(2010ㄴ), 등운이론과 훈민정음 28자모의 음운성격: 창제동기와 목적을 중심으로 하여, 중국어문논역총간, 123~150쪽.

2010#임용기(2010ㄱ), 초성, 중성, 종성의 자질과 훈민정음, 국어학 57, 국어학회, 75~106쪽.

2010#임용기(2010ㄴ), 한결 선생의 '훈민정음 기원설'에 대하여, 애산학보 36, 애산학회, 103~130쪽.

2010#정병기(2010), 우리나라 최초의 표준 '한글'의 입력방식 표준화 : 훈민정음 정신과 한글 자존심의 시험대, 기술표준 105, 기술표준원 홍보인증혁신팀, 4~7쪽.

2010#최종철(2010), 訓民正音을 사랑한 大韓帝國檢事, 朴勝彬 : 조선어와 민족문화를 지킨 아름다운 철원인, 태봉문화 24, 철원문화원, 37~90쪽.

2010#허경무(2010ㄱ), 세종 대왕 동상과 훈민정음 서문, 한글새소식 455, 한글학회.

2010#허경무(2010ㄴ), 『훈민정음』 해례본 영인 이본이 왜 존재하는가?, 한글새소식460, 한글학회.

2010#홍현보(2010), 훈민정음체의 복원 문제, 한글새소식 460, 한글학회.

2011#강현구(2011), 서간체 팩션과 열린 추리물의 세계 : 김다은의『훈민정음의 비밀』을 중심으로, 한국문예비평연구 35, 창조문학사, 219~251쪽.

2011#김슬옹(2011), 조선시대 훈민정음 교육 맥락에 대하여 (1) -훈민정음 문자교육에 대한 재조명, 한국어교육학회 학술발표회, 한국어교육학회, 63~101쪽.

2011#김주필(2011ㄱ), "훈민정음(訓民正音)"의 성격(性格)과 "전환(轉換)"의 의미(意味), 어문학농촌 31, 국민대학교 어문학연구소, 1~30쪽.

2011#김주필(2011ㄴ), 고려대학교 소장 『훈민정음』(언해본)의 특징과 의미, 어문학논총 30, 국민대학교 어문학연구소, 1~20쪽.

2011#김창진(2011), 한글+한자(漢字)문화 칼럼:『훈민정음(訓民正音)』으로 살펴본, 세종대왕(世宗大王)이 "훈민정음"을 만든 본뜻, 한글+한자문화.

2011#서민정(2011ㄱ), '글자'에 대한 인식의 변화와 문화 반영:『훈민정음』(1446)과『글자의 혁명』(1947)을 바탕으로, 우리말연구 29, 우리말학회, 295~320쪽.

2011#서민정(2011ㄴ), 『훈민정음』 '서문'의 두 가지 번역 : 15세기와 20세기, 코기토 69, 부산대학교 인문학연구소, 29~52쪽.

2011#석주연(2011), 일반 논문 : 해례본『훈민정음』에 대한 또 다른 시각: 정보 수용자

의 관점을 중심으로, 인문학연구 41, 조선대학교 인문학연구원, 251~272쪽.

2011#신운용(2011), 세종의 훈민정음 창제와 한국말의 개념 문제, 선도문화 10, 국제뇌
　　교육종합대학원 국학연구원, 325~347쪽.

2011#안찬원(2011), 훈민정음 창제 원리에 따른 한글 자모 교육, 문법교육 15, 한국문법
　　교육학회, 181~208쪽.

2011#윤석빈(2011), 연구논문 : 훈민정음의 제자원리와 사이존재로서의 인간, 동서철학
　　연구 61, 한국동서철학회, 413~439쪽.

2011#이상혁(2011), 북쪽 국어학자의 훈민정음 연구 분석과 학문적 계보, 우리어문연구
　　39, 우리어문학회, 275~299쪽.

2011#정경재(2011), "『훈민정음』해례본의 국어과 교육 내용에 대한 연구"에 대한 토론
　　문, 한국문법교육학회 학술발표 논문집, 한국문법교육학회, 175~177쪽.

2011#조성용(2011), 『훈민정음』의 "자방고전"과 "순음脣音ㅁ, 상구형象口形"에 대한 소
　　고小考 , 서예문화 166, 단청, 42~44쪽.

2012#An Ying-Ji(2012), 『洪武正韻譯訓』 훈민정음 표기ㅱ'의 음운론적 대응, 구결연구
　　29, 구결학회, 153~175쪽.

2012#강창석(2012), 훈민정음 頒布와 관련한 몇 가지 문제, 개신어문연구, 개신어문학
　　회, 5~30쪽.

2012#曲曉雲(2012), 「五方元音」訓民正音 音解本 연구 1, 중국어문학논집 73, 중국어문학연
　　구회, 41~57쪽.

2012#김만태(2012), 훈민정음의 제자원리와 역학사상: 음양오행론과 삼재론을 중심으
　　로, 철학사상 45, 서울대학교철학사상연구소, 55~94쪽.

2012#김부연(2012), 연구논문 : 《훈민정음》 사진 자료에 대한 비판적 고찰; 고등학교
　　국어 교과서를 중심으로, 한국어학 55, 한국어학회, 103~137쪽.

2012#김상태(2012), 훈민정음 제자 원리와 한자 육서의 자소론적 연구, 국어학 63, 국어
　　학회, 105~128쪽.

2012#김슬옹(2012ㄱ), 조선시대의 훈민정음 공식문자론, 한글 297, 한글학회, 205~234쪽.

2012#김슬옹(2012ㄴ), 조선시대의 훈민정음 발달사 : 조선시대의 훈민정음 보급과 활용
　　의 통합언어학적 연구, 역락.

2012#김주필(2012), '訓民正音'의 性格과 '轉換'의 意味, 어문학논총 31, 국민대학어문학연
　　구소, 1~30쪽.

2012#김하나, 이기남(2012), [우수한 우리 말] 훈민정음을 통한 중국어발음연구, 중국조
　　선어문 179, 길림성민족사무위원회, 43~45쪽.

2012#남권희(2012), 사라진 상주본 어떤 비밀이 숨겨져 있나, 주간조선 2194, 조선뉴스
    프레스, 50~51쪽.
2012#백두현(2012), 융합성의 관점에서 본 훈민정음의 창제 원리, 어문총론 57, 한국문
    학언어학회, 115~156쪽.
2012#사재동, 사진실(2012), 『월인천강지곡(月印千江之曲)』의 훈민정음 활용과 연행적
    (演行的) 유통 양상, 어문연구 74, 어문연구학회, 279~306쪽.
2012#송태효(2012), 초기 언해본의 번역인문학적 탐구 : 訓民正音諺解, 釋譜詳節, 月印釋譜
    의 서문들을 중심으로 , 통번역학연구 16, 한국외국어대학교 통번역연구소,
    139~159쪽.
2012#심소희(2012), 최석정의 『經世訓民正音圖說』연구 : <聲音律呂唱和全數圖>과 『經史
    正音切韻指南』의 체제 비교를 중심으로, 중국어문학논집 73, 중국어문학연구회,
    88~112쪽.
2012#안상혁, 주용성(2012), 훈민정음 창제에 나타난 세종의 이상 -드라마 <뿌리깊은
    나무>와 원전 해례본과의 비교를 통해-, 인문과학 49, 성균관대학교 인문과학
    연구소
2012#안영희(2012), 《洪武正韻譯訓》 훈민정음 표기 '궤'의 음운론적 대응, 구결학회 발표
    논문집 43, 구결학회, 209~226쪽.
2012#이근열(2012), 『훈민정음』 언해의 문법 인식, 우리말연구 30, 우리말학회, 173~195쪽.
2012#이상규(2012), 잔엽 상주본 『훈민정음』분석 = On the Analysis of the Imperfect
    Hunminjeongeum, 한글 298, 한글학회, 5~50쪽.
2012#이상혁(2012), <훈민정음>(1446)과 어문규정(1988)의 역사적 상관성 연구 -<해
    례>의 규정과 <한글 맞춤법>을 중심으로-, 한성어문학 31, 한성대학교 한성
    어문학회, 57~82쪽.
2012#이충렬(2012), 500년 만에 세상 밖으로 '간송본' 뒤엔 이들이 있었다, 주간조선
    2194, 조선뉴스프레스, 52~53쪽.
2012#임용기(2012), 훈민정음의 한자음 표기와 관련한 몇 가지 문제, 인문과학 96, 연세
    대학교 인문학연구원, 5~44쪽.
2012#김양진(2012), "한민족의 글, 한글의 제자 원리", 고대Today V.51 고려대학교 대
    외협력처 홍보팀.
2013#강선주(2013), 고등학생과 역사가의 역사 텍스트 독해 양상과 텍스트 독해 교수학
    습 전략, 역사교육 125, 역사교육연구회, 129~182쪽.
2013#고창수(2013), 정음음운학파에 대하여, 한국어학 60, 한국어학회.

2013#김명준(2013), 논문 : 조선시대 글꼴의 변화 양상(1) -한글 판본을 중심으로-, 인문학연구 18, 한림대학교 인문학연구소

2013#김부연(2013),《훈민정음》"용자례(用字例)"를 활용한 어휘 교육 방안 모색 -고등학교 학습자를 중심으로-, 한국어문교육 13, 고려대학교 한국어문교육연구소, 7~36쪽.

2013#김슬옹(2013), 세종학의 필요성과 주요 특성. 한민족문화연구 42, 한민족문화학회, 7~42쪽.

2013#김영명(2013), 한글 창제의 목적과 정치적 의미, 동양정치사상사 12, 동양정치사상사학회, 63~86쪽.

2013#변정용, 완전조합 음절 지원 훈민정음 웹 입력기, 컴퓨팅의 실제 19-6, 한국정보과학회(2013).

2013#심소희, 구현아(2013), 조선시기 최석정과 황윤석의 성음인식 비교 :『皇極經世・聲音唱和圖』에 대한 훈민정음 표음체계의 분석을 중심으로, 중국언어연구 45, 한국중국언어학회, 1~34쪽.

2013#이근우(2013), 동아시아 교과서 서술 내용에 관한 제언: 동아시아의 문자 '한자'를 중심으로, 동북아역사논총 40, 동북아역사재단.

2013#이상규(2013ㄱ), 잔엽 상주본『훈민정음』해례본, 기록인 23, 국가기록원.

2013#이상규(2013ㄴ),《세종실록》분석을 통한 한글 창제 과정의 재검토, 한민족어문학 65, 한민족어문학회(2013).

2013#이영관(2013), 한국사상(韓國思想) 사학(史學) : 한글 창조의 의의에 대한 재고찰, 한국문화와 사상 66, 한국사상문화학회(2013).

2013#장윤희(2013), 훈민정음 제자원리의 위계성과 이체, 어문연구 158, 한국어문교육연구회(일조각), 37~56쪽.

2013#정다함(2013), 특집 : 이중언어작가 2 ; "中國(듕귁)"과 "국지어음(國之語音)(나랏말쏨)"의 사이 -선초(鮮初) 한문(漢文),한이문(漢吏文),한어(漢語)와 훈민정음(訓民正音)의 관계성을 중심으로, 비교문학 60, 한국비교문학회, 255~280쪽.

2014#김슬옹(2014), 한글학의 특성과 내용 구성 원리, 한국어학 제64호, 한국어학회(2014.08.15.).

2014#김재현(2014), 訓民正音에서 느낀 6년간의 情, 나랏말쌈 29, 대구대학교 국어교육과, 130-132.

2014#연규동(2014), 표기 규범과 문자 : 한자어의 표기 원리, 한글 제304호(2014. 여름), 한글학회(2014.06.30.).

2014#최영환(2014ㄱ), 한글 자음자(子音字) 지도 순서에 관한 연구, 한국초등국어교육 제54집, 한국초등국어교육학회(2014.04.30.).

2014#최영환(2014ㄴ), 한글 모음자(母音字) 지도를 위한 배열 순서, 국어교육 제145호, 한국어교육학회(2014.05.31.).

2014#강창석(2014), 『언문자모(諺文字母)』의 작성 주체와 시기에 대하여, 언어와 정보 사회, 서강대학교 언어정보연구소().

2014#김국원(2014), 『훈민정음! Hunminjeongeum!』, 서울여자대학교 조형연구소

2014#김기석(2014), 《홍무정운역훈》과 《홍무정운》의 관계 및 문헌적가치에 대한 고찰, 길림성민족사무위원회.

2014#김명석(2014), 문자의 탄생과 인문학적 상상력, 김명석, 구보학회.

2014#김슬옹(2014), 논문 : 세종의 "정음 문자관" 맥락 연구, 한말연구, 한말연구학회.

2014#김슬옹(2014), 한글학의 특성과 내용 구성 원리, 한국어학, 한국어학회.

2014#김시황(2014), 訓民正音創製反對 上疏文 分析, 김시황, 동양예학회.

2014#김용철(2014), 일반논문 : 15세기 후반 조선의 불경번역운동과 "왕의 형상", 김용 철(Yong Cheol Kim), 영산대학교 동양문화연구원.

2014#김재현(2014), 訓民正音에서 느낀 6년간의 情, 김재현, 대구대학교 국어교육과.

2014#김주필(2014), 최만리 등 집현전 학사들이 올린 甲子上疏文의 내용과 의미, 진단학 보, 진단학회.

2014#남경희, 정연자(2014), 한글과 윌리엄 모리스 작품을 응용한 네일아트 디자인연구 – 작품제작을 중심으로, 남경희,정연자, 한국동양예술학회.

2014#백두현(2014), 『훈민정음』 해례의 제자론(制字論)에 대한 비판적 고찰, 백두현 (Paek, Doo-hyeon), 한국어문학회.

2014#사재동(2014), 찬경(纂經) 《동국정운(東國正韻)》의 편위(編緯)와 활용양상(活用樣 相), 사재동(Jae Dong Sa), 택민국학연구.

2014#심소희(2014), 『經世訓民正音圖說』 坤冊 「群書折衷」 연구, 심소희(Shim, So-hee), 한국고전번역원.

2014#이상규(2014), 여암 신경준의 『저정서(邸井書)』 분석, 이상규(Sang Gyu Lee), 한 국문학언어학회(구 경북어문학회).

2014#이선경(2014), 한국문화의 원형적 상상력으로서의 역(易), 이선경, 大同哲學會.

2014#이재락(2014), 상고(上古) 한글자판(字板)과 신성문자 한글자모의 심층적 의미에 대한 고찰, 이재락(Jae-Rock Lee), 한국정신과학학회.

2014#이희재(2014), 17세기 조선후기 최석정의 훈민정음의 역학적 원리 연구, 이희재,

大同哲學會.

2014#임동현(2014), 1930년대 조선어학회의 철자법 정리·통일운동과 민족어 규범 형성, 임동현(Lim, Dong-Hyun), 한국역사연구회.

2014#장용선(2014), 한글 자음 색채화 가능성 연구, 장용선(YongSeon Jang), 한국색채학회.

2014#전광진(2014), 논문(論文) : 중국 타이완 남도어족 세딕어의 한글 서사법 창제, 전광진, 한국중문학회.

2014#정 광(2014), 세종의 한글 창제, 고려대학교 한국학연구소.

2014#정우영(2014),《訓民正音》해례본의 '例義篇' 구조와 '解例篇'과의 상관관계, 국어학회.

2014#정우영(2014), 『월인천강지곡』의 국어사적 가치와 문헌적 성격에 대한 재조명, 한국학중앙연구원.

2014#정재완(2014), 최소 형태를 활용한 한글 레터링 체계 연구, 한국기초조형학회.

2014#조지훈(2014), 문장단위의 필적 항상성 연구, 조지훈, 한국과학수사학회.

2014#차익종(2014), 동국정운의 중성 배열 원리에 대하여, 차익종(Cha, Ik-Jong), 국어학회.

2014#천명희(2014), 새로 발견된 광흥사廣興寺『월인석보月印釋譜』 권21의 서지書誌와 특성, 한국국학진흥원.

2014#최영환(2014), 『훈민정음』을 통해 본 한글 지도 방법, 한국초등국어교육학회.

2014#한국어정보학회(2014), [정원수 리듬법칙]을 통한 새 '한글문명'의 세계적 보급 전략, 한국어정보학회, 한국어정보학회.

2014#한국어정보학회(2014), 켤레정합론으로 보완-재정립한 훈민정음 제자원리, 한국어정보학회, 한국어정보학회.

2014#김슬옹(2014), 논문 : 세종의 "정음 문자관" 맥락 연구, 한말연구 35, 한말연구학회, 5-45.

2014#김슬옹(2014), 한글학의 특성과 내용 구성 원리, 한국어학 제64호, 한국어학회((2014).08.15.), 35-58.

2014#백두현(2014), 『훈민정음』 해례의 제자론(제자론)에 대한 비판적 고찰, 어문학 123, 한국어문학회, 39-66.

2014#김시황(2014), 訓民正音創製反對 上疏文 分析, 동양예학 32, 동양예학회,241-256.

2014#김양진(2015), 일음양오행(一陰陽五行)과 훈민정음(訓民正音), 국어학 74, 국어학회, 57-102.2014#김주(2014), 최만리 등 집현전 학사들이 올린 甲子上疏文의 내

용과 의미, 진단학보 122호, 진단학회, 145-174.

2014#심소희(2014), 『經世訓民正音圖說』坤冊「群書折衷」연구, 민족문화 43, 한국고전번역원, 451-523.

2014#이희재(2014), 17세기 조선후기 최석정의 훈민정음의 역학적 원리 연구, 대동철학 66, 대동철학회, 51-66.

2014#정광(2014), 세종의 한글 창제,한국학연구 51, 고려대학교 한국학연구소, 5-50.

2014#정우영(2014),《訓民正音》해례본의 '例義篇' 구조와 '解例篇'과의 상관관계, 국어학 72, 국어학회, 103-153

2015#Sang-Tae Kim(2015), The Graphic Syllable Writing System in Hunmin-jeongeum, 언어학연구 35, 한국중원언어학회.

2015#곡효운(2015), 關於15、16世紀轉寫漢語讀音的訓民正音"ㅓ", 한국중국언어학회.

2015#곡효운(2015), 關於15、16世紀轉寫漢語讀音的訓民正音"ㅓ", 한국중어중문학회 학술대회 자료집(2014)-11호, 한국중국언어학회, 19-29.

2015#권병로(2015), 訓民正音의 異體字 'ㆁ' 음가, 국어문학회.

2015#김슬옹(2015), <훈민정음> "정인지 서문"의 표준 번역을 위한 시안, 청람어문교육학회(구 청람어문학회).

2015#김슬옹(2015), <훈민정음> "정인지 서문"의 표준 번역을 위한 시안, 청람어문교육 53, 청람어문교육학회(구 청람어문학회), 329-374.

2015#김양진(2015), 일음양오행(一陰陽五行)과 훈민정음(訓民正音), 국어학 74, 국어학회.

2015#김영미(2015), 훈민정음・정음・언문의 명칭 의미, 강원대학교 인문과학연구소.

2015#박재홍(2015), 각필구결 구조도를 적용한 한글 문장부호디자인 시스템 제안, 한국기초조형학회.

2015#박재홍(2015), 각필구결 구조도를 적용한 한글 문장부호디자인 연구, 한국일러스아트학회.

2015#신용권(2015), 특집: 조선후기 언어(言語).문자(文字) 연구와 지식 교류 : 조선 후기의 한어(漢語)학습서와 훈민정음의 사용, 한국실학학회.

2015#이상규(2015), 『훈민정음』에 대한 인문지리학적 접근, 한민족언어문학 64, 한민족어문학회.

2015#이상혁(2015), 특집: 조선후기 언어(言語).문자(文字) 연구와 지식 교류 : 조선후기 훈민정음의 유통과 담론의 양상, 한국실학학회.

2015#이은진(2015), 훈민정음에 나타난 음양오행에 관한 연구, 한국색채학회.

2015#장윤희(2015), 自國語를 가리키는 '俚語'와 借字 表記의 關聯性, 한국학연구 37, 인하

대학교 한국학연구소.

2015#정복동(2015), 조선시대 한글 서체의 微加減法에 관한 고찰, 한국서예학회.

2015#정연찬(2015), 특별기고 : 동국정운(東國正韻)은 정당(正當)하게 평가(評價)되어야
한다, 언어와 정보사회 24, 서강대학교 언어정보연구소

2015#황경수(2015), 훈민정음 용자례의 분석, 청대학술논집 Vol. 2015 No. S-9, 청주대
학교 학술연구소

2015#권병로(2015), 訓民正音의 異體字 'ㆁ' 음가, 국어문학 58, 국어문학회, 5-27

2015#김슬옹(2015), 논문 : 해례본 간송본의 역사와 평가, 한말연구 37, 한말연구학회,
5-40.

2015#김영미(2015), 훈민정음・정음・언문의 명칭 의미, 인문과학연구 44, 강원대학교
인문과학연구소, 211-233.

2015#이상규(2015), 『훈민정음』에 대한 인문지리학적 접근, 한민족언어문학 69, 한민족
어문학회, 5-39.

2015#이상혁(2015), 특집: 조선후기 언어(言語).문자(文字) 연구와 지식 교류 : 조선후기
훈민정음의 유통과 담론의 양상, 한국실학연구 29, 한국실학학회, 7-44.

2015#안성호, 진휘(2016), 『훈민정음』과 강남한음, 大東文化硏究/95(-), 성균관대학교 대
동문화연구원, 61-84.

2015#이상혁(2015), 조선후기 훈민정음의 유통과 담론의 양상, 한국실학연구 29, 한국
실학학회, 7-44.

2015#황경수(2015), 훈민정음 용자례의 분석, 淸大學術論集 Vol. (2015) No. S-9, 청주대
학교 학술연구소, 163-181.

2016#김슬옹(2016), 신경준, 운해훈민정음[邸井書]의 정음 문자관, 한말연구/0(39), 한말
연구학회, 33-70.

2016#김양진(2016), "'象形'과 '訓民正音'", 우리말연구 46집(2016.7.31.) 우리말학회.

2016#강남욱(2016), '언문(諺文)'과 '정음(正音)'의 문헌(文獻) 기록(記錄) 양상(樣相)으로
본 새 문자 창제(創製) 의의(意義)에 대한 재해석(再解釋), 語文硏究/44(4), 한국
어문교육연구회, 7-43.

2016#곽신환(2016), 『훈민정음 해례』에 반영된 성리학의 영향 -태극・음양・오행・삼
재론을 중심으로-, 儒學硏究/37(-),충남대학교 유학연구소, 29-59.

2016#张晓曼(2016), 基于韩国资料的汉语入声再认识, 동양한문학연구/45(-), 동양한문학회
(구 부산한문학회), 169-184.

2016#김광수, 리영자(2016), 중국에서의 훈민정음연구에 대한 회고와 전망, 중국조선어

문/206(-), 길림성민족사무위원회, 5-13.

2016#김슬옹(2016), 논문 : 신경준, 『운해훈민정음[邸井書]』의 정음 문자관, 한말연구 39, 한말연구학회, 33-70.

2016#김양진(2016), '象形'과 '訓民正音', 우리말연구/46(-),우리말학회, 1-36.

2016#김슬옹(2016), 훈민정음 해례본에 나타난 삼조화 문자관, 44회 한말연구학회 전국 학술대회 자료집(7.15)》, 한말연구학회, 1-12.

2016#김영수(2016), 세종대의 문화정체성 논쟁, 한국동양정치사상사연구/15(1), 한국동 양정치사상사학회, 31-66.

2016#김주원(2016), 세계 여러 문자의 모음 표기 양상과 훈민정음의 모음자, 국어학 /80(-), 국어학회, 77-108.

2016#김주필(2016), <갑자상소문>과 《훈민정음》의 두 <서문>, 泮橋語文研究/0(44), 반 교어문학회, 113-151.

2016#문진영(정천)(2016), 조선조 왕실불사에 있어서의 훈민정음 활용에 관한 연구, 韓 國佛敎學/80(-),한국불교학회, 373-406.

2016#민명숙(2016), 『월인천강지곡(月印千江之曲)』의 성립과 불교사적 의의, 禪文化研究 /21(-), 한국불교선리연구원, 133-177.

2016#민현식(2016), 한글문화의 정신사, 한국언어문화학/13(3), 국제한국언어문화학회, 93-118.

2016#박정하(2016), 훈민정음, 나랏말쌈/31(-), 대구대학교 국어교육과, 137-138.

2016#박상업(2016), 훈민정음 음소 분할의 소수성과 과학성, New Physics: Sae Mulli/66(1), 한국물리학회, 30-36.

2016#박상업(2016), 훈민정음의 원형 자음과 원형 모음의 과학적 원리, New Physics: Sae Mulli/66(4), 한국물리학회,478-488.

2016#박상원(2016), 도상체계로 본 한글 창제의 철학적 원리, 동양예술/33(-), 한국동양 예술학회, 74-96.

2016#백두현(2016), 훈민정음에 내재된 보편적 가치와 그 의미, 어문논총/0(67), 한국문 학언어학회, 9-38.

2016#서민정(2016), 19C말~20C초, 서양인의 '훈민정음'에 대한 인식과 영향, 우리말연 구/46(-), 우리말학회, 1-26.

2016#섭보매(2016), 훈민정음의 음절합자 원리와 범어의 연관성에 대하여, 한국언어학 회 학술대회지/(2016)(6), 사단법인 한국언어학회, 177-189.

2016#섭보매(Nie Bao-mei)(2016), 『훈민정음』해례본의 권점(圈點) 체계에 대하여, 열

린정신 인문학연구/17(1), 원광대학교 인문학연구소, 259-289.

2016#섭보매(NIE BAOMEI)(2016), 훈민정음 '후설위주'와 '청탁·합벽', 사성 의미에 관한 고찰, 한국언어문학/0(97), 한국언어문학회, 33-66.

2016#섭보매(NIE BAOMEI)(2016), 훈민정음 초성의 배열과 음양오행 원리, 한글/-(312), 한글학회, 67-95.

2016#邵磊, 鄭載男(2016), 문자발전의 각도에서 본 파스파 문자[八思巴文]의 '訓民正音'에 대한 영향, 동아시아고대학/44(-), 동아시아고대학회, 247-270.

2016#소뢰(邵磊)(2016), 중세조선어치음의 재고, 중국조선어문/203(-), 길림성민족사무위원회, 14-25.

2016#신용권(2016), 《洪武正韻譯訓》의 俗音 표기와 관련된 몇 가지 문제, 중국어문학/71(-), 영남중국어문학회, 69-106.

2016#신현애(2016), 조선전기 한글서예 중심축(中心軸)의 미학적(美學的) 고찰, 韓國思想과 文化/85(-),한국사상문화학회, 365-393.

2016#이상혁(2016), 홍기문의『訓民正音』번역과 국어학사의 한 경향, 한국어학/73(-), 한국어학회,111-134.

2016#연규동(2016), 세계에서의 훈민정음 연구, 국어학/77(-), 국어학회, 377-399.

2016#윤교찬(2016), 문화교육의 일환으로서의 한국어 교육 -『훈민정음』의 내용을 중심으로-, 언어와 문화/12(4), 한국언어문화교육학회, 131-149.

2016#이근우(2016), 언문청과 창제시기와 정음청의 위치, 인문사회과학연구/17(1), 부경대학교 인문사회과학연구소, 349-374.

2016#이상현(2016), 한국주재 영국외교관, 스콧(J. Scott)의 '훈민정음 기원론'과 만연사본『眞言集』, 한국언어문학/99(-), 한국언어문학회, 153-186.

2016#정광(2016), 毘伽羅論과 훈민정음-한글의 파니니 <八章>에서 받은 이론적 배경을 중심으로, 한국어사 연구 1, 국어사연구회, 113-179.

2016#정우영(2016), 훈민정음 초성 제자원리의 '이체자(異體字)' 관련 문제점 분석, 국어학/80(-), 국어학회, 35-75.

2016#최혜빈(2016), 훈민정음과 주변 국가의 문자, 고려대학교 한국어문교육연구소 학술발표논문집/(2016)(1), 고려대학교 한국어문교육연구소, 54-66.

2016#한지원, 문은배(2016), 훈민정음과 이수신편에 나타난 한글과 전통색채에 관한 연구, 조형미디어학/19(1),한국일러스아트학회, 325-331.

2017#김광수, 김성희(2017), 중국에서의 훈민정음 연구에 대한 고찰, 중국조선어문/211(-), 길림성민족사무위원회, 5-13.

2017#김부연(2017), '한글 제자 원리' 관련 교육 내용 기술 정립을 위한 제언, 문법 교육/29(-), 한국문법교육학회, 103-141.

2017#김성규(2017), 『훈민정음(訓民正音)』의 성조(聲調), 冠嶽語文研究/42(-), 서울대학교 국어국문학과, 81-123.

2017#김슬옹(2017), 『훈민정음』 해례본 연구와 강독용 교재 구성과 실제, 한말연구/0(43), 한말연구학회, 65-92.

2017#김슬옹(2017), 『훈민정음』 해례본에서 갈무리시[訣詩]의 교육용 텍스트 구성과 교육 활용 방안, 청람어문교육/61(-), 청람어문교육학회, 87-126.

2017#김슬옹(2017), 《훈민정음》 해례본 사성 권점(돌임) 쓰임새 연구에 대하여, 국제어문학회 학술대회 자료집/(2017)(1), 국제어문학회(구 국제어문학연구회), 244-264.

2017#김시황(2017), 세종대왕(世宗大王) 훈민정음(訓民正音) 창제(創製)와 제불여래보살(諸佛如來菩薩) 명칭가곡(名稱歌曲), 東洋 禮學/36(-), 동양예학회, 1-37.

2017#김유범(2017), 훈민정음에 대한 문자론적 연구 성과와 과제, 우리말학회 학술대회지/-(-), 우리말학회, 82-99.

2017#김정태(2017), 『우리말본』과 한글 맞춤법, 나라사랑/126(-), 외솔회,50-71

2017#김주원(2017), 광복 이후 5년간(1945~1950)의 훈민정음 연구, 한글/-(316), 한글학회, 169-207.

2017#김주원, 남권희(2017), 훈민정음해례본(상주본)의 서지와 묵서 내용, 어문논총/72(-), 한국문학언어학회(구 경북어문학회), 47-80.

2017#박용찬(2017), 훈민정음 창제 정신과 우리의 문자 생활 실태, 나랏말쌈/32(-), 대구대학교 국어교육과, 6-22.

2017#백원기(2017), 신미의 '훈민정음' 창제 관련 설화와 문화융합의 콘텐츠 방안, 한국융합학회논문지/8(2), 한국융합학회, 127-135.

2017#연규동(2017), 일반문자학에서 바라본 훈민정음, 동방학지/0(181), 연세대학교 국학연구원, 223-257.

2017#이근우(2017), 어뮤과 훈민정음의 성립시기에 대하여, 한국어학/75(-), 한국어학회,189-222.

2017#이동석(2017), 『훈민정음』의 자음, 冠嶽語文研究/42(-), 서울대학교 국어국문학과, 125-193.

2017#이동석(2017), 훈민정음 반포와 한글날에 대하여, 한국어문교육/23(-), 고려대학교 한국어문교육연구소, 233-259.

2017#이범직(2017), 세종조 『대학』은 어떻게 이해 되었는가, 韓國思想과 文化/86(-), 한국사상문화학회, 131-161.

2017#이상규(2017), 안동시 훈민정음 해례본 복각의 의의, 나라사랑/126(-), 외솔회,221-265.

2017#이상혁(2017), <훈민정음 용어 사전>의 구축과 그 쟁점-원본 『훈민정음(訓民正音)』(1446)의 <예의(例義)>를 중심으로-, 民族文化硏究/75(-), 고려대학교 민족문화연구원, 67-89.

2017#송미영(2017), 초간본《초학언문》의 표기와 음운 현상 고찰, 국어학/0(84),국어학회, 239-273.

2017#이상현(2017), 한글의 기원과 『훈민정음』의 혼적 -게일의 "The Korean Alphabet"(1912)에 새겨진 서양인 훈민정음 기원론의 역사-, 국제어문/72(-), 국제어문학회(구 국제어문학연구회), 7-48.

2017#이상현, 이은령(2017), 모리스 쿠랑(Maurice Courant)의 『한국서지』와 '훈민정음 기원론', 열상고전연구/56(-), 열상고전연구회, 165-221.

2017#이성하(2017), 범언어적으로 본문자 표기 방식의 변화와 한글 전용, 한글/-(315), 한글학회,175-220.

2017#이진호(2017), 『훈민정음』의 모음, 冠嶽語文硏究/42(-), 서울대학교 국어국문학과, 195-238.

2017#임용기(2017), 『훈민정음』 해례본의 이해와 관련한 몇 가지 문제, 한국어사 연구/3(-), 국어사연구회, 111-146.

2017#임형균(2017)(2017)년을 훈민정음과 함께, 나랏말쌈/32(-), 대구대학교 국어교육과, 84-85.

2017#전인건(2017), [기조강연] 훈민정음 해례본과 간송-외솔 탄신 123돌,《훈민정음》해례본, 나라사랑/126(-), 외솔회, 211-220.

2017#정광(2017), 반절고(反切考) -「언문자모(諺文字母)」 "속소위(俗所謂) 반절(反切)" 27자의 해명(解明)을 위하여-, 어문논집/81(-),민족어문학회, 127-186.

2017#정유경(2017), 오행론에 근거한 한국 문화디자인의 확장성 연구 -문화코드로서 12지신을 중심으로-, 브랜드디자인학연구/15(2), 한국브랜드디자인학회, 151-160.

2017#정진규(2017), 점자훈민정음_{點字訓民正音}, 모:든시 시인선 & 단행본/(2017)(8), 세상의 모든 시집(시전문지 모든시), 25-26.

2017#최기호(2017), <훈민정음> 해례본의 가치와 애국지사 외솔 최현배, 나라사랑/126(-), 외솔회, 266-284.

2017#한재영(2017), 훈민정음에 관한 연구의 회고-창제 배경과 동기 및 목적 그리고 창제 자를 중심으로, 語文論集/72(-), 중앙어문학회, 71-124.

2017#홍윤표(2017), 훈민정음에 대한 종합적 고찰, 한국어사 연구/3(-), 국어사연구회, 197-246.

2017#황인옥(2017), 훈민정음에 반영된 의리학적 역학사상, 儒學硏究/40(-), 충남대학교 유학연구소, 1-29.

2018#김부연(2018), 『훈민정음』 해례본을 통한 한글 교육의 원형(原形) 탐색-<예의>와 <용자례>를 중심으로-, 국어교육 163, 한국어교육학회, 271-305.

2018#김부연(2018), 『훈민정음』 해례 '결(訣)'의 '바꿔쓰기(paraphrase)' 전략 연구, 국어 교육연구 68, 국어교육학회, 1-32.

2018#곽동화, 강순애(2018), 조선 전기 왕실 발원 불교전적에 관한 연구, 서지학연구 74, 한국서지학회, 207-237.

2018#김슬옹(2018), 《훈민정음》 해례본 '한글 표기' 문자론, 한국문법교육학회 학술발 표논문집, 한국문법교육학회, 132-173.

2018#김슬옹(2018), 한글날 배포 소책자 제작 과정과 교육적 의의, 문법교육 33, 한국문 법교육학회,31-70.

2018#김슬옹(2018), 한글 융합교육'교수-학습'안에 대한 연구, 한글 79, 한글학회, 459-497.

2018#김유범(2018), 한국어교육에서의 『훈민정음』 해례본 활용 방안 연구, 국제한국어 교육 4, 국제한국어교육문화재단, 79-111.

2018##朴大鍾(2018), 세종(世宗)의 부국정신(富國精神)-훈민정음(訓民正音) 자음(子音)명 칭에 담긴-, 한글한자문화231, 전국한자교육추진총연합회, 70-73.

2018##朴大鍾(2018), 훈민정음(訓民正音) 해례본(解例本) 구두점 정정(訂正)-어제서문(御 製序文) 중 통(通)과 고(故) 사이는 마침표가 아니라 쉼표-,한글한자문화 230, 전국한자교육추진총연합회, 34-37.

2018#박병천(2018), 훈민정음의 한글문자 생성 구조와 서체적 응용, 나라사랑 127, 외솔 회, 69-145.

2018#박한상(2018), 『훈민정음』 해례에 나타난 심천의 음성학적 의미, 한글 79, 한글학 회,765-792.

2018#선한빛(2018), 『龍飛御天歌』의 국어학적 연구 성과와 쟁점, 어문논총 32, 전남대학 교 한국어문학연구소, 57-80.

2018#설성경(2018), 세종이 읽은 <구소수간>과 계해본 <구운몽> 결미의 허실, 나라사

랑 127, 외솔회, 45-55.

2018#신상필(2018), 우리말 표기 수단의 탄생과 세조대 불전(佛典) 번역의 이면, 동방한문학 76, 동방한문학회, 167-193.

2018#송효섭(2018), 『훈민정음』의 신화성과 반신화성-도상성을 중심으로, 기호학연구 54, 한국기호학회, 93-117.

2018#연규동(2018), 훈민정음 확장 가능성에 대한 일반문자학적 검토, 한국어학 80, 한국어학회, 125-150.

2018#옥영정(2018), 『월인천강지곡』의 인쇄사적 가치에 대한 재고찰, 국어사연구 26, 국어사학회, 129-158.

2018#이재승, 김만태(2018), 한글 순음(脣音)·후음(喉音)의 오행배속(五行配屬)에 대한 성명학적 고찰, 한국융합인문학 6, 한국융합인문학회, 27-48.

2018#이지현(2018), 지석영 편(1908),《아학편(兒學編)》에 나타난 훈민정음 합용병서를 활용한 발음교육 효과연구, 문화와 융합 40, 한국문화융합학회, 855-876.

2018#이토 히데토(2018), 韓中 言語接觸의 觀點에서 본 韓國 漢字文, 語文硏究 46, 한국어문교육연구회, 27-62.

2018#정 광(2018), 한글-어떻게 제정되었나?-Ⅰ, 인문언어 20, 국제언어인문학회, 85-120.

2018#정광(2018), 훈민정음의 새로운 이해-毘伽羅論과 파스파 문자와의 관련성을 중심으로, 한국어사 연구 4, 국어사연구회, 123-187.

2018#정복동(2018), 일중 김충현 궁체의 서맥 고찰, 서예학연구 32, 한국서예학회, 173~202.

2018#정복동(2018), 한글서예의 예술성과 활용가치 고찰, 동양예술 38, 한국동양예술학회, 224-265.

2018#추해광, 김만태(2018), 『훈민정음해례(訓民正音解例)』의 발음오행을 통한 무도(武道) 양생기합법(養生氣合法) 고찰, 문화와융합 40, 한국문화융합학회, 773-796.

2018#한송이, 이상규(2018),Debunking Myths about the Creation Background of Hunminjeongeum, 국제언어문학, 국제언어문학회, 77-101.

2019#김만태(2019), 모자음오행(母子音五行)의 성명학적 적용 연구, 동방문화와 사상 6, 동방문화대학원대학교 동양학연구소, 69-98.

2019#김미미(2017), '한글 창제 원리 관련 교육 내용 기술 정립을 위한 제언'에 대한 토론문, 한국문법교육학회 학술발표논문집/(2017)(1), 한국문법교육학회, 167-167.

2019#朴大鍾(2019), 훈민정음(訓民正音) 자방고전(字倣古篆)의 실체(實體) 및 해례본(解例

本) 내(內) 오자(誤字) 정정(訂正)(ㄱ→ㅇ), 한글한자문화 235, 전국한자교육추진총연합회, 42-47.

2019#朴大鍾(2019), 훈민정음(訓民正音) 창제목적(創制目的)과 첫 문장(文章)에 대한 정해(正解), 한글한자문화 237, 전국한자교육추진총연합회, 84-89.

2019#박대종(2019), 훈민정음(訓民正音)에 대한 레드야드 교수(敎授)의 파스파문자(文字) 기원설(起源說) 반론(反論), 한글한자문화 234, 전국한자교육추진총연합회, 25-27.

2019#신지영(2019), 『훈민정음』해례의 '喉(후)' 의미 재고, 민족문화연구 82, 고려대 민족문화연구원, 181-209.

2019#연규동(2019), 문자의 도상성과 훈민정음, 한글 80, 한글학회,37-67.

2019#연규동(2019), A Study on Socio-GraphologicalFunctions of Chinese Characters in South Korea, 인문과학115, 연세대학교 인문학연구원, 37-66.

2019#이재숭(2019), 성명학에서 한글오행 적용의 난제(難題)에 대한 해결적 고찰, 인문사회 21, 아시아문화학술원, 931-945.

2019#이재숭(2019), 한국의 호(號)문화에 대한 용신(用神) 성명학적 고찰, 인문사회 21, 아시아문화학술원, 1427-1442.

2019#조규문(2019), 한글과 한자 이름의 작명 방법에 대한 고찰, 한국사상과 문화97, 한국사상문화학회, 192-220.

2019#천명희(2019), 일제 강점기 윤형기의 『朝鮮文字解說』 연구, 한국민족문화 70, 부산대학교 한국민족문화연구소, 3-36.

2018年 國際譯學書學會 第10回 國際學術會議

○ 主催: Зохион байгуулагч
○ 國際譯學書學會: Хос Хэлний Сурвалжийн Олон Улсын Нийгэмлэг
○ 蒙古國立師範大: МУБИС Монгол хэлшинжлэлийн тэнхим
○ 蒙古國立大: МУИС Монгол хэл, хэлшинжлэлийн тэнхим
○ 蒙古滿洲學會: Монгол дах манж судлалын холбоо

○ 日時: 2018年 7月 28日(土) ~ 7月 29日(日)
○ Хэзээ: 2018 оны 7 Сарын 28(Бямба)-наас 29(Ням)-нд
○ 場所: 蒙古國立師範大 本館 會議室
○ Хаана: МУБИС-ийн төв байрны хурлын танхим

7月 28日(土) 第1日次 / 7 сарын 28(Бямба)-н I өдөр
9:00 ~ 9:30　　開會式 / Хурлын нээлт 司會: 李準煥(韓國 昌原大) Нээлт удирдагч: Ли Жүнь Хвань

• 開會辭 / Нээлтийн үг
  權仁瀚(國際譯學書學會 會長) / Квонь Инь Хань(ХХСОУН-ий Захирал)
  바트바타르(몽골국립사범대 인문사회대학장) / Ж. Батбаатар(МУБИС)
• 기념사진 촬영 / Дурсгалын зураг авахуулах

9:30 ~ 12:00　　企劃 發表 / Нэгдсэн хуралдаан 司會: 바트툭스(몽골국립사범대) Хурал удирдагч: Ш. Баттөгс(МУБИС)

• 鄭光(韓國 高麗大) / Жон Гуан (Гурё-гийн их сургууль)
  "司譯院 譯學書의 諸 文字 −偉兀眞, 帖兒月眞, 伊路波, 滿洲字를 중심으로−"
  "Са Ёг Вониос эмхтгэн хэвлэгдсэн хос хэлний сурвалжийн бичиг үсгүүд
  −Уйгаржин, Дөрвөлжин, Ируха, Манж үсгийн жишээгээр−"
• 张西平(中國 北京外國語大) / Жан Ши Пин(Бээжингийн гадаад хэлний их

сургууль)

"搖摆于欧洲与中国之间：《中国哲学家孔》翻译研究"

"Европ, Хятад хороондын хандлагын ялгаа： 《Гүн ухаантан Күнз》 -ийн орчуулгын судалгаа"

- 마날잡(몽골국립대) / Л. Маналжав(МУИС)

"漢語《老乞大》의 中文 硏究"

"Нөгулдэй буюу 《ЛаоКида》 -гийн хятад эхийн судалгаа"

12:00 ~ 13:30	點心食事 / ҮДИЙН ЗООГ

13:30 ~ 15:00	**午後 發表1**: 歷史 文化 / Хуралдаан 1: Түүх, угсаатны зүй 座長: 張香實(韓國 尙志大) Хурал удирдагч: Жан Хян Шил(Санжийн их сургууль)

- 權仁瀚(韓國 成均館大) / Квонь Инь Хань(Сонгюньгуаны их сургууль)

"新出土 新羅木簡에 대한 言語文化史的 硏究"

"Шинэ олборлосон Шила улсын үейийн модон номыг хэл, соёлын үүднээс судлах нь"

- 바트툭스(몽골국립사범대) / Ш. Баттөгс(МУБИС)

"몽골인의 時間測定方式과 해시계"

"Монголчуудын цаг хугацааг баримжаалах ёс ба наран цаг"

- 鄭丞惠(韓國 水原女大) / Жон Сөн Хе(Сувоны их сургууль)

"古代의 通譯과 譯官"

"Эрт үейийн хос хэлний судлал ба судлаач"

15:00 ~ 15:30	休息 / ЗАВСАРЛАГА

15:30 ~ 17:30	**午後 發表2**: 譯學 / Хуралдаан 2: Хос хэлний судлал 座長: 권성훈(몽골국립대) Хурал удирдагч: Квонь Сон Хүнь(МУИС)

- 오트겅톨(몽골국립대) / Т. Отгонтуул(МУИС)

"滿洲語 한글傳寫의 特徵 – 《淸語老乞大》의 事例"

"Манж хэлийг хангыл үсгээр тэмдэглэсэн онцлог– 《Чонг-О нөгулдэй》 -н жишээгээр"

- 에르데네토야(몽골국립사범대) / П. Эрдэнэтуяа(МУБИС)

"몽골어의 親族名稱 考察 – 《蒙語老乞大》, 《蒙語類解》의 事例"

"Монгол хэлний төрөл садны нэрийг шинжих нь-《Мун-о-Нугалдай》,

《Мун-о-Юγхэй》 -н жишээн дээр"
- 권일우(몽골국립사범대) / Квонь Ирγ(МУБИС)
"《淸語老乞大》와 《蒙語老乞大》의 句文比較 – 語法에 어긋난 《捷解蒙語》의 句文을
중심으로"
" 《Манж лао кида》, 《Монгол лао кида》 -гийн өгүүлбэрийг харьлцуулах
нь- 《Цопе Мун-о》 -гийн дүрэм бус бүтцийн жишээн дээр"

18:00	晩餐 / ОРОЙН ЗООГ

7月 29日(日) 第2日次 / 7 сарын 29(Ням)-н II өдөр

9:30 ~ 11:30	午前 發表 세션 I: 歷史 文化
	I Салбар хуралдаан: Түүх, угса атны зүй
	座長: 송의민(몽골국립사범대)
	Хурал удирдагч : Сун Йы Минь(МУБИС)

- 李準煥(韓國 昌原大) / Ли Жунь Хвань(Цанвоны их сургууль)
"池錫永 《兒學編》의 漢語 表記와 漢語音"
"Жи Сог Ён-ы зохиосон ангил хэлний сурах бичиг дэх хятад үгс"
- 강볼드(몽골국립사범대) / Д. Ганболд(МУБИС)
"티베트語로 作成된 蒙文法書의 內容 槪要"
"Төвөдөөр бичсэн монгол хэлзүйн нэгэн судар, түүний агуулгын товч"
- 朴眞完(日本 京都産業大) / Пак Жинь Вань(Кютогийн их сургууль)
"19世紀末~20世紀初의 終結語尾 '-(으)오'와 '-요'의 關聯性에 대한 考察"
"XIX-XX зууны эх үеийн солонгос хэлний үйл үгийн төгсгөх нөхцөлийн
судалгаа"
- 좀다안(몽골국립사범대) / Л. Жумдаан(МУБИС)
"몽골書藝의 起原과 變化發展"
"Монгол уран бичлэгийн үүсэл, хөгжил"

9:30 ~ 11:30	午前 發表 세션 II: 譯學
	II Салбар хуралдаан: Хос хэлний судлал
	座長: 오트겅톨(몽골국립대)
	Хурал удирдагч : Т. Отгонтуул(МУИС)

- 권성훈(몽골국립대) / Квонь Сон Хγнь(МУИС Ази судлалын тэнхим)
"《蒙語老乞大》 몽골어의 音韻論的 特徵"

" 《Монгол нөгулдэй》 -н монгол хэлний авиазүйн онцлог"
- 바야르새항(日本 大阪大) / М. Баярсайхан(Осакагийн их сургууль)
  "《蒙語老乞大》와 《清語老乞大》의 比較"
  "Монгол · манж нөгулдэйн харьцуулал"
- 바트히식(몽골국립대) / С. Батхишиг(МУИС)
  "《蒙語老乞大》의 蒙文과 한글表記의 比較"
  " 《Мун-О нугулдэй》 -н монгол бичгийн эх ба хангыл эхийг харьцуулах нь"
- 주수현(몽골국립대) / Жү Сү Хёнь(МУИС)
  "滿洲語와 韓國語의 請誘·命令語尾 比較 – 《清語老乞大》의 事例"
  "Манж Солонгос хэлний хүсэх, захирах нөхцөлийг харьцуулах нь- 《Манж нөгулдэй》 -н жишээгээр"

11:30 ~ 12:00	閉會式 / Хурлын хаалт
	司會: 李準煥(韓國 昌原大)
	Хаалт удирдагч: Ли Жүнь Хвань, монгол түмэн

- 閉會辭 / Хаалтын үг
  바트툭스(몽골국립사범대 몽골어학과장) / Ш. Баттөгс(МУБИС)
  강치멕(몽골국립대 몽골어학과장) / Л. Ганчимэг(МУИХ)

14:00 ~ 15:00	蒙古國立圖書館 "稀貴書 保管室" 觀覽
	Монголын Үндэсний Номын Сангийн "Дэлхийд бүртгэлтэй ховор номын үзэсгэлэн" үзэх
15:30 ~ 16:30	蒙古國立歷史博物館 觀覽
	Монголын Үндэсний Түүхийн музей үзэх

7月 30日(月) 第3日次 / 7 сарын 30(Даваа)-н III өдөр

- 근교 답사
  - 7세기돌궐비문 유적지
  - 칭기스칸 전망대
  - 네를지 국립공원
  - 국립공원내 관광캠프에서 숙박

국제역학서학회 임원 현황(학회 조직)

顧　問：姜信沆(成均館大), 鄭光(高麗大), 藤本幸夫(京都大), 梁伍鎭(德成女
　　　　大), 金文京(鶴見大), 權仁瀚(成均館大)
會　長：岸田文隆(大阪大)
副會長：伊藤英人(東洋文庫), 鄭丞惠(水原女大)
監　事：朴眞完(京都産業大), 金亮鎭(慶熙大)

總務理事：杉山豊(京都産業大), 李準煥(全南大)
研究理事：朴鎭浩(서울大), 張香實(尚志大)
出版理事：許秀美(龍谷大), 李承姸(서울市立大)
財務理事：竹越孝(神戸市外大), 黃善燁(서울大)
涉外理事：曲曉雲(光云大), 蕭悅寧(水原大)
情報理事：黃雲(麗澤大), 徐炯國(全北大)
地域理事：李安九(岡山大), 權一又(國立몽골師範大)

■ 編輯委員會

編輯委員長：權仁瀚(成均館大)
編輯委員：中國語 – 朴在淵(鮮文大) / 安英姬(安陽大)
　　　　　日本語 – 福井 玲(東京大)
　　　　　韓國語 – 李賢熙(서울大) / 金亮鎭(慶熙大)
　　　　　英　語 – Ross King(UBC)

國際譯學書學會 會則

제1장 總 則

제1조(名稱) 本會는 '國際譯學書學會'라 稱한다.

제2조(目的) 本會는 譯學書 研究를 통하여 韓國語, 中國語, 日本語, 滿洲語, 몽골語의 歷史와 言語를 통한 東아시아의 歷史·文化의 제반 교류 과정을 밝힘으로써 東아시아학의 發達에 寄與하는 것을 目的으로 한다.

제3조(事務所) 本會의 事務所는 會長의 勤務處에 두는 것을 原則으로 하되, 會長의 有故時 總務理事의 勤務處에 둘 수 있다.

제2장 事 業

제4조(事業) 本會의 目的을 達成하기 위해 다음의 事業을 한다.

1. 學會誌 <譯學과 譯學書>의 刊行
2. 每年 國際學術大會 開催
3. 譯學 資料의 發掘, 調査, 整理, 影印, 出版과 情報化하는 일과 譯學書 을 통한 言語史 및 言語·文化 交流史를 연구하는 일을 수행한다.
4. 其他 本會의 目的 達成에 필요한 사업을 수행한다.

제3장 會 員

제5조(會員) 本會의 會員은 다음과 같다.

1. 顧問 : 본회와 譯學書 관련 학문의 발전에 功이 뚜렷하여 총회의 추대를 받은 분.

2. 正會員 : 本會의 目的에 찬동하는 석사 이상의 학력과 경력을 갖춘
사람.

3. 準會員 : 本會의 目的에 찬동하는 사람.

4. 機關會員 : 本會의 目的에 찬동하는 각급 기관이나 단체.

5. 名譽會員 : 本會의 目的에 찬동하여 발전을 도운 사람으로 運營委
員會의 推戴를 받은 분.

제6조(加入 節次) 本會의 會員이 되고자 하는 者는 所定의 會費와 함께 入會
願書를 本會에 提出하여 總會의 同意를 받아야 한다.

제7조(資格 喪失) 會員이 정당한 사유 없이 소정회비를 3년 이상 납입하지
않을 때에는 그 자격을 상실한다.

제8조(脫退) 회원은 본인의 의사에 따라 자유로이 본회를 탈퇴할 수 있다.

제9조(除名) 본회의 명예를 훼손하거나 본회의 목적에 위배된 행위를 한
사람은 운영위원회의 의결로 제명할 수 있다.

제10조(權限과 義務) 본회의 회원은 다음 각 호에 해당하는 權限과 義務를
갖는다.

1. 任員 選出 및 被選擧權 : 正會員 및 準會員, 名譽會員은 總會의 構成
員이 되며, 임원 선출 및 피선거권을 갖는다.

2. 회비 납입의 의무 : 顧問과 名譽會員을 제외한 모든 회원은 소정의
회비를 납입하여야 한다.

제4장 任 員

제11조(任員) 本會는 다음의 任員을 둘 수 있다.

1. 會長 1인

2. 副會長 2인

3. 總務理事 2인

4. 研究理事 2인

5. 出版理事 2인

    6. 財務理事 2인
    7. 涉外理事 2인
    8. 情報理事 2인
    9. 地域理事 若干名

第12조(任務)
    1. 會長은 學會를 代表하고 會務를 總括하며 運營委員會와 總會를 소집하여 그 議長이 된다.
    2. 副會長은 會長과 함께 學會를 代表하고 會長의 有故時 會長의 役割을 代理한다.
    3. 總務理事는 회원의 연락 및 서무에 관한 사항을 주관한다.
    4. 硏究理事는 연구발표회를 비롯하여 연구에 관한 사항을 주관한다.
    5. 出版理事는 학회지 편집 및 출판 업무와 기타 학회 도서 출판과 관련한 사항을 주관한다.
    6. 財務理事는 재정에 관한 사항을 주관한다.
    7. 涉外理事는 본회의 섭외 활동을 주관한다.
    8. 情報理事는 본회의 홈페이지 관리 및 홍보 업무를 주관한다.
    9. 地域理事는 각국에서의 학회 홍보를 담당하고 해당국에서 진행되는 학술대회를 총무이사와 공동으로 추진한다.

第13조(選出 및 任命) 회장은 정기총회에서 선출하며, 이사는 회장이 임명한다.
第14조(任期) 임원의 임기는 선출 및 선임된 해의 10월 1일부터 2년으로 하되 동일 직위에 대한 연임은 1차에 한한다.

제5장 監 事

第15조(監事) 本會의 활동 및 업무 전반에 관한 監査를 위하여 2인 이내의 監事를 둔다.

제16조(權限과 義務) 監事는 다음 각 호의 권한과 의무를 갖는다.

1. 운영위원회 및 편집위원회에 대해 본회의 활동 및 업무 전반에 대해 감사하기 위한 자료의 제출을 요구할 권한을 갖는다.
2. 운영위원회 및 본회의 각종 위원회에 참석할 권한을 갖는다.
3. 연1회 이상 회계를 감사하여 그 결과를 정기총회에 보고한다.

제17조(選出) 감사는 정기총회에서 선출한다.

제18조(任期) 감사의 임기는 2년으로 한다.

第6장 會 議

第1절 總會

제19조(總會) 본회는 회무에 관한 중요한 사항을 의결하기 위하여 총회를 둔다.

제20조(種類) 총회는 정기총회와 임시총회로 나눈다.

제21조(召集) 정기총회는 定期學術大會 시 召集하는 것을 原則으로 하며 임시총회는 회장 또는 운영위원 과반수, 또는 회원 5분의 1 이상의 요구에 의하여 소집한다.

제22조(成立과 議決) 총회는 참석인원으로 성립되며 참석인원 과반수의 승인으로 의결한다.

제23조(權限) 총회에서는 다음 사항을 의결, 승인 또는 동의한다.

1. 회칙의 개정 및 보완, 내규의 제정과 개정
2. 고문 추대에 대한 동의
3. 회장, 부회장, 감사의 선출
4. 회원의 입회 및 제명처분에 대한 동의
5. 입회비 및 연회비의 책정과 재정에 관한 사항 승인
6. 기타 회무에 관한 중요사항

第2절 運營委員會

제24조(設置) 본회의 중요한 업무 및 방침 등에 관하여 심의, 의결하기 위하

여 운영위원회를 둔다.

제25조(構成) 운영위원회는 임원 전원, 고문, 감사 및 본회의 업무 추진을 위하여 필요하다고 판단되는 회원을 포함한다.

제26조(召集) 운영위원회는 회장 또는 운영위원 3분의 1 이상의 요구에 의하여 소집한다.

제27조(權限) 운영위원회에서는 다음 사항을 심의 또는 의결한다.

1. 회칙의 변경 및 내규의 제정에 관한 사항
2. 고문 추대에 관한 사항
3. 회원의 입회 및 제명에 관한 사항
4. 입회비 및 연회비의 책정과 재정에 관한 사항
5. 학회지의 편집 및 발행과 출판에 관한 제반 사항
6. 회원의 연구윤리 위반 및 그에 따른 징계에 관한 사항
7. 기타 필요한 사항

第7章 財 政

제28조(財政) 본회의 재정은 入會費, 年會費, 寄附金과 각종 수입금으로 충당한다.

제29조(會費의 策定) 입회비 및 연회비 책정에 관한 사항은 운영위원회의 의결과 총회의 승인에 따라 시행한다.

제30조(會計年度) 본회의 회계연도는 10월 1일부터 다음해 9월 말일까지로 한다.

第8章 學會誌 發行 및 論文의 投稿와 審查

제31조(學會誌 名稱) 본회의 학회지는 『역학과 역학서』로 칭한다. 본 학회지의 한자 표기는 『譯學과 譯學書』로 하고 영문 표기는 *Journal of the Study of Pre-modern Multilingual Textbooks(JSPMT)*로 한다.

제32조(학회지 발행 횟수 및 발행일자) 학회지는 연1회 3월 31일에 발행한

다. 단, 회칙의 개정을 통해 연 2회 이상의 발행을 결정할 수 있다.

제33조(학회지 논문의 투고·심사·편집) 본 학회에서 발행하는 학회지에 게재하는 논문의 투고 및 심사와 편집 등에 관한 제반 사항은 "학회지 논문의 투고와 심사에 관한 규정"에 따른다.

제34조(편집위원회)

1. 편집위원회는 한·중·일·영어 언어권별로 각 2인 이하로 구성하며, 연구이사와 편집이사는 당연직으로 한다.
2. 편집위원장은 학회 회장이 학계의 권위자를 위촉한다.
3. 편집위원은 편집위원장의 제청으로 회장이 위촉한다.
4. 편집위원은 해당 학문 분야에 대해 연구 업적이 충실하고 연구 활동이 활발한 사람으로 하며, 대학의 부교수급 이상으로 한다.
5. 편집위원회의 임무는 편집방침에 따른다.
6. 정기 편집위원회는 학회지 발간 30일 전에 소집한다. 단, 필요에 따라 편집위원장이 임시 편집위원회를 소집할 수 있다.

부칙 제1호 제1조 본 회칙은 2009년 11월 13일부터 시행한다.
　　 제2호 제1조 본 회칙은 2013년 10월 1일부터 시행한다.

학회지 논문의 편집 방침

국제역학서학회 학술지 <역학과 역학서>의
출판 방안과 편집 세부 방침

2013년 8월 3일에 개최된 역학서 학회의 총회에서 학회 명칭을 '國際譯學書學會(Association for the Study of Premodern Multilingual Textbooks (ASPMT)로 하고 이곳에서 발간하는 학회지는 Journal of the Study of Premodern Multilingual Textbooks(JSPMT)로 정하면서 이 학회에서 간행하는 학술지에 대하여 다음과 같은 사항을 논의하였다.

현재 한국에서는 모든 학술지 가운데 등재(후보)지를 따로 선정하여 韓國學術 振興財團(현재 韓國研究財團의 前身)에 등록하게 하고 각종 지원의 기준으로 삼는 제도를 운영 중이다.

초창기에는 亂麻와 같이 얼크러진 각종 학술지를 체계적으로 정리하고 여기저기 亂立한 학회를 정비하기 위한 것이었다. 따라서 어느 정도 규모의 학회지가 아니면 재단 등재지로 신청할 수 없었으므로 초기에는 효과적이었다는 평가를 받았다. 그러나 날이 갈수록 학회는 늘어가고 그에 따라 제도는 심화되었으며 각종 규제가 누적되어 이제는 도저히 걷잡을 수 없는 비대한 恐龍의 조직과 같이 되어 버렸다.

학회를 정비하기 위해서는 그 학회에서 간행하는 학술지에 대한 평가가 중요한 잣대가 되었다. 이에 따라 학회지를 규제하는 여러 가지 제도가 계속해서 마련되었는데 그로 인해 많은 부작용을 낳게 되었다. 이 가운데 가장 폐해가 큰 것은 논문의 사전심사라고 할 수 있다.

현재 한국연구재단의 등재 및 등재후보지의 간행에서는 학술지에 투고된 논문을 반드시 동일분야, 또는 유사분야의 권위자에게 3인 이상의 심사를 거치는 것을 의무화하고 있다. 물론 취지는 해당 분야의 권위자에게 논문의 질과 정확성, 신뢰성을 검증하자는 것이었으나 이러한 제약은 실제로는 심사자들의 주장에 위배되는 논문이나 기존의 이론과 상반되는 주장을 사전에 걸러내는 역할도 없었다고 하기 어렵다. 이것은 학문의 자유와 새로운 학술연구의 발전에 상당한 장애가 되었다.

자신의 이름으로 게재하는 논문은 그 내용에 대하여 필자가 무한 책임을 지게 되는 것이므로 본 학회의 편집위원회에서는 이러한 논문심사는 사전 검열의 성격 이외에는 별다른 의미가 없다고 보아 다음과 같은 방침으로 게재논문의 투고 및 심사 규정을 개정한다.

1. **투고 및 발행일:**
   1) 논문의 투고 기한은 매년 12월 말로 한다.
   2) 논문은 한국어, 중국어, 일본어, 영어 중 하나의 언어로 작성할 수 있다.
   3) 투고된 논문은 편집위원회의 심의를 거쳐 3월 31일에 발행하는 학회지에 수록하는 것을 원칙으로 한다.

2. **심사:** 해당 분야 전문가의 사전 심사는 생략한다. 다만 편집위원회 전체회의에서 1) 투고자격, 2) 논문 분량, 3) 학회지와의 관련성 항목만 심사한다.
   1) 투고자격은 석사학위자 이상으로 한다.
   2) 논문 분량은 A4 20매, 원고지 200매 내외로 하고 지나치게 많은 경우 조절한다.
   3) <역학서(Premodern Multilingual Textbooks)>에 관련된 주제를 다룬 논문으로 제한한다.
   4) 많은 논문이 투고되었을 경우 투고자격과 역학서와의 관련성에 의거하여 편집위원회에서 선정한다.
   5) 편집위원장은 원고 마감일 이후 1개월 이내에 편집위원회를 소집하고 투고자에게 논문 게재 여부를 통고한다.

3. 원고형식:

1) 전체 형식은 다음의 배열을 따른다.

제목-필자명(소속)-요약-핵심어-본문-참고문헌-필자사항

2) 요약은 A4 한 장 내외의 요약으로 본문의 언어와 다른 세 언어 중 한 가지의 언어로 작성하면 된다.(예: 한국어 논문-영어, 일본어, 중국어 요약문 중 택1 / 영어 논문-한국어, 일본어, 중국어 요약문 중 택1)

3) 원고는 자신의 논문을 가장 잘 표현할 수 있는 논문작성법으로 작성하고 원고형식에 특별한 제한을 두지 않는다. 다만 출판사에서 최종적으로 학술지를 편집할 때에 가장 일반적인 작성법을 사용할 수 있다.

The publication plan and specific editing methods of *Journal of the Study of Premodern Multilingual Textbooks* of The Association for the Study of Premodern Multilingual Textbooks

In the general assembly of the Association for the Study of Premodern Multilingual Textbooks, held on August 3rd 2013, the name of the association was decided as Association for the Study of Premodern Multilingual Textbooks(ASPMT) and the name of the journal was decided as Journal of the Study of Premodern Multilingual Textbooks(JSPMT), and the following was discussed about the journal issued by the association.

Currently in Korea, the articles for publication or for candidacy for any research journals are to be selected and registered in Korea Research Foundation(which is the former form of the current National Research Foundation of Korea), and there are systems prepared for providing various support. This was initially designed to systematically organize chaotic journals and random associations.

Therefore, associations that did not reach certain scale could not apply their journals to be registered in the Foundation, and it was considered effective in the beginning. However, the number of journals increased as days went by while the systems intensified and regulations accumulated accordingly, and now it has become an uncontrollably large organization as a Leviathan.

To organize associations, the research journals issued by the associations have become the most important standard for evaluation. Thus, more and more systems have been created to regulate journal issues which led to more side effects. Among these, the biggest problem has been the preliminary review of the articles.

The preliminary review of articles, mandated for all journal publications, require the articles submitted to journals to be reviewed by three or more experts in the same or similar filed of research. Of course, the purpose of this is for the experts to verify the quality, accuracy, and reliability of the articles, but in reality, there have been cases in which the articles that conflicted with the arguments of the experts or that contradicted the existing theories were filtered out in the process. This has become a great obstacle to the freedom of learning and the development of new academic research.

Since the authors have unlimited liability for the articles issued under their names, the Editing Committee of this Association has decided that preliminary review has no value other than the function of pre-censorship, and so the articles will be selected by the following policy.

1. Evaluation: Preliminary review of the experts of the related fields of study will be omitted.

   However, in the general meeting of the Editing Committee, 1) qualification of the submission 2) quantity of the articles, and 3) relationship with the journal will be evaluated.

   1) Those with Master's degree or above qualify for the submission.
   2) The article should be around 20 A4 size pages or 200 pages of manuscript paper, and should be adjusted if exceeds the limit.
   3) The submissions are limited to the topics related to *Old Multilingual Textbooks*.
   4) When there are many submissions, the Editing Committee will make selections based on the qualification of submission and the relevancy to the *Old Multilingual Textbooks*.
   5) Within one month after the application process, the Editing Committee will convene, and the result of the submission will be notified to the applicants.

2. Acceptable languages for the articles: Korean, Japanese, Chinese, English

3. Format of the Articles
   1) The overall format should follow the following arrangement.
      Title - Name of the author(Affiliation) - Abstract - Key words - Main text - References - Notes/Contact Information about the author
   2) The abstract should be around 1 A4 page, written in any one of the three acceptable languages other than the language used in the main text.(e.g. Korean article - 1 choice of English, Japanese, or Chinese abstract / English article - 1 choice of Korean, Japanese, or Chinese abstract)
   3) The article should be written in any article style that demonstrates the best qualities of the article, and there are no specific limits. However, the publisher may use the most general style when making final editions to the journal.

⟨The Editorial Staffs of JSPMT⟩

Editor-in Chief - Prof. Kwon, Inhan(Sungkyunkwan Univ.)
Chinese Language - Prof. Park, Jae Yeon(Sunmoon Univ.)
                  Prof. An, Young Hee(Anyang Univ.)
Japanese Language - Prof. Fukui, Rei(Tokyo Univ.)
Korean Language - Prof. Lee, Hyun-hee(Seoul National Univ.)
                  Prof. Kim, Ryang-jin(Kyunghee Univ.)
English - Prof. Ross King(UBC, Canada)

訳学書学会の学術誌『訳学書研究』の
出版及び具体的な編集方針について

　2013年8月3日に開催された訳学書学会の総会で、学会の名称を「国際訳学書学会」(Association for the Study of Premodern Multilingual Textbooks: ASPMT)とし、この学会から発刊される 学会誌『訳学と訳学書』を『訳学書研究』(Journal of the Study of Premodern Multilingual Textbooks:JSPMT)へと改名することが決められ、その際にこの学術誌について、次のような論議が行われた。

　現在、韓国では、すべての学術誌の中から「登載誌」、または「登載候補誌」を選定し、韓国学術振興財団(現在の韓国研究財団の前身)に登録させ、各種支援に当たるという制度が設けられている。創始期においては、乱麻のごとく絡まっていた各種学術誌を体系的に整理し、乱立していた学会を整備するという趣旨のものであった。

　これは、ある程度の規模のある学会誌でなければ、財団に登載誌として申し込むことができなかったので、当初においては効果的だったという評価を受けていた。しかし、日増しに学会は増えていき、それに伴って制度による各種の規制が累積し、今はもう到底取り留めようもない、恐竜のような肥大化した組職になってしまったのである。

　学会を整備する際、それぞれの学会を評価するための最も重要な物差しとなったのはその学会から刊行される学術誌であった。そのために、現在、学会誌を規制する様々な制度が設けられており、またそれによる多くの副作用も生じている。その中でも最も大きな弊害は論文の事前審査だと言える。

　現在、すべての学術誌はその刊行において掲載論文への選定審査が義務付けられており、学術誌に投稿された論文は必ず同一分野、または類似分野の権威者で構成された三名以上の審査委員による審査を通さなければならないと規定されている。もちろん、その趣旨は各分野の権威者に論文の質や正確性、信頼性を検証してもらうところにあるが、実際は自分と反対の主張を展開する論文や既存の理論と相反する主張を事前に取り除く機能をしていることも完全には否定できない。これが学問の自由と新しい学術研究の発展において大きな障害となっているのである。

　自分の名前で掲載する論文はその内容に対して筆者自身が無限責任を負うことになっているので、本学会の編集委員会では、このような従来における論文審査を事前検閲の性格以外は特別な意味を持たないものとして見なし、下記のような方針によって掲載論文を選定する。

1. **審査:** 該当分野の専門家による事前審査は省略する。
　　ただし、1)投稿資格、2)論文の分量、3)学会誌との関連性については編集委員会の全体会議で審　査を行う。
　1)　投稿資格は原則として修士以上の学位を有する者とする。
　2)　論文の分量はA4用紙20枚・400字づめ原稿用紙100枚前後とし、多すぎる場合は調整する。
　3)　「訳学書」(Premodern Multilingual Textbooks)関係の主題を扱った論文に制限する。
　4)　投稿された論文が多い場合、投稿資格や訳学書との関連性に基づいて編集委員会で選定する。
　5)　投稿の締め切り日から1ヶ月以内に編集委員会を召集し、投稿者に掲載の可否を通知する。

2. **論文作成の言語:** 韓国語、日本語、中国語、英語

3. **原稿形式:**
　1)　全体的形式は次の順序に従うこと。
　　題目→筆者名(所属)→要約→キーワード→本文→参考文献→筆者に関する事項
　2)　要約はA4用紙1枚程度にまとめる。要約を作成する際は、上記の言語の

中で本文の言語と異なる一つ　の言語を選んで作成すること。(例: 韓国
語論文の場合は英語、日本語、中国語の中から一つを選ん　で要約文を
作成する。英語論文の場合は韓国語、日本語、中国語の中から一つを選
んで要約文を作成する。)

3) 論文作成法に関しては制限を設けないので、自分の論文に最もふさわし
い方法で作成すれば良いだろう。ただし、最終的に出版社によって学術
誌が編集される際に、最も一般的な作成法が取られ　ることはある。

〈國際譯學書學會 編輯委員〉

編輯委員長 : 権仁瀚(韓国・成均館大)

編輯委員　: 中国語 - 朴在淵(韓国・鮮文大), 安英姫(韓国・安陽大)

日本語 - 福井 玲(日本・東京大)

韓国語 - 李賢熙(韓国・ソウル大), 金亮鎮(韓国・慶熙大)

英　語 - Ross King(Canada, UBC)

对译学书学会学术刊物≪译学书研究≫的
出版方案与具体编辑方针

在2013年8月3日举办的译学书学会总会中指定名称为"国际译学书学会 (Association for the Study of Premodern Multilingual Textbooks (ASPMT))",并将在此发行的学会刊物指定名称为"Journal of the Study of Premodern Multilingual Textbooks(JSPMT)"。对本协会发行的学术刊物相关如下事项进行讨论。

现今在韩国，将所有学术刊物均选定为刊登或刊登候补，在韩国学术振兴财团(现今韩国研究财团的前身)进行登记，并成立各种相关支援制度。这是为了将过去错综复杂的各种学术刊物进行体系化的整理，并将四处胡乱设立的学会进行整合。

因此如果不是有一定规模的学会刊物，就不能申请财团刊物。这种方法在初期得到好评。但随着时间推移学会增加，其制度也因此变得更加深化。各种制约积累下来到现在已经成为无法控制的庞大如恐龙般的组织。

为了整理学会，各学会中发行的学术刊物成为最重要的评价尺度。还有持续形成诸多制约及由此引发了很多副作用。可以说其中问题最大的就是论文的事前审查。

在所有学术刊物发行中，对刊登论文的事前审查事项上，规定投稿到学术刊物的论文必须经过同一领域及类似领域的3名以上权威人士的审查。当然这是为了各领域权威者保证论文的质量与正确性及信赖性的过程，但实际上也有可能起到权威者预先筛除违背自己主张的论文或与原有理论相异的主张的作用。这对学问的自由与新学术研究的发展成为相当严重的阻碍。

对于以自己的名字刊登的论文，笔者须对其内容负无限责任。因此本学会的编辑委员会判断这种对论文审查除了事前检阅的性质之外毫无任何意义，所以选定如下方针：

1. 审查：省略各领域专家的事前审查。

   但在编辑委员会总会上只对1)投稿资格2)论文分量3)对与学会刊物的关联性
   项目进行审查。

   1) 投稿资格上需要硕士以上学位。

   2) 论文分量为A4纸 20张、原稿纸200张左右，过多时进行调整。

   3) 只限于与≪译学书(Old Multilingual Textbooks)≫相关主题的论文。

   4) 投稿论文较多时，根据投稿资格和与译学书的关联性由编辑委员会选定。

   5) 论文征集期间之后在一个月以内应召集编辑委员会，给投稿者下达论文刊
   登与否的通知。

2. 论文制作语言：韩国语、日本语、中国语、英语

3. 论文形式

   1) 整体形式上按照如下排列顺序：
   题目-作者名称(所属单位)-摘要-关键词-正文-参考文献-作者事项

   2) 摘要在一张A4纸左右范围内进行，并使用与正文不同的上述三个语言中的
   任何一个语言撰写即可。(例如：韩国语论文；可在英语、日语、中国语
   中选一，英语论文；可在韩国语、日语、中国语中选一种语言撰写摘要。)

   3) 选择最能表现自己论文的方法撰写论文，不设特别的限制。但最终在出版
   社编辑学术刊物时，可使用最普遍的编辑法。

譯學과 譯學書 第9號

發行日　　2018年 12月 31日

發行處　　**國際譯學書學會**
　　　　　(우) 51140
　　　　　경남 창원시 의창구 창원대학로 20(사림동 9)
　　　　　창원대학교 국어국문학과
　　　　　Tel. (055) 213-3102
　　　　　Fax. (055) 213-3109
　　　　　e-mail: yijunhwan@naver.com

製作處　　**圖書出版 博文社**
　　　　　Tel.(02) 992 | 3253
　　　　　e-mail: bakmunsa@hanmail.net

ISBN　979-11-89292-38-6　(94710)　　　　　**정가** 16,000원